高职高专"十二五"规划教材
21世纪高职高专能力本位型系列规划教材

消费心理与行为分析

（第2版）

主　编　王水清　杨　扬
副主编　李亚林
主　审　王向东

北京大学出版社
PEKING UNIVERSITY PRESS

内 容 简 介

本书以高职高专市场营销专业学生的就业为导向，紧密结合职业资格证书中相关考核要求，根据行业专家对本专业所涵盖的岗位群进行的任务和职业能力分析编写而成，内容主要包括消费者研究专员岗位基础训练、消费者研究建模岗位实务、消费者研究与营销建议3个学习情境，并根据技能培养与训练要求及可持续发展的需要分为12个单元、37项任务。

本书可作为高职高专市场营销、电子商务和其他相关专业的教材，也可作为市场营销从业人员的自学与培训用书。

图书在版编目(CIP)数据

消费心理与行为分析/王水清，杨扬主编．—2版．—北京：北京大学出版社，2016.11
（21世纪高职高专能力本位型系列规划教材·市场营销系列）
ISBN 978-7-301-27781-2

Ⅰ.①消… Ⅱ.①王…②杨… Ⅲ.①消费心理学—高等职业教育—教材②消费者行为论—高等职业教育—教材 Ⅳ.①F713.55

中国版本图书馆CIP数据核字（2016）第282750号

书　　　名	消费心理与行为分析(第2版) Xiaofei Xinli yu Xingwei Fenxi
著作责任者	王水清　杨　扬　主编
责任编辑	蔡华兵
标准书号	ISBN 978-7-301-27781-2
出版发行	北京大学出版社
地　　　址	北京市海淀区成府路205号　100871
网　　　址	http://www.pup.cn　新浪微博：@北京大学出版社
电子信箱	pup_6@163.com
电　　　话	邮购部 62752015　发行部 62750672　编辑部 62750667
印　刷　者	北京鑫海金澳胶印有限公司
经　销　者	新华书店
	787毫米×1092毫米　16开本　16印张　367千字
	2012年1月第1版
	2016年11月第2版　2020年3月第4次印刷（总第8次印刷）
定　　　价	36.00元

未经许可，不得以任何方式复制或抄袭本书之部分或全部内容。
版权所有，侵权必究
举报电话：010-62752024　电子信箱：fd@pup.pku.edu.cn
图书如有印装质量问题，请与出版部联系，电话：010-62756370

前　　言

消费心理与行为分析是一门综合性很强的现代经营管理科学。它被公认为是社会学、行为学、心理学和众多技术科学的交叉产物，同时又是一种复杂的、需要运用多种技能与方法的专项活动。消费心理与行为分析包含两个部分：一部分主要分析消费心理，即分析消费者的心理形成及其活动的过程，包括认识过程、情感过程和意志过程；另一部分主要分析消费行为，即分析消费者在消费活动中的行为特点及其规律，以便适应、引导、改善和优化消费行为。心理是内在的基础，行为是外在的表现。

随着我国经济的转型升级和市场竞争的日益加剧，消费心理与行为在市场营销活动中发挥着越来越重要的作用。如何认识消费心理与行为，怎样进行消费心理与行为分析，已经成为市场营销人员渴望了解和迫切需要掌握的领域。正确认识消费者的心理与行为活动的基本原理，自觉把握现代消费者的心理与行为活动的一般规律，洞察分析消费者心理与行为活动的技巧与策略，使市场营销人员对消费者的心理与行为活动的认识从自发的阶段上升到自觉的阶段，从被动应对向主动分析操作转变，是学习这门课程的目的和任务。

关于本课程

消费心理与行为分析是高职高专市场营销专业的一门基础性和技能性较强的课程，主要研究消费者的心理与行为活动的一般理论、规律、策略和方法，是现代企业营销人员必须掌握的一项职业技能。

本课程的教学必须理论联系实际，在专业教师的指导下，学生经过一定的消费心理与行为理论基础的系统学习之后，根据设立的模拟场景进行实践操作，进行参与式学习。这种以学生为主体的课程，能够在一定的时间内使学生在专业技能、实践操作、团队合作等方面有所提高，使其毕业后有能力顺利从事消费心理与行为分析相关的岗位工作。

关于本书

本书第1版自2012年1月出版以来，深受广大读者的欢迎，多次重印。近年来，国内外经济环境对人们的消费思想和行为产生了较大的影响，作为市场研究基础活动重要内容之一的消费心理与行为，不仅在理论上有了长足的发展，而且在分析内容、策略、技巧上有了一定的创新。尤其是随着电子商务的不断发展，消费者心理与行为发生了很大的变化，如何收集消费者购买行为资料进行恰当分析，已成为许多企业面临的重大挑战，它们都在不断地学习和探索创新。

为了适应这些变化，满足新形势下的教学实践要求，我们对第1版进行了修订。本次修订主要做了以下工作：

（1）进一步明确岗位要求与课程内容的对应，按照职业岗位要求来梳理教材内容结构。而且，本次修订特地邀请湖北劲牌有限公司市场研究部部长王向东经理进行审阅，并请其按企业市场研究部相关岗位的管理实践提出了宝贵的修订建议。

(2) 为了确保内容的先进性，增加一个单元专门来介绍网络环境下的消费者购买行为分析。同时，对书中部分陈旧的案例、传统的内容形式进行了梳理或更换。

(3) 将第 1 版中以家电业为背景的编写模式进行了调整，使行业背景不局限于家电业，以体现消费心理与行为分析的广泛性，因为任何行业都需要分析消费者的心理与行为。

经修订后，本书具有以下特点：

(1) 与时俱进，工学结合。本书是在贯彻和落实相关文件精神的基础上，力求体现最新的消费心理与行为理论、策略和技巧的研究成果，同时根据高职高专市场营销和电子商务专业毕业生就业岗位群的实际需要来编写，使学生所学知识与就业岗位技能相融合。

(2) 注重技能，兼顾考证。本书根据营销职业岗位知识、能力来选取教材内容，强调理论的应用，不过分强调理论的系统性，既细化关键的营销职业能力和课程实训，又兼顾营销职业资格的考证要求，通过典型案例解析书本知识在实际业务中的应用，满足以培养技能型人才的教学目标。

(3) 形式新颖，师生互动。为了巩固学生对知识、技能的掌握程度，本书以任务为单位安排重点知识检测、案例和实训操作题等模块，帮助学生深入理解学习内容。而且，通过将实训操作内容制作成 PPT 进行展示的设计思路，便于师生教学互动，从而达到提高学习效果的目的。

如何使用本书

本书内容可按照 40~52 学时安排，推荐学时分配：学习情境一为 12~16 学时，学习情境二为 16~20 学时，学习情境三为 12~26 学时。用书教师可根据不同的专业人才培养方案灵活安排学时，课堂重点讲解每项任务的任务导入和知识要点，根据实训项目设计来指导学生实训；分组讨论、模拟实训可安排在实训室进行，实训报告的写作可由学生在课后完成。

本书由王水清和杨扬担任主编，由李亚林担任副主编。本书具体编写分工为：王水清编写学习情境一并负责全书的总体设计以及最后统稿；杨扬编写学习情境二；李亚林编写学习情境三。

本书在编写过程中，还参考和引用了国内外相关的文献资料，吸收和听取了许多资深商务人士的宝贵经验和建议，以取长补短。在此谨向对本书编写、出版提供过帮助的人士表示衷心的感谢！

由于编者水平有限，编写时间仓促，书中难免存在不妥之处，敬请广大读者批评指正。您的宝贵意见请反馈到电子信箱 wangsting@126.com。

编　者
2016 年 4 月

目 录

学习情境一 消费者研究专员岗位基础训练

单元1 消费心理与行为分析概述 …… 3

任务1.1 认识消费心理与行为分析 …… 4
  1.1.1 消费心理与行为分析涉及的几个概念 …… 4
  1.1.2 消费心理与行为分析的内容 …… 6
  1.1.3 消费心理与行为分析的重要性 …… 7

任务1.2 掌握消费心理与行为分析的原则和方法 …… 9
  1.2.1 消费心理与行为分析的原则 …… 9
  1.2.2 消费心理与行为分析的方法 …… 10

任务1.3 掌握消费心理与行为分析的一般流程 …… 13
  1.3.1 了解消费心理与行为分析的问题 …… 13
  1.3.2 消费环境调查 …… 14
  1.3.3 市场营销战略与消费分析 …… 15
  1.3.4 市场营销战术与消费分析 …… 15
  1.3.5 撰写消费分析报告 …… 15
  1.3.6 消费分析报告实施 …… 15
  1.3.7 消费分析报告的评估与修正 …… 17

任务1.4 学会做消费心理与行为分析的前期准备工作 …… 18
  1.4.1 了解企业自身的条件 …… 19
  1.4.2 了解企业外部的条件 …… 19

单元小结 …… 21
课后习题 …… 21
案例分析 …… 22
实训操作 …… 23

单元2 消费分析机构 …… 24

任务2.1 认识消费分析机构的设置 …… 25
  2.1.1 企业内部的消费分析机构 …… 25
  2.1.2 企业外部的消费分析机构 …… 27

任务2.2 了解消费分析机构的职能与人员配选 …… 28
  2.2.1 消费分析机构的职能 …… 28
  2.2.2 消费分析机构人员的配置 …… 29
  2.2.3 消费分析机构人员的选择 …… 30

任务2.3 正确选择消费分析机构并与其合作 …… 34
  2.3.1 选择外部消费分析机构 …… 35
  2.3.2 签订委托业务合同 …… 35
  2.3.3 合作过程控制与沟通 …… 37
  2.3.4 评估分析研究的成果 …… 42

单元小结 …… 44
课后习题 …… 44
案例分析 …… 45
实训操作 …… 46

单元3 消费分析报告撰写 …… 47

任务3.1 明确消费分析报告的基本结构和内容 …… 48
  3.1.1 封面 …… 48
  3.1.2 前言 …… 49
  3.1.3 目录 …… 49
  3.1.4 概要 …… 49
  3.1.5 研究背景 …… 50
  3.1.6 研究方法 …… 50
  3.1.7 研究内容 …… 51
  3.1.8 研究结果 …… 51
  3.1.9 结论与建议 …… 51
  3.1.10 结束语 …… 53
  3.1.11 附录 …… 53

任务3.2 学会消费分析报告的写作 …… 53
  3.2.1 消费分析报告的写作原则 …… 53

3.2.2　消费分析报告的要素写法 …… 54
　　　3.2.3　消费分析报告的写作技巧 …… 55
　　　3.2.4　消费分析报告的完善 …… 58
　任务3.3　认识消费分析报告的作用与
　　　　　　类型 …… 58
　　　3.3.1　消费分析报告的作用 …… 58
　　　3.3.2　消费分析报告的类型 …… 59
　任务3.4　运用消费分析报告 …… 61
　　　3.4.1　报告前的准备 …… 61
　　　3.4.2　报告前的预演 …… 61
　　　3.4.3　作消费分析报告的技巧 …… 63
　单元小结 …… 63
　课后习题 …… 64
　案例分析 …… 65
　实训操作 …… 66

学习情境二　消费者研究建模岗位实务

单元4　消费心理活动的一般过程 …… 69
　任务4.1　掌握消费心理的认识过程 …… 70
　　　4.1.1　感觉 …… 70
　　　4.1.2　知觉 …… 72
　　　4.1.3　记忆 …… 75
　　　4.1.4　想象 …… 78
　　　4.1.5　思维 …… 78
　任务4.2　掌握消费心理的情感过程 …… 79
　　　4.2.1　情绪与情感的概念 …… 79
　　　4.2.2　情绪与情感的类型 …… 80
　　　4.2.3　情绪与情感的主要影响因素 …… 81
　任务4.3　掌握消费心理的意志过程 …… 82
　　　4.3.1　意志的概念 …… 82
　　　4.3.2　意志过程分析 …… 83
　　　4.3.3　意志品质分析 …… 83
　单元小结 …… 84
　课后习题 …… 85
　案例分析 …… 86
　实训操作 …… 87

单元5　影响消费心理活动的外部因素 …… 88
　任务5.1　分析宏观购物环境对消费心理的
　　　　　　影响 …… 89
　　　5.1.1　政治因素与消费心理 …… 89
　　　5.1.2　经济因素与消费心理 …… 89
　　　5.1.3　社会文化因素与消费心理 …… 91
　　　5.1.4　消费习俗和流行因素与
　　　　　　消费心理 …… 97
　任务5.2　分析微观购物环境对消费心理的
　　　　　　影响 …… 99
　　　5.2.1　商店类型与消费心理 …… 99
　　　5.2.2　商店地理位置与消费心理 …… 100
　　　5.2.3　商店形象与消费心理 …… 101
　　　5.2.4　商品陈列与消费心理 …… 103
　　　5.2.5　柜台设置与消费心理 …… 105
　　　5.2.6　店内装饰与消费心理 …… 106
　单元小结 …… 107
　课后习题 …… 107
　案例分析 …… 108
　实训操作 …… 109

单元6　影响消费心理活动的内部因素 …… 110
　任务6.1　分析个性特征对消费心理的
　　　　　　影响 …… 111
　　　6.1.1　消费者的气质 …… 111
　　　6.1.2　消费者的性格 …… 113
　　　6.1.3　消费者的能力 …… 115
　任务6.2　分析需求和动机对消费心理的
　　　　　　影响 …… 117
　　　6.2.1　消费者的需求 …… 117
　　　6.2.2　消费者的购买动机 …… 122
　单元小结 …… 126
　课后习题 …… 126
　案例分析 …… 127
　实训操作 …… 128

单元7　传统消费者购买行为分析 …… 129
　任务7.1　分析消费者购买行为的模式 …… 130

7.1.1　消费者购买行为的理论⋯⋯⋯ 130
　　7.1.2　消费者购买行为的模式⋯⋯⋯ 133
任务 7.2　掌握消费者购买行为的
　　　　　一般过程 ⋯⋯⋯⋯⋯⋯⋯⋯⋯ 136
　　7.2.1　问题认知⋯⋯⋯⋯⋯⋯⋯⋯⋯ 136
　　7.2.2　信息收集⋯⋯⋯⋯⋯⋯⋯⋯⋯ 137
　　7.2.3　方案评价与选择⋯⋯⋯⋯⋯⋯ 138
　　7.2.4　制定购买决策⋯⋯⋯⋯⋯⋯⋯ 139
　　7.2.5　购后行为⋯⋯⋯⋯⋯⋯⋯⋯⋯ 139
任务 7.3　理解消费心理与购买行为的
　　　　　关系 ⋯⋯⋯⋯⋯⋯⋯⋯⋯⋯⋯ 141
　　7.3.1　消费者心理⋯⋯⋯⋯⋯⋯⋯⋯ 141
　　7.3.2　消费者行为⋯⋯⋯⋯⋯⋯⋯⋯ 141
　　7.3.3　消费者心理与购买行为的
　　　　　关系 ⋯⋯⋯⋯⋯⋯⋯⋯⋯⋯⋯ 142
单元小结 ⋯⋯⋯⋯⋯⋯⋯⋯⋯⋯⋯⋯⋯⋯ 143
课后习题 ⋯⋯⋯⋯⋯⋯⋯⋯⋯⋯⋯⋯⋯⋯ 143
案例分析 ⋯⋯⋯⋯⋯⋯⋯⋯⋯⋯⋯⋯⋯⋯ 144
实训操作 ⋯⋯⋯⋯⋯⋯⋯⋯⋯⋯⋯⋯⋯⋯ 145

单元 8　网络消费者购买行为分析⋯⋯⋯ 146

任务 8.1　理解网络消费者购买行为 ⋯⋯ 147
　　8.1.1　网络消费⋯⋯⋯⋯⋯⋯⋯⋯⋯ 147
　　8.1.2　电子商务与网络消费的
　　　　　关系 ⋯⋯⋯⋯⋯⋯⋯⋯⋯⋯⋯ 148
　　8.1.3　网络消费者的特征与类型⋯⋯ 149
　8.2　掌握网络消费者购买行为的
　　　　一般过程 ⋯⋯⋯⋯⋯⋯⋯⋯⋯⋯ 153
　　8.2.1　网络消费者的新需求⋯⋯⋯⋯ 153
　　8.2.2　网络消费者购买行为的过程及
　　　　　对其营销策略⋯⋯⋯⋯⋯⋯⋯ 154
　　8.2.3　影响网络消费者购买行为的
　　　　　因素 ⋯⋯⋯⋯⋯⋯⋯⋯⋯⋯⋯ 162
单元小结 ⋯⋯⋯⋯⋯⋯⋯⋯⋯⋯⋯⋯⋯⋯ 170
课后习题 ⋯⋯⋯⋯⋯⋯⋯⋯⋯⋯⋯⋯⋯⋯ 170
案例分析 ⋯⋯⋯⋯⋯⋯⋯⋯⋯⋯⋯⋯⋯⋯ 171
实训操作 ⋯⋯⋯⋯⋯⋯⋯⋯⋯⋯⋯⋯⋯⋯ 172

学习情境三　消费者研究与营销建议

单元 9　消费者行为与产品策略 ⋯⋯⋯⋯ 175

任务 9.1　理解消费者行为与产品开发 ⋯ 176
　　9.1.1　产品的概念⋯⋯⋯⋯⋯⋯⋯⋯ 176
　　9.1.2　产品开发的原则与步骤⋯⋯⋯ 178
　　9.1.3　消费者行为与产品开发
　　　　　策略 ⋯⋯⋯⋯⋯⋯⋯⋯⋯⋯⋯ 179
任务 9.2　掌握消费者行为与产品品牌 ⋯ 181
　　9.2.1　品牌的概念⋯⋯⋯⋯⋯⋯⋯⋯ 181
　　9.2.2　消费心理与品牌策略⋯⋯⋯⋯ 182
　　9.2.3　品牌命名的心理分析⋯⋯⋯⋯ 184
　　9.2.4　商标设计的心理分析⋯⋯⋯⋯ 185
任务 9.3　理解消费者行为与产品包装 ⋯ 185
　　9.3.1　包装的概念⋯⋯⋯⋯⋯⋯⋯⋯ 185
　　9.3.2　基于行为的包装策略⋯⋯⋯⋯ 186
任务 9.4　掌握消费者行为与产品服务 ⋯ 188
　　9.4.1　服务的概念⋯⋯⋯⋯⋯⋯⋯⋯ 188
　　9.4.2　基于行为的产品服务策略⋯⋯ 188
任务 9.5　掌握消费者行为与产品生命
　　　　　周期 ⋯⋯⋯⋯⋯⋯⋯⋯⋯⋯⋯ 189
　　9.5.1　产品生命周期各阶段的
　　　　　特点 ⋯⋯⋯⋯⋯⋯⋯⋯⋯⋯⋯ 189
　　9.5.2　基于行为导向的产品生命周期
　　　　　营销策略⋯⋯⋯⋯⋯⋯⋯⋯⋯ 190
单元小结 ⋯⋯⋯⋯⋯⋯⋯⋯⋯⋯⋯⋯⋯⋯ 192
课后习题 ⋯⋯⋯⋯⋯⋯⋯⋯⋯⋯⋯⋯⋯⋯ 192
案例分析 ⋯⋯⋯⋯⋯⋯⋯⋯⋯⋯⋯⋯⋯⋯ 193
实训操作 ⋯⋯⋯⋯⋯⋯⋯⋯⋯⋯⋯⋯⋯⋯ 194

单元 10　消费者行为与价格策略⋯⋯⋯ 195

任务 10.1　理解消费者行为与
　　　　　 价格心理 ⋯⋯⋯⋯⋯⋯⋯⋯⋯ 196
　　10.1.1　消费者的价格心理 ⋯⋯⋯⋯ 196
　　10.1.2　商品价格与消费者行为的
　　　　　 关系 ⋯⋯⋯⋯⋯⋯⋯⋯⋯⋯⋯ 198
　　10.1.3　消费者的价格判断 ⋯⋯⋯⋯ 198

任务 10.2　掌握消费者行为与
　　　　　价格策略 …………………… 200
　　10.2.1　产品生命周期各阶段的
　　　　　　价格策略 ………………… 200
　　10.2.2　一般商品的价格策略 …… 202
　　10.2.3　价格折扣的策略 ………… 203
任务 10.3　理解消费者行为与
　　　　　价格调整 …………………… 204
　　10.3.1　价格调整的消费心理反应 … 204
　　10.3.2　价格调整的心理策略 …… 206
单元小结 …………………………………… 207
课后习题 …………………………………… 207
案例分析 …………………………………… 208
实训操作 …………………………………… 209

单元 11　消费者行为与分销渠道策略 … 210

任务 11.1　理解消费者行为与分销渠道
　　　　　结构 ………………………… 211
　　11.1.1　消费者行为与分销渠道 … 211
　　11.1.2　分销渠道结构的类型 …… 213
任务 11.2　掌握消费者行为与分销渠道
　　　　　选择 ………………………… 217
　　11.2.1　消费者行为与批发商 …… 217
　　11.2.2　消费者行为与零售商 …… 220
　　11.2.3　消费者行为与网络经销商 … 225
单元小结 …………………………………… 228
课后习题 …………………………………… 229
案例分析 …………………………………… 230
实训操作 …………………………………… 231

单元 12　消费者行为与促销策略 ………… 232

任务 12.1　掌握消费者行为与
　　　　　广告策略 …………………… 233
　　12.1.1　广告的功能 ……………… 233
　　12.1.2　广告的行为策略 ………… 234
　　12.1.3　适合心理诉求的广告媒介
　　　　　　选择 ……………………… 235
任务 12.2　掌握消费者行为与人员推销
　　　　　策略 ………………………… 236
　　12.2.1　人员推销的概念 ………… 236
　　12.2.2　人员推销的行为策略 …… 237
任务 12.3　理解消费者行为与公共关系
　　　　　策略 ………………………… 239
　　12.3.1　公共关系的概念 ………… 239
　　12.3.2　公共关系的功能 ………… 240
　　12.3.3　公共关系的行为策略 …… 241
任务 12.4　掌握消费者行为与营业推广
　　　　　策略 ………………………… 242
　　12.4.1　营业推广的概念 ………… 242
　　12.4.2　目标顾客类型与营业推广
　　　　　　目标 ……………………… 242
　　12.4.3　营业推广的行为策略 …… 242
单元小结 …………………………………… 244
课后习题 …………………………………… 244
案例分析 …………………………………… 245
实训操作 …………………………………… 246

参考文献 ………………………………… 248

学习情境一

消费者研究专员岗位基础训练

单元 1

消费心理与行为分析概述

【任务描述】

小王是某学院机械工程系的一名大三学生,其父母在老家经营一家餐厅。去年暑假,他在父母经营的餐厅中进行社会锻炼,准备学习一些餐饮经营管理方面的知识和经验。他学习的第一项任务是了解菜品的售价。

他发现菜单(图1.1)上的价格与学校周边餐厅的菜价有很大的不同,这是为什么呢?此时,他便给在学校讲授市场营销选修课的老师打了一个电话,向其请教。老师耐心的解答引起小王的极大兴趣。在老师的建议下,小王决定自学消费心理与行为分析这门课程。

对于一位工科学生来说,自学"消费心理与行为分析"这门课程,首先应从最基本的知识学起,主要涉及下表中的任务和要求。

图 1.1 餐厅菜单

任　　务	工 作 要 求	学习重点和难点
认识消费心理与行为分析	（1）正确理解与消费相关的一些概念 （2）运用消费心理与行为理论进行分析时，要注意把握消费心理与行为分析的内容及各要素内容的关系	与消费相关的几个重要的概念及其特征
掌握消费心理与行为分析的原则与方法	（1）选择几种主要的分析方法，分析来餐厅就餐的消费者的心理与行为的特征 （2）在分析过程中应遵循基本原则 （3）所收集消费者心理与行为信息具有代表性	消费心理与行为分析的内容、原则与方法
掌握消费心理与行为分析的一般流程	（1）消费分析计划要详细周密、切实可行 （2）分析过程中要注意客观、科学与系统	消费心理与行为分析的一般流程
学会做消费心理与行为分析的前期准备工作	在开展消费心理与行为分析的活动中，要联系实际情况，秉持实事求是的态度	消费分析的条件

【任务实施】

任务 1.1　认识消费心理与行为分析

1.1.1　消费心理与行为分析涉及的几个概念

1. 消费

消费是一种行为，是消费主体出于生存和发展自身的需要，有意识地消耗物质资料和精神资料的能动行为。消费有广义和狭义之分。广义的消费是指生产消费和生活消费。生产消费是指生产过程中的工具、原材料、燃料、人力等物化资料和活化劳动的消耗，它包含在生产活动中，是维持生产过程连续进行的基本条件。生活消费也称个人消费，是指人们为满足自身需要而对各种物质生活资料、劳务和精神产品的消耗，它是人们维持自身生存和发展的必要条件，也是人类社会最大、最普遍的经济现象和行为活动。在社会再生产过程中，生产消费与生活消费处于完全不同的地位，如果说生产消费是这一过程的起点，那么生活消费是这一过程的终点，即生活消费或个人消费是一种最终消费。本书中的消费是狭义上的消费，专指个人生活消费。

2. 消费者

消费者是指在不同时间和空间范围内参与消费活动的个人或团体，泛指现实生活中购买和使用各种商品的人。由于分析角度的不同，所以对消费者的概念的界定也有广义和狭义之分。

广义的消费者是指所有从事物质资料和精神资料的消费活动的人。在一定意义上，社会中的每一个人，无论其身份、地位、职业、年龄、性别、国籍如何，为维持自身的生存和发展的需要，都要对衣、食、住、行等物质生活资料或精神资料进行消费，因而都是消费者。

狭义的消费者是从市场需求的角度来界定的，将消费者放在市场需求的框架中加以考察，可以认为消费者是指那些对某种商品或服务有现实或潜在需求的人。除了消费者之外，产品或服务的购买者、使用者，以及企业、学校、政府机关和其他组织，均可被称为组织用户。例如，家庭主妇购买桃子回来供全家人食用，则该主妇及其家人就是消费者；生产果汁的公司购买桃子来榨制桃汁以供销售之用，则生产果汁的公司就是组织用户。本书研究的主要是消费者行为的基本理论，这些理论同样适用于组织用户的购买行为。

由于对商品需求的表现不同，狭义的消费者可相应地分为现实消费者和潜在消费者。现实消费者是指对某种商品或劳务有现实需要，并实际从事商品购买或使用活动的消费者。潜在消费者是指当前尚未购买、使用或需要某种商品，但在未来可能对其产生需求并付诸购买及使用的消费者。例如，青少年消费者大多对厨房炊具用品缺乏现实需要，但在将来独立组建家庭时，就会对其产生实际需求。因此，就现阶段而言，青少年是厨房炊具用品的潜在消费者。通常，消费者需求的潜在状态是由于缺乏某种必备的消费条件所致，如需求意识不明确、需求程度不强烈、购买能力不足、缺乏有关商品信息等，而一旦所需条件具备，潜在消费者随时有可能转化为现实消费者。

显然，对于企业而言，更有实际意义的是狭义上的消费者。因为没有任何一个企业能够面对所有消费者并满足其全部消费需要，而只能从中选取对本企业特定产品或服务有现实或潜在需求的消费者，通过不断地向市场提供适销的商品，以满足其现实需求并促进潜在需求向现实需求转化，从而求得自身的生存和发展。

3. 消费心理

消费心理是指消费者在日常消费活动过程中发生的各种心理规律及个性心理特征，具体而言，其侧重点在于市场营销活动中的消费心理现象、消费者购买行为中的心理现象和消费心理活动的一般规律3个方面。研究消费心理，对于消费者来说，可提高消费效益；对于经营者来说，可提高经营效益。

4. 消费行为

消费行为是指消费者寻找、选择、购买、使用和评价用以满足需求的商品或劳务所表现出来的一切脑力和体力的活动。消费行为一般包含以下3个方面的内容：

（1）消费行为可以表述为寻找、选择、购买、使用、评价商品或劳务的活动。这些活动的本身都是手段，满足消费者的需求才是真正目的。

（2）消费行为是一个复杂的过程。无论在何种情况下、何种阶段，即便是最重要的购买阶段，也不能等于消费行为的全过程，消费行为必须包括购买前、购买中和购买后的心理历程。

（3）消费者扮演着不同的角色。在某种情况下，一个人可能只充当一种角色；而在另一种情况下，一个人则可能充当多种角色。

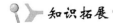
知识拓展

消费心理和消费行为

任何一种消费活动，既包含消费者的心理活动，又包含消费者的消费行为。准确把握消费者的心理活动，是准确理解消费行为的前提；而消费行为是消费心理的外在表现，比消费心理更具有现实性。

影响消费者的消费行为的因素有很多，如文化因素、社会因素、个人因素、心理因素等。消费心理是影响消费者实施消费行为的众多因素之一，而不是全部。不是所有的消费心理都能转化为消费行为，也不是所有的消费行为都是由消费心理引发。例如，为什么产生对异性的需求，这是一个欲望问题，也是个人问题，可以用消费心理的方法加以研究。

1.1.2 消费心理与行为分析的内容

1. 消费心理的分析内容

消费心理的分析内容主要包括消费心理过程、消费个性心理和消费心理状态3个部分。

（1）消费心理过程是指消费者的心理形成及其活动的过程，它包括认识过程、情感过程和意志过程。认识过程是指消费者认识事物现象的心理活动过程，主要包括感觉、知觉、记忆、想象和思维。由于客观事物与消费者存在某种联系，消费者在认识客观事物的过程中，总会产生一定的态度和主观体验，引起满意、喜爱、厌恶、恐惧等，这就是情感过程。消费者对客观事物不仅感受、认识，还要处理、改造，这种自觉地支配行动以达到预期目标的心理活动过程称为意志过程。

（2）消费个性心理主要包括消费者个性倾向性和个性心理特征。消费者个性倾向性是消费者个性结构中最活跃的因素，也是消费者进行消费活动的基本动力，主要由需要、动机、兴趣、信念、理想和价值观等构成。消费者个性倾向性决定消费者对现实的态度，决定消费者对认识活动的对象的趋向和选择。消费者个性心理特征是指消费者身上经常地、稳定地表现出来的心理特点，主要包括能力、气质和性格，它集中反映了消费者心理的独特性。消费者的心理特征是千差万别的，有些消费者聪明伶俐、足智多谋，有些消费者能歌善舞、多才多艺，这是消费者的个性差异在能力方面的表现；有些消费者寡言少语、稳健持重，有些消费者开朗健谈、直爽热情，这是消费者个性差异在气质方面的表现；有些消费者在待人接物中表现得谦虚礼貌、不卑不亢，而有些消费者则显得轻浮傲慢、虚伪狡猾，这是消费者个性差异在性格方面的表现。

（3）消费心理状态是指消费心理活动在一段时间里出现的相对稳定的持续状态，它既不像心理过程那样变动不羁，也不像心理特征那样稳定持久。消费者的心理活动总是在不同状态下展开的，这些不同的心理状态体现着消费者的心理激活程度和脑功能的活动水平。

2. 消费行为分析的内容

作为一种客观存在的经济行为，消费行为如同其他经济行为一样，有其独有的活动方式和内在运行规律。消费行为分析就是研究消费者在消费活动中的行为特点及其规律，以便适应、引导、改善和优化消费行为的一门现代经营管理科学。

在实际生活中，这些行为现象表现形式多样，涉及消费群体、社会环境、市场营销、消费者个人心理特性、购买行为等诸多方面。为此，消费行为分析的对象在具体内容上又可分为以下5个方面：

（1）消费群体行为。作为个人消费，在直接形态上表现为消费者个人的行为活动。但从社会总体角度来看，消费者的个人消费行为又带有明显的群体性。在现实生活中，某些消费者由于职业、收入水平、社会地位、年龄、性别、宗教信仰相同或接近，所以在消费需求、消费观念、消费习惯、消费结构及消费能力等方面表现出很大的相似性或一致性。具有上述相同消费特征的若干消费者构成一定的消费群体。消费群体是社会消费活动的客观存在。研究不同消费群体在消费行为方式上的特点与差异，有助于从宏观角度把握社会总体消费的运动规律，同时对商品生产者和经营者准确地细分消费市场、制定合适的营销策略，具有一定的指导意义。因此，消费群体的行为特点，如群体内部沟通、模仿、暗示、从众、群体规范、群体压力、消费习俗及消费流行等，就成为消费行为分析的对象之一。

（2）消费行为与社会环境。在现实生活中，消费者及其所从事的消费行为都是置于一定的社会环境之中，在某种特定的社会环境条件下进行的。因此，一方面，无论是消费者个人还是消费群体，其消费行为表现在很大程度上要受到社会环境因素的影响和制约；另一方面，消费者的消费行为在适应社会环境的同时，也会以不同方式影响和作用于社会环境。具体分析各种社会环境因素（如社会文化、亚文化、社会阶层、相关群体、家庭、舆论导向等）与消费行为的相互影响和作用方式，对于了解消费行为活动的成因，并掌握其运动规律具有一定的意义。

（3）消费行为与市场营销。在现代市场经济条件下，消费者接触最多、影响最为深刻的环境事物就是企业的市场营销活动刺激。市场营销是商品生产者和经营者围绕消费者需求所从事的产品设计、制造、包装装潢、命名、定价、广告宣传、渠道分销、购物环境布置、销售方式和服务等一系列活动，其目的在于通过满足消费者的需要，激发其购买动机，促成购买行为，实现商品的最终销售。因此，市场营销的一切活动都是直接围绕消费行为进行的。显然，营销活动刺激会对消费行为产生直接影响。同时，企业所采取的市场营销策略、手段又必须以消费行为为基础，最大限度地迎合消费者的需求、欲望、消费习惯、购买能力等。换言之，市场营销活动的效果好坏和成功与否，主要取决于对消费行为的适应程度。

消费行为与企业的市场营销活动之间有着极为密切的内在联系，两者既相互影响，又相互作用。市场营销既是适应消费行为的过程，又是对消费行为加以诱导，促成其购买实现的过程。分析这一过程中消费者如何对各种营销活动作出反应，以及怎样针对消费行为特点改进营销策略、提高营销效果，是消费行为分析的主要对象和内容之一，也是其分析的目的和任务所在。

（4）消费者的个人心理特征。消费行为分析是通过分析消费者的能力、气质、性格、自我概念等个性心理特征，了解消费心理现象的个别性或特殊性，进而解释不同消费者之间在行为表现上存在的各种差异。同时，对影响消费者行为的诸多心理因素中最重要、最直接的因素，如需要、动机等，加以深入分析，系统分析现代消费者的需求内容、动机类型及其发展变化趋势，从而为购买行为的分析奠定基础。

（5）消费者的购买行为。购买行为是消费者心理活动的集中外在表现，是消费行为活动中最有意义的部分。在消费行为分析中，要将影响消费者的心理因素与其行为表现紧密联系起来，深入分析消费者的购买信息收集过程、购买决策的形成，以及态度、偏好、逆反心理、预期心理等对购买行为的影响。通过对购买过程中产生的消费需求、驱使购买动机、收集有关信息、进行比较选择、形成购买决策、实际购买、购后评价等若干阶段及其相互联系的逐一分析，可抽象出消费者购买行为的基本模式。在购买行为过程中，决策始终是关键性环节。

1.1.3　消费心理与行为分析的重要性

1. 有助于企业优化营销组合，提高营销绩效

市场经济决定了企业必须面向市场，面向消费者。消费者心理及其行为的变化，将引起

市场的变化，影响企业的生产与销售。可见，作为企业，必须认真地分析、了解消费者的消费心理及其行为的发展变化规律，再在此基础上，合理制定营销战略和市场营销组合策略，有效地调节商品的品牌、结构、款式等，才能最大限度地满足消费者的需求。只有加强对消费心理与行为的分析，根据消费者心理与行为活动的特点与规律组织企业的营销活动，才能不断满足消费者需要，实现更好的经济效益，增强企业的市场竞争能力。

2. 有助于提高营销人员自身素质，提高服务水平

在消费过程中，消费者不仅仅想购买到适合的商品，而且还想得到周到、热情的服务，体验一种购物的精神享受。消费心理与行为分析可以指导企业对其员工进行改善服务质量、提高服务水平等技能方面的培训，从而使消费者得到良好的服务，提高消费者的满意度。

3. 有助于全方位满足消费需求，引导消费者进行科学消费

随着社会生产力的不断提高，科学技术的飞速发展，产品更新换代速度的加快，许多消费者在购物时难以作出正确、合理的选择，不知道怎样科学地进行消费决策。由于消费者对商品不太了解、认知水平存在偏差、消费观念相对落后等因素造成消费盲目、效果较差甚至利益受损的现象随处可见。由于消费者心理的不成熟、不稳定，某些畸形消费心理与行为在部分消费者中也时常存在。因此，在营销中加强消费心理与行为分析，对于消费者树立正确的消费观念，改善消费行为，实现科学、文明消费具有重要的意义。

4. 有助于企业开拓国际市场，增强企业和产品的国际竞争能力

随着我国市场经济的发展及全球经济一体化进程的加快，我国越来越多的企业参与到国际市场竞争中。为了使我国的产品打入和占领国际市场，有关企业必须研究其他国家、地区、民族的消费者，对其消费需求、习惯、偏好、道德观念、文化传统、风俗民情等方面的特点和差异，以及世界消费潮流的发展与变化趋势进行分析判断，在此基础上制定国际市场营销策略，使产品在质量、性能、款式、包装、价格、广告宣传等方面更加符合目标市场国家的目标顾客的消费心理与行为特点。可见，在营销中加强消费心理与行为分析，对于我国企业开拓国际市场、增强企业和产品的国际竞争能力也是非常有必要的。只有如此，我国的企业和产品才能在激烈的国际竞争中立于不败之地；反之，忽略不同社会文化条件下的消费心理与行为差异，则往往会遇到某些意想不到的销售障碍，甚至引起消费者的反感和抵制。可见，加强对消费心理与行为的分析，对我国进一步开拓国际市场、增强企业及产品的国际竞争力具有十分重要的现实意义。例如，联想公司某型号计算机在泰国一季度的实际销售额不如预期，它们知道市场出现了问题，但是可能没有了解问题的主要原因。这些原因可能是多方面的，也许消费者消费者口味发生变化，也许消费者偏好其他新的竞争产品，也许经济环境发生变化，也许产品设计不太适宜，也许还有其他因素……联想要找到该型号计算机在泰国销售中存在的问题，那就要重新审视其营销组合活动。

5. 有助于非营利机构开展活动及公共政策制定

许多非营利机构，如政府、艺术团体、慈善机构等，也需要通过满足消费者的需求和欲望来确定其政策。消费心理与行为方面的知识有助于帮助非营利机构更好地理解捐赠者的动机，从而制定服务沟通方案，改变他们的行为，例如，公共服务机构鼓励司机开车系安全带等。

近年来，消费者权益受到了许多威胁，有害的产品原料、不完善的制造过程，甚至把弱势消费者作为目标的营销活动，都可能影响到消费者的安全，如河南双汇的"瘦肉精"事件等。要解决消费者权益受到威胁的问题，需要制定相关的产业标准、政府法律和法规，告知消费者相关产品的信息，赋予消费者明确的消费选择权，适当限制消费者选择。例如，为了保护弱势消费者群体，欧洲议会已经明令禁止对儿童进行促销活动。因此，加强对消费心理与行为的分析，有助于非营利机构开展活动及公共政策的制定。

任务1.2 掌握消费心理与行为分析的原则和方法

1.2.1 消费心理与行为分析的原则

1. 客观性原则

在商品或服务经营活动中，消费者的购买心理与行为活动是由客观存在引起。对任何心理及其行为活动，必须按它们的本来面目加以考察和分析，而不能脱离实际主观臆断。虽然消费心理本身具有不具体、非常抽象的特点，但消费心理外在的行为表现则是生动具体的、可以观察到的。对消费心理的分析研究，需要在消费者消费活动的外部条件下进行。例如，在千变万化的市场促销活动中，在商品价格优惠打折的吸引下，消费者所产生的购物倾向心理就是一种客观存在。

遵循客观性原则，要求分析者在消费者的购买行为活动过程中去研究消费者的消费心理活动。只有根据消费者所想、所说、所作所为，才能正确判断其消费心理与行为特点。同时，还应当在对消费者进行调查、整理材料的基础上，对所得到的全部事实进行全面的分析，在分析事实的基础上再下结论。

2. 发展性原则

万事万物都是处在运动和不断变化之中，消费者的心理与行为也是随着客观情况的发展变化而变化的，这就要求在消费心理与行为分析研究中坚持发展性原则。

改革开放以来，随着我国经济持续稳定高速增长，国民收入大幅度提高，消费者的消费水平实现了从温饱向小康的转变，出现了从单纯的物质消费转向物质与精神文化消费相结合的发展趋势。而且，在市场供求关系中，出现了由卖方市场转变为买方市场的新形势。这些变化会从多个侧面影响消费者的消费心理与行为，使其消费心理发生许多新变化，从而产生许多新的消费行为特点。

遵循发展性原则，不仅要阐明消费者已经形成的心理与行为，而且要阐明那些潜在的、刚刚产生的、新的心理与行为特点；不仅要看到消费者现实的个性心理特征和行为状态，而且要预测其发展趋向；不仅要熟悉消费者已经形成的心理品质和行为习惯，而且要看到其发展前景，用发展的眼光去看待市场活动中消费者的心理现象与购买行为。

3. 分析与综合原则

在纷繁复杂的市场营销活动中，消费者在对待不同商品、服务和各种接待方式的营销人员的态度上，能够表现出不同的心理特点和行为个性。尤其是进入21世纪以后，消费者的消费需求出现多层次性和个性化特点，尤其是个性在消费心理与行为的分析研究中占有越来越突出的地位。消费者在多次购买行为中，无论实际的购买活动怎样，每个消费者总是会保持其心理与行为特征。

之所以在分析消费心理与行为的活动过程中遵循分析与综合原则，是因为分析研究可以帮助研究者认识个别消费者在不同的生活、活动条件下的心理与行为成分。而且，综合的研究有助于研究者弄清大量的个别心理与行为表现出来的相互联系，从而找出表明某个消费者特征的那些稳定的东西。例如，有位消费者性子急，挑选商品时匆匆忙忙、不仔细，结果购买回来的商品质量有问题，遭到家人的抱怨。但是，"吃一堑，长一智"，在以后的购买商品中，这位消费者对商品挑选就特别细致。通过对这位消费者的多次购买行为的分析，可以认为，这位消费者比较稳定的心理特点是有耐心、个性强。

4. 联系性原则

（1）影响和制约消费的内部、外部因素是相互联系的，如商店环境的优劣会影响消费者的情绪，而消费者的心境又制约着消费者对环境的体验。

（2）消费者的心理过程和行为状态是相互联系的，如消费群体对商品的认识过程，就与当时的心理行为状态紧密相连。

（3）消费心理与行为分析这门学科处于许多学科的结合点上，它涉及生理学、哲学、社会学、经济学、管理学等诸多学科。这种交叉学科的特点，要求研究者在分析研究中要联系其他相关学科的成果进行研究，而不能孤立地分析消费心理与行为现象。

1.2.2 消费心理与行为分析的方法

在进行消费心理与行为分析时，除了需要遵循上述 4 项基本原则之外，更重要的是要根据分析任务的需要，选择适当的分析方法。

1. 观察法

观察法是消费心理与行为分析的一种最基本的方法。观察法就是分析者在自然情况下，依靠自身的感觉器官，有计划、有目的、有系统地直接观察消费者的外部行为表现，如动作、行为、谈话等，去了解消费者心理活动，分析其内在原因，从而揭示消费心理活动规律的一种方法。

观察法需要在自然条件下进行，观察者不应去控制或改变有关条件，否则消费者行为表现出的客观性将受到限制。在现代消费心理与行为分析中，观察者有时也可采用先进的技术和设备，如摄像机、闭路电视等，作为视听器官的延伸，以协助观察。

观察法分为长期观察和定期观察两种形式。长期观察便于把握消费者心理与行为活动中有规律性的内容；定期观察是在一定时期内对消费者心理现象和行为活动规律性的观察，可重点分析一些特殊消费心理现象及其消费行为表现。

运用观察法，首先应有明确的目的，要制订详细的分析研究计划，拟订详细的观察提纲。观察过程中要敏锐捕捉各种现象，并准确、详细地记录下来，及时进行整理和分析，便于得出有效的科学结论。由于观察法很少干扰或不干扰消费者的正常活动，所以得出的结论比较符合客观实际情况。另外，观察法简便易行，可以涉及相当广泛的内容，经常用来进行营业状况观察、顾客流量观察、痕迹观察，以及分析商品的商标、包装、广告宣传、商店的橱窗、商品价格、销售方式、销售手段等对消费者购买行为的影响等内容的观察。

观察法的不足之处是带有一定的被动性、片面性和局限性。由于分析者往往处于被动地位，通过观察法所得到的资料本身只能等待需要观察的现象自然出现，才能对其进行有效的观察，因此，对观察所得的资料往往不足以区别哪些是偶然的、哪些是规律性的。而且，当现象自然出现时，并不能直接得到消费者为什么会这样的资料，很难弄清现象后面隐藏的本质特征。所以，在某些问题的分析研究上，还需要借助其他辅助方法。

2. 实验法

实验法是有目的地严格控制或创设一定的条件，人为地引起某种消费心理与行为现象的产生，从而进行消费心理与分析研究的方法。

实验法又分为实验室实验法和市场实验法。实验室实验法是在专门的实验室内借助于各种仪器来进行分析研究的方法。在设备完善的实验室里研究消费心理与行为现象，从呈现心理刺激到记录被实验者的反应、数据的计算和统计处理，都采用计算机、录音、录像等现代化手段，实行自动控制。实验室实验法对消费心理与行为现象的产生原因、大脑生理变化及被实验者行为表现的记录和分析都是比较精确的，但无法准确地测定复杂的个性心理现象。市场实验法是指在市场营销环境中，有目的地创设或变更某些条件，给消费者的心理与行为活动施加一定的刺激或诱导，从中了解消费者心理与行为活动的方法。由于市场实验法是有目的地创设或变更条件，因而具有主动性的特点，往往能够按照一定的研究目的取得比较准确的材料，是应用范围比较广泛的方法。例如，企业举办商品展示会和展销会，可以说是市场实验法的一种运用。但是，市场营销活动现场各种条件较复杂，很难断定其真实性，需要周密的实验计划和一定时期的观察研究。

3. 调查法

调查法是现代消费心理与分析应用最多的一种方法，能够获得较多资料。调查法是指在市场营销活动中，采取多种形式或手段获取有关材料，间接地了解消费者的心理与行为活动的方法。调查法的方式很多，例如，通过邀请各种类型的消费者座谈，或与个别消费者面谈，了解消费者的各种购买动机，进而间接了解消费者的愿望和需要；通过商品试销或采取现场体验的方法，了解消费者的兴趣爱好与消费心理变化；通过广告征询、设置顾客意见簿等形式收集消费者的意见，了解消费者对商品的各种心理反应与行为要求等。在消费心理与行为分析中，常用的调查法有问卷法和谈话法两种具体方式。

1) 问卷法

问卷法是以问卷的形式向消费者提出要调查的问题，并辅以调查人员的提问，回收消费者的答卷，进行汇总、统计、分析的方法。问卷法因具有适应面比较广，调查的速度比较快，记录调查结果十分方便，统计和分析调查结果比较容易，对于调查员的要求不如其他调查方法那样严格等方面的优点，因而在实际工作中很受欢迎；但其缺点是问卷回收率低，对所回收的问卷答案的虚实判断较难，因为有些问卷的回答者可能没有认真对待该调查问卷。问卷调查法的方式主要有邮寄调查法、入户调查法和拦截调查法3种方式。

（1）邮寄调查法。该方法是通过邮政寄送方式进行，一般不受地理条件的限制。邮寄调查法的优点是调查区域较广，被调查的消费者有充分的时间来回答问题，调查费用也比较低，可避免调查人员自身因素的影响，被调查的消费者可以随心所欲地填写真正的想法；其缺点是调查时间长，问卷的回收率低，被调查的消费者或许会因为误解原意而做出错误的回答。这种调查方式，只适合于对有一定文化程度的消费者进行简单而又易于作出明确答复的调查。

（2）入户调查法。该方法是指分析者或访问员依据抽取的样本对消费者上门访问。该方法要求消费者对每一个问题做出回答，由访问者当场做好记录，或者由消费者自行填写，现场收回问卷。入户调查法的优点是直接与消费者接触，可以观察消费者回答问题的态度；采用严格的抽样方法，使样本的代表性更强，能够得到较高的有效回答率；对于不符合填答要求的答案，可以在访问当时予以纠正，以及可由访问员控制跳答题或开放式问题的追问。

（3）拦截调查法。该方法是由访问员在适当地点，如商场出口、入口处等，拦住消费者进行调查。这种方法有两种形式：一是由访问员在事先选定的若干地点，按照一定的程序和要求，每隔几分钟拦截一位消费者，或每隔几个行人拦截一位消费者，征得对方同意后，在现场按问卷法进行简短的调查；二是定点拦截，在商场或其他人流量密集的地区，租借好访问专用的房间或厅堂，根据研究要求，可能还摆放若干供消费者观看或试用的产品，按照一定的程序和要求，拦截调查对象，征得对方同意后，将其带到专用的房间和厅堂进行面访调查。拦截访问的优点在于效率高，整个项目的访问时间短，可以在访问进行时对问卷的真实性及品质进行控制，而且可以节省抽样环节和费用。

2）谈话法

谈话法是分析者通过同消费者谈话，了解和确定消费者的某些心理与行为特点的方法。谈话法有集体面谈、个别面谈和电话访谈3种方式。

（1）集体面谈。该方法是将具有代表性的一些消费者组织起来，以座谈的方式让他们表达自己对于商品或广告宣传等方面的意见和看法。

（2）个别面谈。该方法是由调查人员以谈话的方式与单个消费者接触，了解其心理和行为的方法。

（3）电话访谈。该方法是借助电话与受访者进行谈话的方法。它一般是在分析者与受访者之间因受空间距离限制，受访者难于或不便直接面对分析者时而采用的一种方法。

运用谈话法了解消费者的各方面情况，要确定谈话的目的，拟订谈话的内容纲要。谈话法的优点是不仅能当面听取消费者的意见，而且可以观察其反应，发现新问题，能在较短的时间内获得较可靠的资料；其缺点是花费的时间和人力较多，调查结果还会受调查人员运用询问技术等主观因素的影响。这种方法一般不单独使用，而是与其他方法结合使用。

> **案例阅读**

通过访谈确定调研主题

在"通过关注差生提高课堂合作学习效率的研究"过程中，研究者遇到这样一个问题，编成合作学习小组之后，有一部分学习比较优秀的学生，不愿意去接近差生，怕他们影响自己的学习。同时，他们也暗示给老师，他们的家长也不同意他们这样做。为了解决这个问题，研究者想通过访谈，了解家长对差生转化中的个别看法，并面谈征询一些意见，访谈内容如下：

"家长同志您好！我是某学校八年级的语文教师，兼八年级五班班主任，在我们进行的新课程改革过程中，我们一直用主题教研这样的研究手段，今天想了解您对一些不爱学习又不听话的孩子的问题的看法，您的孩子在我班是爱学习、懂事听话的孩子，差生的问题不解决也会影响您的孩子的学习。我不会说出您的名字，如果您不介意的话，在我们的访谈过程中，我要用录音机，以便整理我们的访谈记录。您看可以吗？如果可以，我们的访谈就开始吧！"（教师在得到家长同意的情况下，打开录音机，家长开始回答老师提出的问题了。）

家长代表是这样回答的：

"老师您好！我是您学生的家长，谢谢您对我的信任，关于差生问题，我从家长的角度出发，我觉得他们无论学习怎样，无论品行如何，也都是家长的孩子。现在的家庭多数是独生子女，在学校您有几十名学生，在家里家长却只有一个孩子。这唯一的孩子是家长的希望，家长对孩子的期望值是很高的，每一位家长无论自己的孩子在学校表现如何都不会放弃他们。因此，我希望学校成立互帮互助学习小组，在课堂上学习时起作用，回到家里通过课外学习交流仍然起作用。我家的孩子学习相对好些，我可以协助老师动员我的孩子主动承担帮助差生一起学习，一起进步。"

研究者在填写记录卡时，特别是在最后"要点与精华"栏目里要点应梳理成：不能放弃差生；建议成立互帮互助学习小组；家长协助教师动员自己的孩子主动承担帮教任务。

任务1.3　掌握消费心理与行为分析的一般流程

一般来说，消费心理与行为分析的程序可以分为了解消费心理与行为分析的问题、消费环境调查、市场营销战略与消费分析、市场营销战术与消费分析、撰写消费分析报告、消费分析报告实施、消费分析报告的评估与修正七大环节。

1.3.1　了解消费心理与行为分析的问题

1. 消费分析问题的界定

所谓问题，是指预期与实际满足状态之间的差距。通过界定问题，了解营销活动中期望状态与现实状态的偏差，明确企业希望通过消费分析活动的开展，要解决的问题是什么或要实现的目标是什么。所以，整个消费心理与行为分析活动的第一步，就是要对消费分析问题进行准确、清晰的界定。

所谓界定问题，就是灵活运用各种调研、分析方法，对消费者的需求进行逐项发掘，将其心里模糊的认识以精确的方式描述并展示出来。

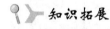

界定问题的方法

（1）专注于重要的问题。

（2）将问题细分。将问题明确化的一个非常有效的方法，就是缩小问题的范围，将问题划分细致。

（3）改变原来的问题。

（4）运用"为什么"的技巧。

（5）一般营销中存在的具体问题，可能表现在以下方面：企业知名度不高，形象不佳影响产品销售；产品质量不过关，功能不全，被消费者冷落；产品包装太差，提不起消费者的购买兴趣；产品价格定位不当；销售渠道不畅或渠道选择有误，使销售受阻；促销方式不多，消费者不了解企业产品；服务质量太差，令消费者不满；售后保证缺乏，消费者购后顾虑多等。

2. 筛选分析主题

在界定问题后,就要根据企业实际情况筛选分析主题,分析的主题应与消费心理与行为分析的动机相吻合。一般来说,筛选分析主题要经过挖掘、提炼、选择和确定主题4个阶段。

1)挖掘主题

消费分析所面对的主题可能很多,但分析者不可能将所有可能的主题都纳入分析范围中。但是,从营销问题中挖掘出的分析主题却是越多越好,这样有利于分析者更全面地认识企业的营销问题,抓住企业迫切要解决的问题并进行重点分析。

2)提炼主题

在消费分析中,要尽可能明确有关分析对象的各种问题。例如,分析对象有哪些问题?解决这些问题有什么意义?它是企业面临的主要问题吗?问题的根源是什么?通过了解这些问题,分析者去掉那些相对不重要的分析主题,可以专注于解决那些至关重要的问题。

3)选择主题

分析者可以根据问题委托方的意见,制定选择分析主题的工作程序及标准。例如,分析大多数管理人员投票支持的主题是什么,董事长认为必须做的主题是什么等。在实际工作中,分析主题要经过分析者与委托方的充分沟通与交流才能得出。

4)确定主题

为了保证分析主题与消费分析动机相吻合,与委托方的意图相吻合,分析者在选定分析主题后,一定要征求委托方的意见。只有当委托方与被委托方对分析主题达成了共识,才能进行下一步的工作。

1.3.2 消费环境调查

进行消费环境调查与分析的目的在于了解影响消费心理与行为的因素,为消费分析提供真实可靠的信息。

1. 综观消费环境

综观消费环境是一个由社会的政治、经济、文化,甚至自然环境方面构筑的一个宏大范围的消费环境。在我国,它相当于社会主义社会建设的所有内容的集合。在综观消费环境建构中,宏观消费环境、中观消费环境、微观消费环境,都不过是其所包含的全部内容的组成部分而已。

2. 宏观消费环境

宏观消费环境是一个由正确的社会消费价值观和正确的消费者价值观、消费理念、消费意识及消费风尚等构成的大范围的消费环境。它属于消费领域精神层面的消费环境,受综观消费环境的影响和制约,同时它也能为综观消费环境的形成提供保证。

3. 中观消费环境

中观消费环境是一个由社会消费活动过程中各种关系的有效处理构成的范围较大的消费环境。这一消费环境的主要内容包括一个国家或地区在商品生产、服务提供、市场营销等方面的管理制度,它是一个由与生产、销售、消费相关的各种法规、政策、标准及其执行情况构成的消费环境。

4. 微观消费环境

微观消费环境是指一个由企业通过各方面工作的有效开展所塑造的消费环境。微观消费环境的主要构成因素包括优质产品和服务的提供、良好企业形象的塑造和各种公众关系的有效处理。尽管这是一个微观层次的消费环境,但它却是整个消费环境建设的落脚点。

1.3.3 市场营销战略与消费分析

市场营销战略实施主要包括营销目标设定和 STP 实施两个部分。

1. 营销目标设定

营销目标就是消费分析所要实现的期望值。例如,降低营销成本 5%,提高流通效率 10% 等。目标不明确,分析对象就会很模糊,就不易产生分析构想。在设定营销目标时必须注意 3 点:第一,分析目标往往具有多样性,应对目标进行层次划分,既要有高级目标,又要有次级目标,目标还应有主次之分,另外为确保目标切实可行,应注意各种目标之间的协调关系,分清其主要矛盾和次要矛盾,以避免顾此失彼;第二,分析目标要适当,既要切实可行,又应具有一定的挑战性;第三,分析目标应明确而具体,既要有详细内容,又要有时间界限。

2. STP 实施

STP(Segmenting 市场细分,Targeting 目标市场,Positioning 市场定位)实施,就是在市场调查和分析的基础上,根据企业的实际情况,对企业产品的市场进行细分,确定企业的目标市场和为企业或产品确定市场地位。

面对纷繁复杂的消费市场,任何一家企业都不可能满足市场上全部消费者的所有需求。生产企业因其资源等方面条件的限制,也不可能满足所有消费者的各种不同需求。企业只能根据自身的生产经营优势,选择其中部分消费者作为自己特定的服务目标市场。因此,企业有必要在分析消费心理与行为的基础上,科学地进行市场细分、目标市场选择与市场定位。

1.3.4 市场营销战术与消费分析

市场营销战术实施是指企业根据已经确定的营销目标和市场定位,对企业可以运用的各种各样的营销手段进行综合考虑和整体优化,以求达到理想的效果,其内容主要包括产品策略、价格策略、分销渠道策略、促销策略与消费心理和行为之间的关系。

1.3.5 撰写消费分析报告

消费分析报告是表现和传播消费分析内容的载体。一方面,它是消费分析活动的主要成果,是对委托方的一个交代;另一方面,它能使消费分析建议方案的执行人员有一个统一的行动依据。因此,在撰写消费分析报告的过程中,还必须保持条理清楚、规范严谨。在向委托方递交消费分析报告时,还需要进行真诚的讲解和说明,以便消费分析报告能被接受,能付诸实施。

1.3.6 消费分析报告实施

消费分析报告完成以后,就需要通过企业的市场营销管理部门组织实施。消费分析报告实施是指对实施消费分析方案进行组织、指挥、控制与协调,把消费分析方案转化为具体行动的过程。因此，市场营销管理部门必须根据方案的要求，分配人、财、物等各种营销资源、处理好营销部门内外的各种关系，加强领导力，提高执行力，把消费分析报告的内容落到实处。

一般来说，消费分析报告方案的实施可以分为沟通模拟布局和分工实施两个阶段。

1. 沟通模拟布局阶段

要成功地实施消费分析方案，良好的沟通是前提。在方案实施之前，应确保执行者已真正明确了方案的内容，理解了方案的意图，把握住了方案的要点。如果沟通不充分的话，那么费尽心力完成的分析报告，很可能在实施中有所变故，甚至会带来许多副作用。为了减少这些变故，使组织的成员协助推行方案，就不得不对实施方案的相关人员进行培训与沟通，对方案的评估背景、方案的本意与宗旨、目标、实施内容、实施步骤、实施技巧及实施中应注意的重点问题等，进行准确明了的阐述，将方案意图渗透到全体执行成员的脑海中，将未来可能的发展，一幕一幕地呈现在执行者眼前，使其可以预测方案实施的过程、进度及方案实施后的效果，引起执行者的支持、协助与共鸣，以避免在事后出现分歧和在执行当中发生争执。

 知识拓展

方案沟通的工具

1. 印发内部刊物

内部刊物是企业内部传递信息的重要媒介，分为纸质和网络两种。分析人员可以通过内部刊物向企业员工进行解释说明，企业员工也可以通过这种形式反馈意见。

2. 举行报告会

这是分析人员通过做报告来影响企业员工的一种形式，在需要传达新理念、转换员工观念时有一定效果。

3. 进行培训

这是一种较为有效的方式，通过培训可以深入地解析方案，同时收集意见，但是这种方式成本高、时间长，培训范围也有限。

4. 召开座谈会

这是较常使用的一种方式，通过召开座谈会或者讨论会可以充分地交流意见，容易营造出平等、民主的氛围，但这种方式涉及的人员有限，只能由企业员工代表与分析人员交流。

5. 填写调查表

通过发放、回收调查表的方式来收集企业员工的意见，可以较为客观地获得信息，但是员工对调查表的内容可能产生误解，影响调查结果。

6. 进行非正式沟通

分析人员不是通过正式的场合和方式与企业员工交流意见，而是以一种比较随便的方式造访员工，与之交谈。这种方式比较容易让员工说出自己的心里话，沟通的效果较好，但是这种方式涉及的范围有限，耗费的时间太长。

2. 分工实施阶段

进入分工实施阶段，消费分析者的思想才能得到真正的体现。这一阶段，营销管理者应严格按照消费分析报告的进度计划，将各部门的任务进行详细的分配，并分工实施。同时，也应按照预算表，组织、指挥与协调企业的各种资源和力量，使方案得以顺利实施，尽最大的努力达到和完成方案规定的营销目标和营销任务。

1.3.7 消费分析报告的评估与修正

消费分析活动都是有明确的目标的。但目标是否实现，需要通过评估来验证。

1. 效果评估的内容与原则

消费分析的目的有非经济目的和经济目的之分。对于非经济目的的实施效果的评估，如社会效果、政治效果、文化效果、法律效果等，可以采用定性方法来进行评估；对于经济目的的实施效果的评估主要采用定量测评方法，如市场占有率、实际销售（量或额）占整个行业的实际销售（量或额）的百分比、品牌形象和企业形象、成本收益率等。在评估过程中，为了保证评估效果的说服力，应该遵循一定的原则。

1）有效性原则

坚持有效性原则，是指评估工作必须要达到的目的，要以具体数据而非空泛的评语来证明消费分析的实施效果。这就要求在评估时必须选取真正有效的、有代表性的评估指标作为衡量标准，并尽可能采用多种有效的评估方法，全面考察，广泛收集意见，以得出客观的结论，使消费分析报告的效果充分体现出来。

2）可靠性原则

可靠性原则要求前后的评估工作应具有连续性，所采用的评估方法和被评对象要相对稳定。

3）相关性原则

相关性原则是指评估的内容必须与所确定的方案的目标相关。在进行效果评估时，要根据不同的目标来界定方案执行效果的相关性。

2. 效果的评估与修正

1）项目考评

消费分析报告的实施一般是分项目一步一步来执行的。因此，每一个项目完成以后都需要对整个项目进行一个回顾，以判断项目的完成情况，及时发现和解决问题。当项目完成情况与预期目标存在差距时，消费分析者与营销管理者要找出原因，然后寻求相应的对策，必要时还要对整个方案作出调整。

2）阶段性考核

阶段性考核一般是在一个标志性的项目完成后进行，对一段时间以来所做的工作和所取得的成绩进行考核，目的是保证整个方案实施的成功和各阶段的连续性。例如，一个企业分两个阶段进行省域范围内的市场网络的开发，第一步是在省会城市布点，第二步是在省区内的地级市布点。其中，各自又分了很多子项目。当省会城市布点完成以后，即标志着第一阶段工作完成，消费分析者与营销管理者需要对第一阶段的工作进行回顾和总结。

3）期终总结

期终总结就是对消费分析报告实施的结果进行分析，分析实际结果是否与方案的期望值存在差异。若发现较大的差异，必须作一些重点研究，找出实施过程中的问题和改进点，总结出对以后消费分析立项及实施的教训、启示等，并将对方案实施结果的研究、分析形成消费分析项目结案报告书提供给委托方。

4）反馈改进

对于消费分析者来说，消费分析期终总结的完成，并不表明该分析项目的结束。分析者还必须对整个分析的经过及其结果做充分的检讨，从中找出经验、问题和教训来，并将其有效地反映在以后消费分析方案中以对其进行改进，这样才能算是该项分析工作的真正结束。实施效果反馈是消费心理与行为分析的最后一个环节，也是下一次分析工作的开始，它实际上贯穿于消费分析的全过程。

中国跨境网购用户分析

图1.2所示为艾瑞（即艾瑞咨询集团，iResearch，成立于2002年，总部在上海，每年都发布中国网络经济研究报告）对中国跨境网络购物用户进行的统计。

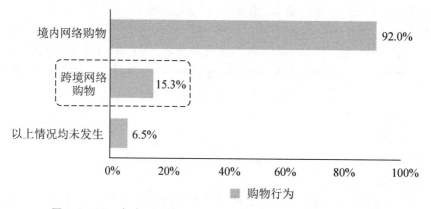

图1.2　2014年中国跨境网络购物用户在整体网购用户中的比例

根据上图的调研数据，92.0%的网购用户在2014年内进行过"境内网络购物"，而进行过"跨境网络购物"的网购用户的比例仅为15.3%。艾瑞分析认为，一方面，目前大部分网购用户对跨境网购的了解不足；另一方面，跨境网购对用户的语言、选品等跨境购物技巧要求较高，因此，现阶段跨境网购用户在整体网购用户中的比例较低。

艾瑞分析建议软件公司、代运营公司、在线支付、物流公司等配套企业应该围绕跨境电商企业进行集聚，服务内容尽可能涵盖图片翻译描述、网站运营、营销、物流、退换货、金融服务、保险等内容。同时，分工应更清晰且各项服务越来越完善，使整个行业生态体系越来越健全，为跨境网购用户提供良好的跨境网购环境，以促进未来中国跨境网购用户的增长。

任务1.4　学会做消费心理与行为分析的前期准备工作

为了解消费心理与行为问题的背景，分析人员必须了解企业及其所属的产业，尤其应该分析对界定消费心理与行为问题产生影响的各种因素。这些因素主要包括有关企业及其所属产业的历史资料及前景预测、企业的资源及各种限制、决策者的目标、购买者的行为、法律环境、经济环境及企业营销手段等。

1.4.1 了解企业自身的条件

1. 了解企业的历史资料和未来

了解与企业销售、市场份额、营利性、技术、人口统计学和生活方式有关的历史资料及预测趋势，能够帮助消费分析人员理解潜在的消费心理与行为问题。而且，对这种资料的分析应在该产业和企业的层次上进行。例如，一个企业的销售量下降，与此同时整个产业的销售量上升，这和整个产业销售量同时下降是完全不同的。前者可以具体到企业，企业顾客的历史资料和未来发展对于揭示潜在的问题和机遇很有价值，尤其在企业资源有限和面临其他限制条件时，这种价值表现得尤为突出；后者需要具体到整个产业，分析其客户的整体消费情况。

2. 了解企业可利用的资源和分析面临的限制条件

要想准确地确定消费心理与行为问题的范围，必须要考虑企业可以利用的资源及面临的限制条件。如果一个大规模的消费心理与行为分析项目需要花费 50 万元，而企业的预算经费只有 20 万元，显然这个项目不会被企业管理者批准。在多数情况下，消费心理与行为分析的范围都不得不被压缩以适应预算限制。例如，计划对企业的产品消费行为进行调查分析时，就会将调查分析的范围从全国压缩到几个主要的区域市场。在一般情况下，只增加少量成本，就会使调查分析范围大幅度扩大，这会显著地增强分析项目的效用，也容易获得企业管理者的批准。当必须尽快作出决策的时候，对于分析机构来讲，时间的安排非常重要。又如，企业决策者通常要求在一定时间内完成一个消费心理与行为分析项目，这个项目的结果可能要提交给即将召开的董事会。

3. 了解企业的目标

企业制定决策的目的在于实现目标。管理决策是建立在清楚地了解企业的目标和决策者的个人目标基础上的，消费心理与行为分析项目要取得成功，也必须服务于这两种目标。在一般情况下，企业决策者很少能清楚地描述个人和企业的目标；相反地，他们常常用缺乏可操作性的语言来描述这些目标，如提高企业形象等。因此，直接向决策者提问无法发现所有的相关目标，消费分析人员必须通过其他方法找出这些目标。一个经常使用的方法就是，针对一个问题当面告诉决策者各种可行的思路，然后征求决策者的意见。

1.4.2 了解企业外部的条件

1. 了解消费者的行为

消费者行为是消费分析问题内容的一个重要组成部分。在大多数的营销决策中，所有的问题都会回到消费者对营销者具体行为的反映上来。了解潜在的消费者行为对于了解消费心理与行为问题非常有用，分析时应考虑传播媒体对消费者行为及对产品改进的反应等因素。

2. 了解企业所处的法制环境

法制环境包括公共政策、法律、政府代理机构。重要的法律领域包括专利、商标、特许使用权、交易合同、税收、关税等，法律对消费心理与行为的每一个组成部分都有影响。例如，国家实施限塑令后，不仅对消费者购物的行为产生一定的影响，而且对塑料袋的制造商产生一定的影响。

3. 了解企业所处的经济环境

消费心理与行为问题内容的另一个重要组成部分是企业所处的经济环境，包括消费者的购买力、收入总额、可支配收入、储蓄、企业可利用的信息及总的经济形势等。经济的总体状况会对消费者和企业信用交易及购买昂贵产品的意愿产生影响，因此，经济环境对于消费心理与行为的潜在影响也是巨大的。

4. 了解企业的营销及技术手段

企业的营销及技术手段会对消费心理与行为分析的性质和范围产生影响。例如，企业要想开发一项技术产品，如果没有相关的消费心理与行为分析的技术和手段，可能很难制造出符合消费者需要的产品。在这种情况下，通过对企业原有的消费心理与行为分析的知识、技术手段的了解，可以从中找到一部分确定消费心理与行为问题的依据。又如，计算机的结账系统可使超级市场经营管理者能够了解每天消费者对于产品的需求情况，并能向消费心理与行为分析人员随时提供相关的数据。这样，零售的信息就能随时获得，这不仅包括公司品牌，也包括其他竞争性的品牌。数据收集的快速性和精确性，使消费分析人员能够对复杂的问题进行主题分析与挖掘。

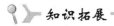
知识拓展

消费者洞察对营销的意义

消费者洞察在一定程度上可以避免过于拘泥定量分析而发生偏差的问题，是对消费者心理与行为进行由表及里的研究后，找寻到的最能解释消费者购买行为的深层因素，能够为企业营销提供一种方向性的策略。

消费者洞察是相对于消费者调查提出的概念，调查是静态的，重点了解消费者"是什么"或"做什么"，即"What"的问题。然而，对于制定营销决策的企业而言，更为重要的是要了解消费者"为什么"这么做的问题。与调查不同，消费者洞察是一种动态的研究，着力于解决消费者购买产品的原因等问题，并对消费者的消费心理进行深入挖掘，着力于解决"Why"的问题。

消费者洞察以定性研究为主要手段，但并不排斥定量研究，有时候还必须作定量研究，只是更多依靠定性研究。因为它是从心理学角度研究消费者对产品、品牌的态度和心理，从而进一步挖掘其习惯、经验和价值观。

消费者洞察能够帮助企业找到表象背后的真正原因和市场机会，帮助企业找到更加精确的品牌定位，让产品开发和改进更加有的放矢，让企业更加准确、高效地走出市场困境，制定出更具差异化的营销策略，在市场竞争中处于有利地位。

目标顾客的物质需求是相对容易理解的，难的是他们的心理需求。在现实生活中，人们经常遇到这样的"怪事"：没什么突出功能的产品却卖得异常火爆，如休闲食品和饮料等品类就常常会发生这种现象。如果从常理上去解释很难下结论，但如果是从消费者的心理角度去解释，这一切都是有其原因的。所以，有目的的消费者洞察，会让企业的产品开发和改进更加有的放矢。

单元小结

消费心理与行为分析是市场营销理论在企业营销实践中得以有效运用的基础，是贯穿在整个市场营销活动之中的最有效的商战武器。作为从事消费分析的人员，应对其进行不断的研究和分析。

消费心理与行为分析的内容主要是消费心理分析和消费行为分析。消费心理分析的内容主要包括消费心理过程、消费个性心理和消费心理状态3个部分，消费行为分析就是研究消费者在消费活动中的行为特点及其规律，涉及消费群体、社会环境、市场营销、消费者个人心理特性、购买行为等诸多方面。在进行消费心理与行为分析过程中，应该遵循客观性原则、发展性原则、分析与综合原则、联系性原则，可选取的方法有观察法、实验法、调查法等。

消费心理与行为分析的一般流程主要分为了解消费心理与行为分析的问题、消费环境调查市场营销战略与消费分析、市场营销战术与消费分析、撰写消费分析报告、消费分析报告实施、消费分析报告的评估与修正七大环节。

为了圆满完成消费分析任务，做好消费心理与行为分析的前期准备工作也是十分有必要的。

课后习题

一、名词解释

消费者　　消费者行为　　消费心理过程　　狭义的消费者　　广义的消费者

二、单选题

1. 消费者个性心理特征有（　　）。
   A. 需要　　　　B. 动机　　　　C. 能力　　　　D. 信念

2. （　　）是属于中观消费环境的内容。
   A. 经济　　　　　　　　　　　B. 文化
   C. 市场营销管理制度　　　　　D. 消费者

3. （　　）是指在市场调查和分析的基础上，根据企业的实际情况，对企业产品的市场进行细分，确定企业的目标市场和为企业或产品确定市场地位。
   A. 市场定位实施　　　　　　　B. 营销竞争战略实施
   C. 市场营销战术实施　　　　　D. 公共关系实施

4. 下列（　　）不属于问卷法。
   A. 邮寄调查法　　B. 访谈法　　C. 入户调查法　　D. 拦截调查法

5. （　　）就是对消费分析报告实施的结果进行分析，分析实际结果是否与方案的期望值存在差异。
   A. 期终总结　　　B. 项目考评　　C. 阶段性考核　　D. 反馈改进

三、判断题

1. 广义的消费者是从市场需求的角度来界定，将消费者放在市场需求的框架中加以考察，可以认为消费者是指那些对某种商品或服务有现实或潜在需求的人。（　　）

2. 消费心理是指消费者寻找、选择、购买、使用和评价用以满足需求的商品或劳务所表现出来的一切脑力和体力的活动。（　　）

3. 在某种情况下，一个消费者只能充当一种角色。（　　）

4. 遵循客观性原则，不仅要阐明消费者已经形成的心理与行为，而且要阐明那些潜在的、刚刚产生的、新的心理与行为特点。（　　）

5. 长期观察是在一定时期内对消费者心理现象和行为活动规律性的观察，可重点分析一些特殊消费心理现象及其消费行为表现。（　　）

四、填空题

1. 消费心理与行为分析应遵循_____、_____、_____和_____原则。
2. 影响消费者行为的环境因素有_____、_____、_____、_____、_____、_____等。
3. 消费心理的侧重点主要在于市场营销活动中的_____、_____和_____3个方面。
4. 在购买行为过程中，_____始终是关键性环节。
5. 观察法分为_____和_____两种形式。

五、简答题

1. 简述消费心理与行为分析的内容。
2. 简述消费心理的过程。
3. 简述研究消费心理与行为分析的重要性。
4. 简述消费心理与行为分析的一般流程。
5. 简述界定消费分析问题的方法。

案例分析

根据报告显示，在中国家庭中，74%的女性的收入比配偶低，但她们在消费方面拥有很大的发言权；51%的已婚妇女将夫妻双方工资放在一起共同管理，仅有2%的女性将收入全部交给配偶管理；有78%的已婚女性负责为家庭日常开销和购买衣物做出决定；在购买房子、汽车或奢侈品等大额商品时，23%的已婚女性表示她们能做出独立决定，其余的77%的女性会与配偶商量后决定，但她们的个人好恶仍然会对最终决定产生重大影响。显然，女性越来越多地承担了家庭首席购物官的角色。

但是，在消费方面，女性永远是不按常理出牌的创新者，你可以分析女性消费心理，可以统计总结女性消费习惯，可以试图影响女性的购买意愿，但是永远不太可能掌握女性的购买心态。例如，她们出门的时候说要买一件衬衫，进了商场却看了半天裤子，最后买回家一件外套和两条围巾。"冲动是魔鬼"，但是冲动购物却带来巨大商机，冲动购物是女性消费的典型特征之一。

表现之一：促销，让女性心甘情愿地因小失大

"少花钱，多办事"是家庭主妇们的成功购物体验，而正是由于这种看似正确的消费理念，使得商家适当采用的促销手段，成为增进女性消费者购物热情的杀手锏。事实证明，价格的影响对女性比对男性大得多，一般来说，女性很少能够抵制住降价的诱惑。进行讨价还价是女性消费者的购物满足感的来源之一，有些女性甚至养成了非打折不买的习惯。

表现之二：购物体验，决定女性的购买决策

"做品牌就是调情"，有人这么认为。而对于女性消费者，购物情绪管理的确重要，相比较于对产品的功能性的关注，女性对于销售员的服务态度也非常敏感，服务人员一个怠慢的动作、一句不耐烦的话语、一个轻蔑的眼神，都会将之前滔滔不绝的产品推销成果毁于一旦；而一句看似不经意的温馨之语却可能起到事半功倍的效果，甚至在做大宗商品消费决策过程中也是如此。一种征服大部分女性的促销法宝是"试用"。试想，宽敞舒适的试衣间，热情好客的销售人员，美丽时尚、搭配得当的华服，女性朋友一件件试过来，越试就会越觉得自己美丽可人或优雅端庄，觉得那一件件华服都是为自己量身定做的，一次次地华丽转身之后，怎能不发现总有一两件爱不释手而必须欣然带回家去。著名心理学家弗洛伊德说过："我研究女性心理30年，到现在也不知道，女人到底最想要的是什么。"

营销学上有一个基本的经验，即争取一个新客户的成本通常是保留一个老客户需要付出的成本的5倍。尤其是女性消费者对购物体验的分享习惯，更使得商家保留一个老客户的好口碑可带来事半功倍的收益。而女性消费者对于品牌的忠诚度不仅仅取决于一次消费的体验，商家为增加品牌黏性所做的努力也非常重要，例如，会员制、积分返现金、累计高折扣等，都是增加品牌黏性的有效方法。然而对于女性消费者而言，品牌黏性更取决于情感联系。例如，浙江有一个服装企业，不但建立了顾客的会员制管

理，而且对于不同的会员，都有专门的客服经理，不断地分享新品的上市信息、折扣信息，担任会员的品牌买手，进行经常性的情感沟通，甚至定期组织、邀请会员一起参与公益慈善活动或家庭亲子活动，从文化上更为贴近客户心理。当女性越来越多地担任社会决策者的角色，越来越多地为家庭消费决策负责时，对女性消费群体的重视与分析，将决定很多企业的命运与未来。

问题
1. 女性消费有哪些特征？
2. 分析消费者心理与行为对制定正确的市场营销策略有何意义？

实训操作

1. 实训目的
通过本次实训，使学生明确消费心理与行为分析的本质及其意义，掌握成功的消费分析应具备的要素。
2. 实训要求
基于高职高专院校市场营销专业学生进行"专套本"这一项目，写一份消费分析报告，内容要求包括分析背景、分析目标、分析内容、分析方法等基本框架，字数不少于1 000。
3. 实训材料
相关图书、教辅、计算机网络、纸张、笔或打印机等。
4. 实训步骤
（1）选择"专套本"专业——市场营销。
（2）分析"专套本"产生的背景。
（3）分析学生进行"专套本"的目标。
（4）构建学生选择"专套本"消费的心理与行为分析的框架。
5. 实训检验
每位学生的成绩由两部分组成：学生实际操作情况（40%）和分析报告撰写情况（60%）。
实际操作主要考查学生分析的过程及收集资料、整理资料的能力；分析报告主要考查学生根据信息资料分析得出的结论与建议的合理性，分析报告建议制成演示文稿。

单元 2

消费分析机构

【任务描述】

在假期实践中,小王对消费心理与行为分析有了一个大致的认识,他明白了消费心理与行为分析的重要性,并认识到对消费心理与行为的分析应持续地开展。因为消费者的口味是经常会变化的,菜谱也应经常变化,还应关注邻近几家餐厅的客流量、菜谱等方面的变化。而要做到这些,有必要设置一个机构或部门,安排专门人员来负责收集相关的市场资料,并进行科学的研究分析。

可是,对于一家小本经营的餐厅来说,独立设置一个消费分析组织或部门的成本很高,不符合组织设置的原则,那该怎么办?

在向老师请教后,老师认为小王是一个很有想法的学生,就告诉他社会上有许多营销中介机构专门从事相关行业的消费者行为分析,可以向它们购买相关的分析资源,也可以委托相关营销中介机构针对本地区的餐饮业进行分析并提供建议。

小王认为老师的建议很不错,相对而言所花的成本费用也很低,正所谓"花小钱,办大事"。于是,他上网开始查找专门从事消费行为分析研究的营销中介服务机构,但他想要把这件事情办好,还需要明确下表中的任务和要求。

任　　务	工 作 要 求	学习重点和难点
认识消费分析组织的设置	（1）正确理解消费分析组织的类型 （2）能根据企业的实际情况设置消费分析组织机构	消费分析组织机构的类型与特征
明确消费分析的职能与人员	（1）能根据消费分析机构的职能配置相关人员 （2）能根据工作任务需要选择合适的工作人员	（1）消费分析组织的职能 （2）消费分析人员的职业要求
正确选择消费分析机构并与其合作	（1）能根据企业实际需要进行合作结构选择 （2）能对实施的分析方案进行有限的控制	（1）合作机构选择的一般过程 （2）分析方案实施中的控制

【任务实施】

任务 2.1　认识消费分析机构的设置

消费分析组织是一种服务性的组织机构，由专业的市场分析人员、心理分析人员等组成，专门执行消费分析任务，实现一定的企业目标的组织系统。其按服务的性质可分为企业内部的消费分析机构和企业外部的消费分析机构。

2.1.1　企业内部的消费分析机构

多数大公司都有自己的消费分析部门或岗位。企业内部的消费分析机构按其发展的逻辑过程、发达程度和表现形态，大体可以归纳为 3 种形态。

1. 正式的消费分析机构

在企业内部设有正式的消费分析机构，这种形式的分析机构渗透在企业的营销职能部门中，具有稳定性和系统性的特点。需要说明的是，在企业内部设置正式的消费分析机构，并不排斥其他有关部门也承担一定的消费分析工作。事实上，企业内部正式的消费分析机构主要负责企业的市场分析的组织、总体规划和协调，以及承担某些主要的职能工作和分析任务。专业机构、专职人员与兼职机构和人员的有机组合、协同工作是企业搞好消费分析的条件和保证。不过，在通常情况下，企业内部消费分析部门的规模一般都相当小，其工作人员往往充当的是企业内部的消费分析报告的使用者与外部提供者之间的媒介。

2. 非正式的消费分析机构

一般来说，在企业中没有明确由某个职能部门负责和承担消费分析任务，但至少有专人负责消费分析工作，由其承担市场营销活动过程中常规的消费分析任务，并通过聘请外部专家或机构承担特定的消费分析任务，一旦消费分析任务完成，就由其负责消费分析的后续工作，对消费分析方案实施监督与控制管理，从而实现消费分析组织机构的系统性、稳定性、灵活性和高效性。

3. 松散的消费分析机构

在企业中没有明确的组织部门承担消费分析任务，而是根据需要由企业抽调部分营销人员，并聘请专家或管理顾问成立专门的委员会，进行企业的消费分析，为企业的市场营销战略和战术提供参考，然后，通过企业的营销职能部门来组织实施消费分析方案。这一消费分析机构的特点就在于它的灵活性和高效性。它通常是在企业经营的特定时期，如新产品设计、目标市场陷入困境及面临重大事件时，设立消费分析组织并运作，在完成特定任务后即可解散。

企业对内部消费分析机构的设置，受多种因素的影响和制约。除了观念上的问题可能对设置产生影响外，企业还应综合考虑其他因素：

（1）企业的规模。一般来说，大型企业的产品种类多、市场范围大、经营人员多、实力雄厚，有可能建立正式的消费分析机构。

（2）经营业务的性质和范围。如果企业经营的业务受国家控制比较严，或者市场范围小，则其消费分析的任务相应较小。

（3）企业的经营条件。设置消费分析机构应充分考虑企业的资金、人员等条件。

（4）市场状况。作为外部条件，企业经营商品的供求、竞争等状况，也影响消费分析的任务。

总而言之，企业设置何种形态的消费分析机构，应视企业的具体条件和要求而定，特别是要根据企业的行业和目标市场消费分析活动需求而定，即消费分析要考虑工作量的大小，要符合合理分工、统一指挥、统一命令、分层管理、精简与高效、适度弹性等原则，从而提高消费分析机构的战斗力，提高消费分析活动的经济效益。

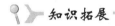

内设消费分析组织的模式

企业内设消费分析组织主要有部门隶属型、部门并列型和策划分公司型3种模式。

（1）部门隶属型是指把消费分析组织设立在某一职能部门内部，如设置在销售部、市场部等部门，并由所在部门正副职领导兼任消费分析负责人。工业产品生产企业由于目标顾客比较集中，启发用户需求和满足用户需求可以通过一个渠道实现，企业市场部门职责和销售部门职责融合更加紧密，市场部门职责和销售部门职责划分也不十分明显。因此，有些企业将这两个部门合并在一起进行工作。

（2）部门并列型是指企业内设消费分析组织与其他职能部门地位平等，处于同一层次，并享有相应的权力，接受企业高层决策者的统一领导。与部门隶属型企业相比，部门并列型企业内设消费分析组织在企业中的地位和权力比较高，反映了消费分析业务在企业中的独立性和重要性。在部门并列型模式下，对于一些中小企业来说，往往由市场部全面负责市场调查、消费分析等活动；而对于那些规模较大的企业来说，则根据业务量的多少，将消费分析职能进一步分解，分设市场调查部、消费研究部、竞争对手研究部、建模部等。在市场营销活动中，市场部和销售部是通过互相配合来完成消费分析任务的。市场部的作用是解决消费者是否乐意购买产品的意愿问题，而销售部门解决的是让消费者是否能够买到的问题。因此，销售部将产品"铺"到消费者面前，而市场部则将产品"铺"进消费者心里。如果说销售部是冲锋的战士，那么市场部就是运筹帷幄的军师。销售部相当于作战部，市场部相当于参谋部，它们有着各自不同的角色。

（3）策划分公司型是指企业设立消费分析分公司，分公司享有极大的自主权，分公司内部又设立调查部、建模部、数据录入部、消费研究部等部门。这种类型主要是一些大型企业为了满足通过合理分权、提高组织效率的需要而设立的。

2.1.2 企业外部的消费分析机构

企业外部的消费分析机构按其提供的服务类型，可分为完全服务公司和有限服务公司。

1. 完全服务公司

完全服务公司具有独立完成委托人所要求的全部消费分析工作的能力。这类公司能够自己找出问题，进行消费市场调查、数据录入、建模等，直至完成最后的分析报告。这类公司有专业的部门和设备来完成整个市场消费分析任务。

1）市场研究公司

市场研究公司是专营市场分析业务、提供综合服务的机构，这类公司也被称为标准服务公司，能提供全套综合服务。一般从方案设计、现场实施、数据分析到撰写报告，所有市场分析环节都能由市场研究公司独立进行设计操作。同时，这类公司的报告只提供给唯一的委托人，而且提供的服务样式是标准化的。

2）广告研究公司

不少稍具规模的广告公司，由于具有丰富市场调查分析经验的主管及训练有素的专业人员，都设有市场分析部门。虽然其服务对象是广告主，但它们常常与客户签订正式合同或达成其他协议，代理客户的某一项营销活动，如为客户设计调查方案、现场调查、撰写市场分析报告等。

3）管理咨询公司

管理咨询公司以办理企业经营管理指导业务为主，一般也兼办消费分析业务。这类公司主要是充分利用自己专业化程度高、职业水准高、社会联系广泛、信息占有量大、判断客观准确等优势，为客户提高消费分析咨询服务，充当客户的"外脑"。它们与企业签订营销顾问合作协议，为企业提供营销诊断服务并起到智囊作用，帮助企业准确把握营销问题，提升竞争实力和营利能力。

4）定制服务公司

定制服务公司是根据不同顾客的特殊要求进行定制服务的机构，它将每个客户的要求都作为一个特定的项目进行。这类公司往往需要花费大量的时间与客户一起决定问题，然后根据客户特定的问题进行方案设计。

2. 有限服务公司

有限服务公司专门从事某个方面或某几个方面的市场研究工作。这类公司通过专门的人员开展某种消费分析工作，如行业调查方案设计、问卷制作、渠道选择等。例如，一些高等院校科研机构下设的市场研究所、市场分析事务所和一些立足促进行业交流与发展的行业性协会、专业性学会、专业性研究会、俱乐部等组织，这些组织主要开展理论研究、营销培训和市场研究活动。

任务2.2 了解消费分析机构的职能与人员配选

2.2.1 消费分析机构的职能

1. 专业消费分析机构的职能

专业消费分析机构的最主要职能是服务职能,即根据委托方的要求,进行方案设计、市场调查、市场研究等,为企业的营销决策服务。具体来说,消费分析机构的职能有以下4个方面。

1) 承接消费分析项目

专业消费分析机构拥有专业人才,有从事市场消费分析的丰富经验和能力,可以公开承接社会各方的委托,按客户的要求开展市场消费分析活动。一般来说,市场消费分析专业机构所能承接的消费分析项目包含的范围较广,主要涉及行业分析、产品消费分析等。

2) 提供信息

专业消费分析机构往往有自己的信息网络,为了工作业务的需要,它们订有大量的专业期刊,并有大量的信息来源,而且在长期的实践中也积累了大量的信息资料,因而其本身就是一个很大的信息库,可以为客户提供有关的消费分析信息资料。

3) 提供咨询服务

专业消费分析机构凭借其专业优势,结合宏观经济形势、政府政策倾向等,为社会和企业提供诸如市场分析理论、调查技术的研究、广告设计、促销手段、实施与控制等市场营销体系方面的各类咨询服务,从而为企业的市场分析提供科学决策与经营管理的依据。

4) 提供专项培训服务

专业消费分析机构要利用专门人才(如聘请的专家学者、企业中高层主管等)开展有关市场调查与研究、市场营销、广告与策划、商务沟通领域的新知识、新政策、新经验等方面的专项培训,从而提高企业消费分析人员的水平服务。

2. 企业内部的消费分析机构的职能

与专业消费分析机构不同,大部分企业内部的消费分析机构配备的人员一般都较少,所承担的多是与消费研究有关的组织、实施、监督等方面的任务,而具体的市场消费分析工作往往会委托给专业的消费分析机构。企业内部的消费分析机构的主要职能如下:

(1) 制订市场研究计划。这主要包括制订新产品分析计划、片区市场消费分析计划、消费者资料调研计划、建立和完善消费数据库及保密系统、编制市场研究管理手册等。

(2) 策划与确认消费分析方案。根据市场营销活动的需要,拟订相关的消费分析方案,负责开拓、联络与协调完成市场分析中相关组织和机构,如选择外部市场消费分析机构,并由其来设计具体的市场分析方案及组织实施等。

(3) 组织市场分析所需的资源。根据市场消费分析方案的要求,通过调动相关部门的力量,组织消费分析活动所需的人力、物力、财力资源,如市场调研所需各种材料与设备、准备研究专题活动所需要的标准文本等。

2.2.2　消费分析机构人员的配置

不同的市场消费分析机构，其组织形式可能不同，但其人员构成却大同小异。

1. 部门管理人员

部门管理人员的职位是市场研究部门的经理，其职责是负责领导、保证、监督消费分析小组的全盘工作，协调和安排消费分析小组与企业各部门、相关人员的关系，掌握工作进度和效率。

2. 市场调研人员

市场调研人员应是消费分析组织的业务基础，负责对市场开拓、产品市场销售潜力的调查和分析；负责对同业、客户的调研工作；负责对产品的广告宣传效果的调研分析；负责对新增营销点的环境、人口、布局等事项的调查；负责为新增营销点做好前期的调查研究工作；负责针对调查结果撰写可行性分析报告等，为市场研究提供决策的支持。

3. 建模人员

建模人员是消费分析组织的技术基础，其职责是负责公司自主执行研究项目的模型分析和模型设计工作；负责信息数据库的后台设计和维护管理；负责内部报告信息文件的可查询化设计和处理；负责对外部调研公司项目执行数据的可信度检验，以及对数据信息的深度挖掘；负责对品牌资产研究项目和品牌指标评估工作的数据架构进行维护、调整、升级，并负责数据结果的输出利用；参与项目需求调研、系统架构设计，以及系统项目的实施等。

4. 数据库管理人员

由于市场分析涉及许多数据资料，如果运用现代化的信息管理手段，很难让调查的资料发挥应有的作用，所以，在许多消费分析研究部门都设有数据库管理岗位，其职责是负责市场数据库的开发、建设与管理，并负责对市场数据库进行信息维护与更新等。

> **案例阅读**

阿里大数据

大数据的关联和整合，是阿里大数据的独特所在。阿里陆续将可关联的"大数据源"（如淘宝、天猫、支付宝、聚划算、淘点点、淘宝旅行等）整合起来，这些平台的数据源是阿里大数据的基础。高德导航、虾米、新浪微博、友盟、UC浏览器、快的、优酷等是阿里大数据各种功能的关联对接，宝洁、联想、AC尼尔森、电通等是阿里大数据的无限延展。阿里大数据还在不断吸入第一方(品牌客户)、第二方(代理商)、第三方(数据研究、开发)的数据，这便是阿里的数据黑洞。黑洞里巨大的吸引力正是消费者的"人与生活"。阿里大数据在全网有超过 4 亿的活跃用户，远超过门户、搜索、视频等主要媒体。更重要的是，这些数据关联了从曝光、转化到销售的用户完整的路径。

5. 文案撰稿人

消费分析报告的撰写不应只是市场调研人员的个人行为，在部门负责人的领导下，要有撰稿人参与工作。撰稿人可能撰写文案中的某一部分内容，但他们必须对消费分析的全程非常熟悉,而且撰稿前的调研工作应该是全面和系统的,只有这样才能做到胸中有全局,笔下有特色。对于这类人员而言,文字表达能力是最起码的要求,认识问题的深刻和富有创新思维则是衡量其水平的主要标准。

2.2.3 消费分析机构人员的选择

1. 消费分析人员的分类

消费分析专业人员,即具备一定的职业道德,运用专门的知识和技能,从事消费分析工作的人员。所谓专业,即专门的职业,是指具有高度专门知识和技能的职业。从事专门职业的人员经常被称为专业技术人员,这是相对于普通职业而言的。

根据消费分析人员的专业分工,消费分析人员可分为部门管理人员、市场调研人员、建模人员、数据库管理人员、文案人员等,其工作职责已在消费分析人员的配置中阐述,在这里就不再赘述。

根据消费分析人员所承担任务的层次,消费分析人员可分为以下几类:

(1) 企业市场战略分析人员。他们一般根据企业的短期、中期和长期发展战略目标,制定出整体性和阶段性的市场战略分析方案。

(2) 企业市场战术分析人员。他们一般根据企业市场战略分析的目标,针对企业某一阶段、某一领域、某一品牌或某一市场的市场问题作出分析。

(3) 企业市场项目分析人员。他们一般根据企业总体市场消费分析方案,针对其中某一方面问题作出分析。

(4) 企业专题分析人员。他们一般根据企业市场项目分析方案的安排,完成某一专题的问题设计、制作与分析。

(5) 企业消费分析方案的执行人员。包括直接从事或者间接参与企业消费分析方案的组织实施,或为消费分析方案的实施提供保障性服务的所有工作人员。

从狭义上来看,消费分析人员仅指前4类直接参与企业各级消费分析方案形成的所有人员。市场消费分析是一项复杂且专业性很强的工作,它需要各相关方面的人员通力配合来共同完成。市场消费分析人员的素质直接影响着整个市场消费分析工作的成败。因此,对市场消费分析人员的选择必须给予足够的重视,要特别注重候选人的综合素质。

2. 从事消费分析的要求

消费分析是一项创造性工作,要求消费分析人员有较高的综合素质。简而言之,消费分析人员应具有扎实的知识基础、较强的专业能力和优良的职业素质。

1) 扎实的知识基础

市场消费分析是一项智力产业,是一种高智商活动,消费分析人员必须具备一定的专业理论知识。消费分析人员应该掌握的相关知识内容很多,而且会因分析领域、分析项目的不同,具有不同的要求。下面只介绍消费分析人员应该掌握的一些基本相关知识的科目。

(1) 经济学、心理学和法律知识的铺垫是必需的。消费分析活动是一种市场行为,消费分析方案必须接受市场的检验。因此,消费分析人员必须掌握经济学的基本知识,了解宏观市场的基本走向和微观市场的分布状况,如消费者市场状况、市场竞争结构、竞争规律、供求规律等。市场营销的核心工作在于满足消费者的需求,因此,消费分析必须掌握消费心理学的基本知识,如关于消费者需求、动机、注意、信念、态度、欲望等一系列与消费行为有关的心理学知识。消费分析人员还应该熟悉基本的经济法律知识，既能运用法律法规保护自己的合法权益，又能规范自己的营销行为不致违反法律。

（2）营销学、广告学知识的熟练掌握与精通是必不可少的。消费分析是营销活动的基础，因此，作为消费分析人员必须掌握较为深厚的市场营销理论，要了解和掌握市场营销学的基本原理，树立现代营销观念，掌握市场调查和预测的方法，科学地把握市场发展变化趋势。此外，在消费分析实践中，消费分析人员应根据自身情况与市场需求状况，选定某一专项消费分析领域，并向纵深发展，形成能发挥自己优势的专业化方向。作为一种特殊的传播形式，广告在很大程度上支配着人们的消费观念、消费方式以及消费节奏，影响着人们的价值取向。与现代社会紧密相关的广告已经成为诸多企业市场分析人员的焦点，消费分析方案的执行离不开各种形式的广告，因此，消费分析人员还必须了解广告学的知识。

（3）企业及其产品的知识。消费分析人员应该熟悉企业与行业的发展历史、企业在同行业中的地位、企业的规模、企业的规章制度、企业的销售政策、定价策略、服务项目等有关销售的基本知识。消费分析人员还应该掌握基本的产品知识，熟悉产品性能、用途、用法特点、价格、特色、使用方法、维修、管理程序、竞争产品、本产品的寿命周期、本产品的优点与缺点等。

（4）目标顾客的相关知识。消费分析的对象是目标顾客，因此，消费分析人员尤其要掌握企业目标市场在人口、地理、心理及行为等方面的基本信息。缺乏对目标顾客相关知识的掌握，闭门造车搞市场分析，凭着感觉搞方案，是撰写不出具有良好社会效果与经济效果的市场消费分析方案的。

（5）其他相关的知识。消费分析是一门综合技术与艺术的科目，它需要消费分析人员具有"上知天文，下知地理"的综合性知识。例如，消费分析人员应有一定的艺术欣赏水平，知晓广泛的社会文化知识，了解一些产品设计的方法，掌握统计知识等。

2）较强的专业能力

（1）敏锐的观察力。对于消费分析人员来说，观察力是一种洞察事物之细微、把握事物之实质的能力。消费分析人员只有富有直觉思维判断分析能力，对环境有敏锐的感受力，对问题有敏锐的发现力，才可以迅速觉察到一般人所未注意到的情况甚至细节，能够从一般人习以为常的事情中发现问题，能够抓住一般人熟视无睹的现象及其本质。有了这种能力，消费分析人员才会不断地发现消费分析的题材，才会不断地激发设想的激情。

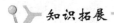

观察力培养的要诀

（1）要明确观察任务和顺序。有了目的才能很好地观察目标顾客，才能提高观察效果。同时，观察顾客的言行要有一定的顺序和步骤，只有这样才能分清主次，抓住本质。

（2）要运用系统的观点看待事物。既要看到事物的全貌，又要看到事物的内部与层次。

（3）要依赖平时积累的知识、经验和技能。消费分析人员的经验、知识越丰富，对事物的观察也就越透彻，也就越能把握顾客的购买心理。

（2）深刻的分析力。消费分析人员应有理性的思维习惯，能够深入冷静地思考问题，能够正确评估各种解决问题的方法的优劣与利弊，能够从众多的调查分析方案中去伪存真、去粗取精,并丰富、发展和完善最具效果与创意的分析方案。在进行创造性思考方面,记忆力、观察力、想象力起着重要的作用。通过这些智力的发挥,消费分析人员可以提出许多解决问题的方案措施。

(3) 强大的创造力。创造力是指善于利用已有信息,大胆设想,勇于探索,运用新视觉、新思维、新策略、新方法进行创造性工作的能力,它是一种综合性的、高层次的思维能力和行为能力。创造力是使人们能够经常取得创造性产物的能力和素质的总和。

(4) 良好的协调力。消费分析活动的执行实施,需要善于利用和调动各种资源,处理各方面关系的沟通说服能力与协调能力。

(5) 灵活的应变力。应变力是指人们在遇到意料以外的情况时,能够沉着冷静、灵活机动、审时度势地应付变化,并能达到原来既定目标的能力。消费分析环境复杂、不确定性因素很多、不可控因素很多,这就要求消费分析人员面对突发事件造成的企业营销危机,应该思维敏捷、清晰,能够快速、准确地分析和判断问题,及时地察觉环境变化可能对消费分析方案实施造成的影响,并及时采取相应的调整对策。

3) 优良的职业素质

(1) 主动性与积极性。消费分析人员应具有积极的心态和主动的精神,凡事积极进取,从不消极懈怠。

(2) 存疑性与挑战性。优秀的消费分析人员应具有旺盛的求知欲和强烈的好奇心,凡事喜欢思考,喜欢反问为什么,不盲从既成事实,不满于现状,总是挑战现实,挑战极限,力求改变现状,争取更好。

(3) 独立性与创造性。优秀的消费分析人员依赖性较少,不会人云亦云,有独特的见解,勇于变革创新。

(4) 科学性与严密性。优秀的消费分析人员崇尚科学,思维严密系统,追求真理,重视论证,追求分析方法的科学、严密、系统、高效。

(5) 宽容性与变通性。优秀的消费分析人员具有宽广的胸怀、谦虚的态度,善于学习和借鉴他人的长处,虚心接受别人的意见和建议,博采众家之长,不固执、不拘谨,善于根据时机、环境变化和他人建议修改方案,从而提高消费分析方案的适应性。

(6) 消费分析人员的品德素质。对于消费分析人员来说,遵循一定的职业道德标准是他们应该具备的最基本的品质,也是他们从事消费分析职业过程中的一种内在的、非强制性的约束机制。消费分析人员应该做到使企业、客户、消费者和社会利益保持一致,如果违背这一道德准则,使客户的利益与社会的利益、消费者的利益相背离,虽然一时可以使企业获利,但不利于企业的长期发展。

① 对客户应诚实守信,就应该做到以下 4 点:

a. 以诚待人。消费分析人员无论是以个人身份开展消费分析服务,还是任职于某一消费分析机构代表组织从事消费分析工作,以诚待人都是其最基本的职业准则。作为一名消费分析人员,只有靠诚诚认真、实事求是的精神和言行一致的作风,才能赢得客户的信赖,这既是与客户建立长期稳定业务关系的基础,也是消费分析人员建立个人和企业声誉的基础。

b. 守信处世。守信历来是人类道德的重要组成部分,俗话说,"一言既出,驷马难追"。在当今竞争日益激烈的市场条件下,信誉已成为竞争的一种重要手段,它是企业与客户在长时间的业务交往中形成的一种信赖关系。它综合反映出一个企业、一个消费分析人员的素质和道德水平。只有守信,才能为企业和消费分析人员带来良好的信誉。

c. 实事求是。消费分析人员在消费分析过程中要实事求是，敢于直面现实。消费分析人员专业能力与水平的高低，主要体现在能否有效地促使企业营销能力提高这一指标上，而企业营销能力的高低集中地体现在企业产品被消费者接受程度的高低上。

　　d. 敢于负责。消费分析是对未来营销活动的建议，在实施过程中将会受到许多条件的制约和环境因素的影响，因此，消费分析方案的实施效果具有很大的风险性与不确定性，这就要求消费分析人员要具有高度的自觉性和承担责任的勇气。

　　② 对企业应忠诚敬业，就应该做到以下3点：

　　a. 忠于职守。忠于职守首先表现在消费分析人员要忠诚于他们所任职的企业，即消费分析人员关心企业命运与利益，总是把企业的盛衰成败与自己的发展联系在一起，愿意为企业的兴旺发达贡献自己的一份力量。

　　b. 维护企业信誉。作为消费分析人员，还要自觉维护企业信誉。信誉是企业形象的重要方面。一个企业一旦在消费者或客户中确立了良好的信誉，也就在一定程度上树立了该企业的社会形象，从而能给企业带来巨大的效益。

　　c. 保守企业秘密。在现代市场经济中，企业间的竞争异常激烈，这使得许多商家和企业十分重视收集掌握市场行情的各种商业信息，以抓住商机，获取成功。这就使企业的商业信息变得至关重要。如果有人将消费分析方案提前泄露出去，很可能会使竞争对手提前行动或模仿学习，势必使得消费分析功亏一篑，以致造成重大损失。因此，作为所属企业的员工，每一个人都有义务和责任保守企业秘密。

知识拓展

市场分析报告的知识产权

　　随着改革开放的深入，我国对知识产权的保护越来越重视，尤其是加入WTO之后，人们对知识产权保护的观念也越来越深入。2001年10月27日，全国人民代表大会常务委员会通过了《关于修改〈中华人民共和国著作权法〉的决定》，明确规定要对包括工程设计图、产品设计图及工程设计作品等提供法律保护。要求做到：第一，在市场分析报告里，特别注明本报告的发明创造权所属的主体是谁，未经所有者的同意，他人不得擅自盗用和借鉴；第二，向工商行政管理部门进行登记注册，表明该项分析报告已经生效或者正在运作；第三，向有关专利局申请知识产权的保护。

　　市场分析报告，尤其涉及国家重大活动和优秀技术成果的报告，一定要申请知识产权的保护，用法律的眼光对待所有者的知识成果，避免自己的成果被别人侵权或者被盗用。当然，并不是所有的市场分析报告，都要申请知识产权的保护。这里所讲的知识产权，只适用于那些具有重大发明创造、技术开发成果或者具有重大社会影响的市场分析报告。

　　③ 对竞争对手应公平竞争。现代商场如战场，这就要求消费分析人员在处理竞争关系时，应坚持公平竞争的原则，要遵守同行业竞争中的道德准则，不能只讲自己的长处，也不能只讲别人的短处，不要互相拆台，否则会害人害己。不能采取窃取商业情报、蓄意贬低竞争对手等不正当的竞争手段。消费分析人员应充分发挥自己的聪明才智，开展公平合理、光明正大的竞争，这才符合市场经济良性竞争的规律。

　　④ 对社会应守法弘德，就应该做到以下两点：

　　a. 守法执业。消费分析人员必须在合法化的基础上开展消费分析，并且所承接的消费分析项目必须遵循相关法律、法规的规定，不能只顾本企业的利益或自己的个人利益而侵害社会的利益、消费者的利益、企业的利益。

b. 弘德营销。消费分析方案必须遵循伦理道德原则，遵循社会公序良俗，不能违背人们的价值观念、宗教信仰、图腾禁忌和风俗习惯。消费分析人员还应该把弘扬良好的社会道德风尚作为一项重要研究素材来发掘，因为只有这样才能赢得社会大众的好感，为客户营销活动带来理想的营销效果。

⑤ 对消费者应互利"双赢"。市场营销的原则是等价交换，市场营销的宗旨是通过满足消费者的需求实现企业盈利的目的。因此，消费分析人员应该把促进消费者需求得到满足作为首要任务去完成。消费分析人员明确这一首要任务，就要在消费分析实践中把社会效益、消费者利益放在首位，在符合社会、消费者长远利益的前提下开展营销分析活动。

任务 2.3　正确选择消费分析机构并与其合作

尽管许多大型企业都设立了自己的消费分析研究部门，但大多数的企业还是没有条件和能力自设消费分析部门或自组一套消费分析班子。然而，这并不是说这些企业就不需要做市场消费分析工作。实际上，即使是自设消费分析部门的企业也一样，当其自身的力量无法满足对市场分析的需求时，就需要委托外部市场消费分析机构来承担企业自己无法开展的分析研究工作。因此，如何开展与外部市场消费分析机构的合作是摆在任何一个企业面前的课题。图 2.1 展示了企业与专业市场消费分析机构合作的过程。

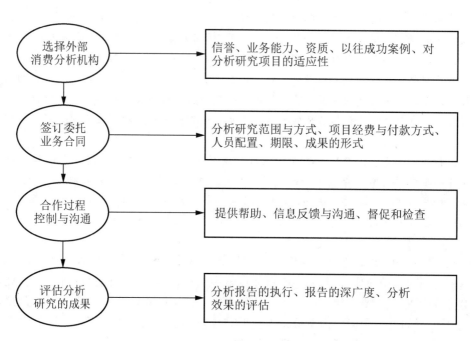

图 2.1　企业与专业市场消费分析机构合作的过程图示

2.3.1 选择外部消费分析机构

1. 初步选择

各个消费分析机构在所承办的业务类型和所能提供的服务性质方面都不相同，有些机构专门从事某些产业部门范围内的分析研究，有些机构则专门从事某类产品、零售卖场方面的分析研究，各个方面都很擅长的机构是很少的。因此，企业在选择消费分析机构时，必须对目标分析研究机构进行多方位的了解。企业可以向每个目标研究机构发出征询，先略述研究的项目，并请求每个研究机构提供便于企业进行选择的内容。这些内容通常包括研究机构的信誉、研究机构的业务能力和专业人员的水平、研究机构的资质、研究机构的以往成功的案例及研究机构对委托人项目的适应性等。

2. 比较选择

通过对市场研究机构以上各项目的分析、评估，委托人便可以把最有希望的两三个研究机构作为所要选择的目标对象，接着就应该分别安排会晤，在会晤中可以比较深入地讨论委托人的需求和研究机构探索这些需求的方法。初步会晤以后，要求各家研究机构提出书面的项目建议书，通过对项目建议书的比较分析，进一步了解各家研究机构对项目适应性。项目建议书的内容大致需要包括工作人员的配备、专业水平、实际工作经验和能力、研究的方法与技巧、选择分析人员的标准与培训的计划、对项目有效性的监督与管理措施、制作分析报告的设备与技巧、项目完成所需时间的估计、项目的费用预算等。委托人在研究了这几个研究机构的建议之后，就应当能够和最能满足项目需求的那个研究机构洽谈合约。

2.3.2 签订委托业务合同

委托人经过慎重而周密的选择以后，确定了合作研究机构，为了使双方的利益能得到有效的保障，就必须签订委托合同来明确双方应承担的义务、责任和享有的权利。委托合同一般应包括分析研究范围及方式、项目经费预算、付款条件与方式、人员配备、期限、成果的形式等。其中，最为重要的是项目经费预算。

1. 项目经费预算的内容

项目经费预算包括研究活动本身发生的经费和实施活动需要发生的经费两个方面，内容不同，计算方法也不一样。

1）研究活动本身发生的经费

研究活动本身发生的经费是指企业要为项目研究活动所支付的费用，主要有以下 3 种：

（1）市场调研费。市场调研通常要委托专业调查公司或雇用专业调查人员进行，可根据市场调研的规模大小和难易程度来准确预算所需费用。

（2）信息收集费。信息收集费主要指信息检索、资料购置及复印费、信息咨询费、信息处理费等，主要是对二手信息材料的收集，依据信息收集的规模和难易程度来确定费用。

（3）人力投入费。为了完成不同的分工，要投入一定的人力。这一费用可根据投入人力的数量与质量以及相应的报酬率来计算。

2）实施活动费用

实施活动费用是指按照消费分析方案执行所要发生的费用。一般做法是，首先将实施方案所要实现的目标分解成具体的任务，再计算完成这些子任务所需要的资金投入，作为实现实施方案的费用预算。

2. 项目经费预算的原则

1）效益性原则

效益性原则是指以一定的经费投入而产生最大的营销效益或产生一定的营销效益而所需的经费投入最少。也就是说，应当在预算中尽量避免低营销效益或者没有营销效益的消费分析经费投入。

2）经济性原则

经济性原则是指在消费分析方案实施中，必须保证足够的营销经费，节省不必要的费用开支。

3）充足性原则

充足性原则是指投入的消费分析经费能足够保证消费分析方案的全面实施。消费分析经费是企业投入的营销成本，直接影响企业利润的高低。消费分析经费过高，会造成资源浪费，过低又影响营销效果，保证不了方案实施，甚至会使方案夭折。

4）弹性原则

弹性原则是指对消费分析经费的预算要能根据未来环境的动态变化而表现出的灵活机动性。企业营销环境是不断变化的，当营销环境发生了变化，原有的项目经费需要进行调整，与环境变化相适应，作出弹性安排。

3. 项目经费预算的方法

1）销量百分比法

销量百分比法是以年度产品销售额为基数，按照一定比例来提取项目经费。年度产品销售额可以是上年度的销售额，也可以是本年度预计的销售额。例如，某企业上年度全年销售额为 1 000 万元，总共用去 50 万元消费分析费用，那么本年度可参照上年度的标准，即 5%。但考虑到企业的发展，预计本年度销售额将实现 2 000 万元，这时消费分析经费按上年度的 5% 比例，就应预算为 100 万元。

2）力所能及法

力所能及法是指先除去其他不可避免的费用支出，再来确定项目预算的方法。例如，某企业在上年度的销售净值为 100 万元，其中成本 80 万元，利润 10 万元，消费分析费用 10 万元。那么，在确定下年度的营销费用时，就可以以此为依据。假若企业要实现 200 万元的销售收入，按上年度的标准，再加上原材料的涨价情况，可能要投入成本 165 万元，预计提利润为 15 万元，那么尚余 20 万元。这 20 万元就是用于今年消费分析的预算费用。

3）竞争平位法

竞争平位法就是用同行竞争对手的消费分析预算作为本企业的预算标准。竞争平位法主要有两种形式：一是领袖等同法，就是以同行业竞争中处于领先地位的，具有良好营销效益的领袖企业的消费分析投入作为本企业消费分析经费预算的标准；二是行业平均额法，就是参照本行业平均消费分析预算额，以平均消费分析费用投入作为本企业的预算标准。

4）市场份额法

市场份额法是指企业要保持现有市场份额和扩大其在市场中的份额，就必须使其营销投入份额高于该企业所占有的市场份额。如果企业只希望以新产品来占有市场份额，其所付出的消费分析费用应该是所希望达到的份额标准的两倍。

如果企业的消费分析活动是委托给外部的研究公司，这样使得企业还必须结合消费分析公司的收费方式进行考虑。一般来说，研究公司的收费方式主要有以下两种：

（1）项目收费。项目收费即由分析研究公司与客户双方协商约定项目总费用，并根据情况采取一次性预付、项目结束后一次付清或分次付款等方式收取业务费用的办法。项目收费核算的依据主要是咨询劳务费、项目活动各项成本、管理费、税金等。这种收费方式主要适用于一些持续时间较长、规模较大、内容复杂的委托研究项目。

（2）计时收费。计时收费即分析研究公司与客户协商约定，按照提供咨询服务的时间进行收费。收费标准一般根据提供服务的消费分析人员的级别、客户委托项目的难易程度，以及每个人为完成本项目工作而合理使用的时间而计算支付本消费分析项目的费用。

2.3.3 合作过程控制与沟通

委托人选定了某一研究机构作为项目的执行机构后，并不等于完成了工作，还必须参与到委托机构的整个研究项目的实施过程中，并提供相应的帮助，及时反馈信息和沟通，起到监督控制和检查的作用。这是一种互相合作的关系，在这种关系中，双方必须完全信任，充分合作。

1. 消费分析方案的确定

1）消费分析方案确定的原则

（1）目标原则。目标原则就是要用具体的语言清楚地说明要达成合作的行为标准。明确的目标几乎是所有成功研究项目的一致特点。很多研究项目不成功的重要原因之一就是因为目标定的模棱两可，或没有将目标有效地传达给相关成员或部门。

（2）共同决定原则。共同决定原则就是要求在确定消费分析方案时，应经过委托方和研究机构共同商讨决定。由于合作双方的利益诉求是不同的，方案的策划是研究机构做出，而方案最终是归委托方使用，所以必须通过双方共同努力来决定最终的研究方案。

（3）价值原则。价值是指衡量事物有益程度的尺度，是功能和费用的综合反映。在选择消费分析方案时，应遵循价值原则，即以最少的耗费达到最高的效用，以满足服务对象的需要。

（4）可行性原则。可行性原则要求研究机构所做方案的所需时间、人力、物力、财力要为委托人的客观环境条件所允许，并对研究方案进行可行性分析和论证。

2）消费分析方案确定的方法

（1）经验判断法。经验判断法是一种定性分析和定量分析相结合的确定方法。它是根据企业各层次相关部门人员的经验来判断而确定分析研究方案的一种方法。一般在缺乏历史资料的情况下，依靠有关人员的经验和对市场形势发展的直觉判断进行确定。

（2）逻辑推论法。逻辑推论法是人们认识推理事物的一种思维方法，它包括比较、分析与综合、论证推理等。在进行分析方案选择时，就是以逻辑规律为指导，根据分析方案的事实材料，形成概念，进行比较分析，作出判断，并确定最终方案。

（3）专家论证法。专家论证法就是通过组织相关方面的专家，利用他们专业知识来证明方案的可行性及可能带来的结果，进行分析评价，从而确定最终消费分析方案。

2. 消费分析方案的执行

1）消费分析方案执行的步骤

（1）制订行动计划。企业必须制订详细的方案实施计划，明确方案实施的关键性决策和任务,并将执行这些决策和任务的责任落实到部门和个人。要全面地思考企业是否拥有足够的资源支持每个营销目标的实现,参与方案实施的人员是否理解了方案的内涵,参与部门和人员全面了解自己应承担的责任和完成任务所需时间。在此基础上,应制定具体的行动时间表,定出行动的确切时间。

(2)建立组织机构。企业正式的组织机构,如市场研究部,在市场消费分析方案实施中起着决定性的作用,通过组建组织机构,可以明确规定职权界限和信息沟通渠道。在组织机构过程中必须做到两点:一是提供明确的分工,使每个执行者都能各司其职;二是发挥协调作用,通过正式的组织机构与非正式的组织机构之间的有效的沟通联络,协调各部门和人员的行动。

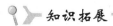

有效市场研究机构设计的原则

(1)明确组织机构指挥系统的原则。这实质上是分权过程,能将职权自上而下逐步适当地转移下去,实行权力分解,有利于建立有效的组织机构控制系统。

(2)统一命令,分层管理相结合的原则。对于战略性、全局性的重大事项,管理控制权需要统一,以便令行禁止。同时,分层管理尤为必要,系统中每个部门的主管必须拥有一定的权力,承担一定的责任,使责权利有机结合起来。

(3)合理分工,利于沟通与协调的原则。组织内部各种业务职能分工合理、职责分明。组织机构的选择要有利于组织各职能机构纵向协调和横向合作,使信息能有效地流通。

(4)精简与高效的原则。组织内部各部门和环节都必须与其承担的职能相符,必须杜绝环节重叠、功能冲突、人浮于事的事件发生。只有极其精简的组织机构才能创造出较高的效率,从而以最小的成本来获取最大的收益。

(5)适度弹性的原则。一方面,组织机构应随其市场活动的动态变化作出相应调整,以提高应变能力;另一方面,组织为了实现某一特定的目标,有时还需要聚合有关专家,适时地组建临时性机构,并通过临时性授权以完成某项特定的目标任务。

(3)设计决策和报酬制度。该制度直接关系到方案实施的成败。如果以短期的经营利润为基础,管理人员的行为必定趋向于短期化,他们就不会有为实现长期目标而努力的动力。

(4)开发人力资源。消费分析方案的执行,最终由企业内部人员来完成,这涉及人员的选拔、安置、考核、培训和激励等问题。他们的素质、能力及对方案的理解程度,都是消费分析方案执行能否顺利进行的重要条件和因素。

(5)建设企业文化和确定管理风格。企业文化和管理风格一旦在企业内形成,就具有相对的稳定性和连续性,不能轻易改变,消费分析方案通常是为了适应企业文化和管理风格的要求而制定的。

2)消费分析方案执行的技能

为了贯彻实施消费分析方案,企业必须掌握一套能有效实施消费分析方案或政策的技能。这些技能主要包括诊断技能、分配技能、组织技能、关系技能和监控技能等。

(1)诊断技能。诊断技能是指能发现和揭示企业消费分析方案实施活动中存在的问题和难点,并提出相应对策的能力。当消费分析方案实施的结果未达到预期目标时,问题出在哪些地方?市场研究部经理要与营销人员相互配合,像医生为病人诊断病情一样,对消费分析方案本身和方案实施过程中的每个环节进行一一诊断,以了解问题产生的原因,并采取相应的改进方法和策略。

(2) 分配技能。分配技能是指市场研究部经理在各种功能、政策和方案之间安排时间、经费和人力的能力。例如,经理决定在新产品调研时究竟应花多少资金等,这些都属于分配技能方面的问题。

(3) 组织技能。组织技能是指对涉及市场研究活动方案的所有机构和人员进行有效的组织和安排。要善于发挥自己的组织能力,将所有与消费分析方案实施中有关的部门和人员进行任务分配和关系协调,并充分认识非正式营销机构的地位和作用,促使非正式营销机构与正式营销机构相互配合,这对消费分析方案实施将产生积极的影响。

(4) 关系技能。关系技能是指市场研究部经理借助于其他人的关系力量来完成自己工作的能力。市场研究部经理不仅要做到鼓励企业员工有效地实施消费分析方案,而且还要有较强的组织、社交能力,充分利用外部的关系力量来实现自己的最终营销目标。

(5) 监控技能。监控技能是指包括建立和管理一个对消费分析方案实施活动结果进行反馈的控制系统。控制主要有4种类型,即年度计划控制、盈利能力控制、效率控制和营销战略控制。市场研究部经理应该利用营销情报系统,连续不断地收集企业内、外部环境信息,并按有关要求进行分类整理和组合,充分利用有价值的营销信息,以保证消费分析活动的顺利开展。

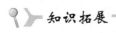知识拓展

影响消费分析方案实施的因素

正确的消费分析方案应如何施行才能取得成功,首先必须考虑影响消费分析方案实施的因素。导致消费分析方案实施不力的原因是多方面的,但主要有以下几个方面:

(1) 分析方案脱离实际。企业的市场消费分析方案通常由企业的消费分析人员或由企业聘请的专家制定,而方案实施则要依赖于市场营销管理人员。但这两类人员之间往往缺少必要的交流和沟通,不探讨如何实施方案以及应注意哪些问题等,导致企业消费分析人员只考虑总体战略而忽视实施中的细节,结果要么方案过于简单而形式化,要么所制订的方案超越实际,难以实现营销目标。

(2) 长期目标与短期目标相互矛盾。长期、短期目标的设定是消费分析的基础。长期目标是涉及5年以上的经营活动,短期目标是1年之内的经营活动。企业的市场营销战略通常着眼于长期目标,但为实现长期营销目标,又不得不把长期目标分解成若干个具体的短期目标,而实施这些短期目标的市场营销管理人员通常只考虑眼前利益和个人得失,而置企业长远利益于不顾。它们以短期工作绩效为出发点,注重销售量、市场占有率和利润率等指标,致使短期目标与长期目标之间产生矛盾。

(3) 思想观念的惰性。企业经营活动计划方案一般具有很强的传统性,创新力度与企业经营指导思想密切相关。一项新的消费分析方案往往因与企业传统和习惯相悖而遭到抵制。新方案的差异越大,实施中遇到的阻力和困难也就越大。要想实施与旧战略完全不同的新战略,就必须打破企业传统的组织机构和固有的供销关系,进行机制和组织改革,为新战略实施扫清障碍。

(4) 实施方案不具体明确,缺乏系统性。大量事实证明,许多战略方案之所以以失败告终,是因为消费分析人员没有制定出明确而具体的实施方案。相当多的企业面临的共同困境是缺乏一个系统而具体的实施方案,未能充分调动企业内部各职能机构和人员。

3. 消费分析方案实施中的控制

市场研究工作不能没有控制，离开了有效的控制，营销目标将很难实现。消费分析控制是指市场营销管理者为了监督与考核企业消费分析活动过程的每一环节，确保其按照企业预期目标运行而实施的一整套规范化约束行为的工作程序或工作制度。

1) 消费分析控制的标准

（1）客观标准。市场营销主管对于下层工作的评价不能仅凭主观来决定，而必须用过去所拟订的定性、定量标准与现时实际情况相比较。这样，营销控制对于各层工作人员来说标准才是一致的。因此，有效的消费分析控制工作要有客观的、准确的和适度的标准。

（2）全局观点。营销组织的一切活动都应围绕企业营销目标的实现而展开，但在企业营销组织结构中，各个部门及其成员都在为实现其个别的或局部的目标而奋斗。许多营销主管在进行营销控制时，不能从企业整体出发，往往仅考虑本部门的利益，不能很好地把企业总目标与部门目标结合起来考虑。因此，对于一位称职的营销主管来说，进行营销控制时必须以企业整体利益为出发点，有计划、有步骤地开展工作，注重企业团队精神，努力将各局部目标统一起来，切忌因局部目标而忽视全局目标，以实现企业总目标。

（3）面向未来。营销组织所谋求的是长远发展，而不是一时的繁荣。营销控制在保证当前目标实现的同时，必须重视组织的长远发展。一个真正有效的营销控制系统应该能对未来进行预测、判断。对消费分析方案与实际营销活动可能出现的偏差能作出敏锐的反应，并能及时调整方案，适应营销活动正常开展。

（4）灵活性。营销控制的灵活性要求制定多种适应各种变化的消费分析方案，用多种灵活的控制方式和方法来达到控制目的。这是因为人们虽然努力探索未来、预测未来，但未来的不可预测性始终是客观存在的、逃脱不了的。尽管消费分析人员努力追求预测的准确性，克服或减少误差影响，对实际业绩评价和差异分析力争准确、全面，但在实践中偶然性因素是无法避免的。如果控制不具有适度弹性，那么在消费分析方案实施时，难免会发生被动现象。

（5）纠偏措施。一个完善而有效的营销控制系统，必须具备适当的纠偏措施和策略。这些措施和策略在实际中体现在企业的方案设计、组织运行、人员编配、监督控制等方法上，并纠正那些消费分析方案中已出现的或所显示的偏离方案的事项，以保证营销控制系统正常运行。

（6）经济效益。对消费分析方案是否进行控制，控制到何种程度都涉及费用问题。从经济效益角度出发，企业必须把营销控制所需要的费用与营销控制所产生的效果进行对比，如果营销控制技术和方法能够以最少的费用或其他代价来探查和阐明偏离营销方案的实际原因或潜在原因，那么它就是有效的、可行的。但必须注意，营销控制的经济效益是相对而言的，它取决于营销管理者是否将营销控制应用于关键之处。

2) 消费分析控制的步骤

（1）建立控制标准。控制标准是衡量计划执行实际成效的依据，是进行有效控制的前提。而控制标准的建立则是以计划目标为基础的，控制标准包括定量和定性的标准，建立起来的控制标准应该具有稳定性、适应性和明确性等特点。

（2）衡量工作绩效。用控制标准来衡量计划活动成效，以揭示其存在的偏差及产生的原因。计划活动成效的衡量包括对实际活动成效的衡量和对未来活动成效的预测，因此，需要选择正确的控制系统和方法，并在适当的时间和地点进行衡量。

(3) 采取纠偏措施。一般来说，方案实施产生偏差的原因有 3 种：一是执行计划的组织不完善；二是计划本身存在缺陷和失误；三是原来调研的环境发生了变化。针对不同的原因，执行者应采取不同的纠偏措施。若是组织不完善，可以通过组织结构和人事方面的变革措施加以纠正；若是计划本身失误或外部环境变化，则可通过重新制订或修改计划来控制。

3) 消费分析控制的方法

消费分析控制是一个复杂的过程，消费分析人员在设计这一过程时，可以采取各种各样的方法。一般来说，根据控制者、出发点和方法上的差异，消费分析控制方法可分为年度计划控制、盈利能力控制、效率控制和营销战略控制。

(1) 年度计划控制。任何企业都要制订年度计划。然而，年度市场营销计划的执行能否取得理想的成效，还需要看控制工作进行得如何。年度计划控制是指企业在本年度内采取控制步骤，检查实际绩效与计划之间是否有偏差，并采取改进措施，以确保市场营销计划的实现。年度计划控制包括对当前市场营销努力和营销效果的监控，以保证实现年度销售目标与利润目标。主要方法有销售分析、市场占有率分析、市场营销费用与销售额对比分析、财务分析和顾客满意度跟踪分析。若检查出有不良的绩效，企业可采取纠正措施，包括削减产量、调整价格、增加销售人员压力和削减福利经费等。

(2) 盈利能力控制。除了年度计划控制外，企业还需要运用盈利能力控制来测定不同产品、不同销售区域、不同细分市场、不同渠道及不同订货规模的盈利能力。与盈利能力有关的指标主要有市场营销成本、流动比率、速动比率、资产效率比率、资产报酬率、毛利率等。由盈利能力控制所获取的信息，有助于管理人员决定各种产品或市场营销活动是扩展、减少还是取消。

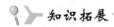
知识拓展

市场营销成本的构成

(1) 直接推销费用，包括直销人员的工资、奖金、差旅费、培训费和交际费等。

(2) 促销费用，包括广告媒体成本、产品说明书印刷费用、赠奖费用、展览会费用和促销人员工资等。

(3) 仓储费用，包括租金、维护费、折旧、保险、包装费和存货成本等。

(4) 运输费用，包括托运费用等，如果是自有运输工具，则要计算折旧、维护费、燃料费、牌照税、保险费和司机工资等。

(5) 其他市场营销费用，包括市场营销管理人员工资办公费用等。

(3) 效率控制。如果盈利能力分析显示出企业关于某一产品、地区或市场所得的利润很差，那么紧接着的下一个问题便是有没有高效率地管理销售人员、广告、促销及分销，即对市场营销运行要进行效率分析。效率控制主要有销售人员效率控制、广告效率控制、促销效率控制、分销效率控制等。

(4) 营销战略控制。市场营销战略是指企业根据自己的市场营销目标，在特定的环境中，按照总体计划所拟订的一系列行动方案。由于市场营销环境变化很快，往往会使企业制定的目标、战略、方案失去作用，所以在企业市场营销战略实施过程中必然会出现战略控制问题。现在，越来越多的企业运用市场营销审计进行营销战略策划控制。市场营销审计的基本内容包括市场营销环境审计、市场营销战略审计、市场营销组织审计、市场营销系统审计、市场营销盈利能力审计和市场营销职能审计。其战略控制的任务是保证企业的市场营销目标、策略和制度能最佳地适应现行的市场营销环境的变化。

2.3.4 评估分析研究的成果

消费分析研究成果评估,一般是指在消费分析方案实施工作结束后对方案实施的实际情况,以及实施结果进行的评定与分析。评估并非是一项可有可无的工作,它对整个研究活动有着极其重要的作用。只有通过对研究结果、实施过程、操作手段等内容进行认真评估,才能判定成绩,找出不足,积累经验,改进分析研究水平。

1. 消费分析评估的方法

1) 综合评议法

在研究评估中,综合评议法是一种经常采用的方法。该方法主要是由初步评估、综合评估构成,综合了专家评议、部门评议、个人评议等多种评议方式,操作简便,得出的评估结果一般较为客观全面。

综合评议法的步骤:第一步进行初步评估,由专家组成评议小组,对分析研究的结果及分析研究过程的各个环节进行评估,并给出专家组意见和评价,同时消费分析小组的组织者、实施者及其他相关部门和人员也分别进行评估;第二步,当初步评估完成后,将评议小组的结果与各部门及人员的意见收集起来,并按照各自的权重进行综合评估,得出最终评估结果。当然,在实际评估过程中,不同评估者的意见在综合评估中的权重可以调节,从而能够满足评估者不同的评估目的和评估需要。

2) 对照比较法

在消费分析评估中,对照比较法是将方案的执行结果同原分析研方案目标进行对照比较,从而判定和评估各项活动及目标的实现情况,并对原因进行探究和分析。对照比较法的关键在于确定对照比较的内容。在一般情况下,对照比较的内容主要应包括研究目标是否实现,实现的程度如何;实施工作是否按计划进行,调整的内容有哪些;操作手段是否合理;预算是否超支;预测是否准确;等等。

3) 关键事件法

关键事件法是指在评估过程中,评估者应将注意力集中在那些对活动有关键性影响或有关键意义的环节上,做好对关键事件的评估与分析。关键事件可以是对某个重要区域市场的开发,也可以是对某类品牌产品的市场推广,还可以是对企业形象、知名度、美誉度等方面的塑造和提升。它能使评估者在把握关键事件的基础上对评估对象有更深入的分析和认识。

2. 消费分析评估应注意的问题

1) 评估过程应尽量客观全面

客观全面是研究分析评价工作的基本要素。评估不仅是评定结果的过程,而且也是分析结果、总结经验的过程。如果这个过程不是建立在客观全面的基础上,评估结果的准确性和有效性就会大打折扣,更难以进行经验的积累。

2) 定性与定量相结合

定性主要是通过描述性的语言或文字对事物的特征进行阐释,而定量主要是利用数据分析、模型、图表等对事物的规律进行说明,这两种方法各有其优、缺点:在消费分析评估中,仅仅依靠定性来评价和总结,过于笼统;而仅仅从定量上说明,又容易陷入思维局限。因此,将定性与定量方法结合运用可弥补彼此的不足,也能使评估的结果更加准确、深刻。

3) 注意评估结果的反馈

研究分析方案评估活动结束后,做好评估结果的反馈工作很重要。只有将评估结果进行反馈,项目研究组织者才能对评估活动的效果有所了解,才能在成功与失败中汲取经验与教训。同时,只有通过项目分析研究结果的反馈,才能使双方对项目进行共同的回顾和展望,一方面,使研究机构认识到自己的不足之处,以便进一步加强研究分析水平的提高;另一方面,使企业对研究分析结果有更深入的认识,以便于后续工作的开展。

▶ 案例阅读

某市场研究公司的网络消费者研究

据中国互联网络信息中心的网络发展状况统计,我国网民规模逐渐庞大,数字生活同时加速了互联网时代的到来,其中,网络购物用户年增长率最快。

某市场研究公司受一网络营销企业委托,深入探究消费者在网购前、网购中及网购后的态度,并对其行为进行分析,了解其中的趋势和差异,为企业提供数据参考和决策支持。

首先,该项目实施流程为方案设计、项目执行(图2.2)、数据分析、研究报告。消费者研究方案主要包括理论模型、调研方法、确定被访对象和样本量、确定访问的频率等。

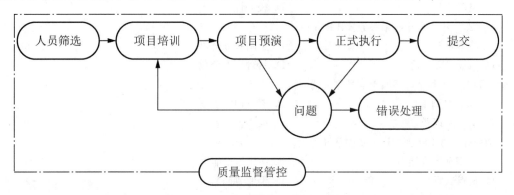

图2.2 市场研究公司项目执行流程图示

然后,市场研究公司根据项目执行流程获得的数据,进行数据分析,获得研究报告。报告内容按照消费者对购物前、购物中和购物后的不同行为与习惯做分类细分。通过对消费者在购物前的行为与态度分析,探究消费者网购动机、网购媒体传播渠道偏好、网购传播方式偏好。通过对消费者在购物中的行为与态度分析,探究消费者购物习惯(品类、网站偏好)、决策影响因素、购支付方式偏好。通过对消费者在购物后的行为与态度分析,探究购物网站消费者满意度、网购问题及投诉处理满意度。

最后,市场研究公司对研究成果制作成PPT进行展示,从成果展示图可以明确地看出影响消费者网购的基本动机和不网购消费者的原因,为企业的网站营销及规划提供指导和方向。

单元小结

消费分析机构是一种服务性的组织机构，按其服务的性质可分为企业内部的消费分析机构和企业外部的消费分析机构。企业外部的消费分析机构按其提供的服务类型可分为完全服务公司和有限服务公司。

专业消费分析机构的最主要职能是服务职能，即根据委托方的要求，进行相应的项目分析研究。不同的消费分析机构，其组织形式可能不同，但其人员构成却大同小异，一般都包括部门管理人员、市场调研人员、数据库管理人员等。

企业与专业消费分析研究机构合作的过程包括选择外部消费分析机构、签订委托业务合同、合作过程控制与沟通和评估分析研究的成果4个步骤。

一、名词解释
消费分析组织　　定制服务公司　　销量百分比法　　市场份额法　　专家论证法

二、单选题
1. 松散的消费分析机构的最大特点是(　　)。
   A. 稳定性　　　　　　　　B. 系统性
   C. 灵活性　　　　　　　　D. 长期性
2. 下列组织中，属于有限服务公司的是(　　)。
   A. 专业性学会　　　　　　B. 定制服务公司
   C. 市场研究公司　　　　　D. 管理咨询公司
3. 下列费用项目中，不属于信息收集费的是(　　)。
   A. 信息咨询费　　　　　　B. 资料购置及复印费
   C. 信息处理费　　　　　　D. 人力投入费
4. 消费分析方案实施过程中必须掌握的能力是(　　)。
   A. 组织和配合能力　　　　B. 逻辑推论能力
   C. 选点试行力　　　　　　D. 经验判断力
5. 下列选项中，机构和人员的设置必须遵循的原则是(　　)。
   A. 共同原则　　　　　　　B. 目标原则
   C. 明确目标导向、分层管理　D. 效率与精简并重

三、判断题
1. 在非正式的消费分析机构中，一旦消费分析任务完成，就由其负责消费分析的后续工作，对消费分析方案实施监督与控制管理，从而实现消费分析组织机构的系统性、稳定性、灵活性和高效性。(　　)
2. 消费分析人员所应具备的能力不包括审美的能力。(　　)
3. 消费分析方案实施过程中必须掌握的能力包括营销贯彻能力、营销诊断能力、问题评估能力、执行结果评估能力。(　　)
4. 消费分析方案实施控制是一个复杂的过程，在设计这一过程时，可以采取多种多样的方法。一般来说，年度计划控制、盈利能力控制、效率控制、营销战略控制、营销成本控制是比较常用的5种基本控制方法。(　　)
5. 为了实施给老产品开辟新市场的市场开拓新战略，最好的办法是创建一个新的消费分析机构。(　　)

四、填空题

1. 企业外部的消费分析机构按其提供的服务类型，可分为_____公司和_____公司。
2. 企业内部的消费分析机构按发展的逻辑过程、发达程度和表现形态，大体可以归纳为_____、_____和_____几种形态。
3. 营销策划公司规范的收费方式一般有两种，即_____和_____。
4. 企业与专业消费分析研究机构合作的过程包括_____、_____、_____和_____几个步骤。
5. 专业消费分析机构的最主要职能是_____职能。

五、简答题

1. 企业在设置内部消费分析机构时，应考虑哪些因素？
2. 简述企业内部的消费分析机构的职能。
3. 消费分析研究项目经费预算原则有哪些？
4. 消费分析方案的控制方法有哪些？
5. 企业进行消费分析评估时应注意哪些问题？

宝洁市场研究部（Consumer & Market Knowledge, CMK）是通过对消费者和市场的研究把全公司的注意力都集中到最基础的东西上：如何去点亮更多消费者的生活，如何让消费者的生活更美好。CMK通过研究消费者和市场，从历史中总结归纳，深入了解当今市场和消费者，拓展宝洁未来的发展方向。对于生意团队，CMK是足智多谋的军师，是登高望远的领航员，是无所不知的智囊团；其主要工作有以下几方面：

（1）影响公司宏观战略决策。CMK曾经影响过这样的决策：要不要进入中国市场？在印度市场我们应该卖护肤品吗？在墨西哥应该做哪些牌子？在中国应该先卖洗衣粉还是柔顺剂？例如，宝洁1988年是进入中国的，但是1986年，吴凯小姐就开始在中国市场进行调研，而宝洁进入中国的决策也是在她的研究和影响下决定的。从那以后，宝洁的每次成功，从汰渍净白，到海飞丝去屑，到帮宝适的金质睡眠，到玉兰油的美白系列，CMK在这些决策的背后都有举足轻重的影响。CMK是个小部门，却影响着一个资产近800亿美元公司全方位的决策，每个人的影响力可想而知。

（2）帮助每个宝洁品牌强化自己的品牌形象。比如说，飘柔在消费者心目中是不是一个值得信赖的牌子？应该怎样去告诉消费者宝洁的产品质量出众？应该放电视广告？还是上报纸？还是放平面广告？

（3）帮助宝洁优化市场营销策略。即每个营销计划都要通过CMK领导的消费者审核步骤，才能最终投放市场。但是CMK做的并不仅仅是这些，他们还要帮助生意团队去想，营销计划如何才能做大做强，得到消费者的认可。

（4）影响宝洁的零售终端策略。CMK研究购物者的行为，帮助销售团队和客户制订正确的店内营销策略，并达到双赢的效果。

对进入CMK的新员工，需要诚实正直、互相信任、有领导力和渴望胜利，并且没有专业、偏好等方面的限制。CMK有很严谨的培训体系，为每个CMK员工的每个阶段都准备了一系列的培训课程，如果你是新员工，CMK会给你一周的全方位的培训帮助你尽快上手。你工作的第一年，有一大部分时间将会花在参加各种CMK的培训上，这些培训帮你循序渐进地成为一名合格的经理人。在接下来的日子里，CMK针对不同阶段的员工都有不同阶段的培训课程，从统计学到软件应用，从消费者心理学到如何培养出正确的情商，应有尽有。即便是你到了副总监或总监的位置，你还是能得到相关的培训，这还不包括你的直线经理给你的手把手的培训。在CMK，学习和成长是一个永恒的话题，培训是不断进步最重要的手段之一。通过在CMK培训和学习，需要全面地了解CMK有些什么，并在学习当中成长。当新员工走过最初的几年后，可以选择是去领导一个生意团队，或者是成为某个方面的专家。在工作、生活中有所侧重是成为成功CMK员工的重要品质之一。根据历史经验来看，大多数新人都会先负责一个品牌的工作，然后工作内容开始扩展（和你的工资与级别一起），开始管理两三个品牌，或者跨品类。下一个阶段是领导一个小团队管理一两个品类，接下来是领导一个大团队管理两三个品类，最终是领导一个市场或一个品类所有的CMK员工。当然，你也可以选择专研某个方向（比如宏观战略或营销优化），成为某方面的专家。CMK的老板都拥有一个优秀的品质：愿意倾听。这跟他们丰富的消费者调研的经验有直接关系。他们愿意倾听下属的反馈，给下属设立正确的期望，并帮助下属在职业发展上腾飞。CMK是个小集体，在大中华区一共才一百多个人。人与人之间的关系很融洽，就像一个家庭一样。

CMK最厉害的地方不在于是否能成功执行一次市场调研，我们请专业调研公司帮我们执行调研的过程。CMK最重要的品质是，能够在这些调研的基础上想出生意的点子，并且让生意团队能够很清楚两点：一是什么是正确的方向，什么是消费者的心声；二是他们能拿着CMK的建议直接去做下一步工作。如果没有CMK，市场调研公司的数据和营销计划的执行就有可能脱节。CMK在这当中起的是最重要的桥梁作用。CMK根据市场调研提供的资料进行分析，提出决策建议并确保被采纳，而市场部设计并执行营销计划，确保决策被实施并得到预期营销成果。

问题

1. 分析CMK与哪些组织有业务关系？请具体描述这些业务关系。
2. 分析CMK的工作内容有哪些？这些工作内容是如何营销企业的市场营销战略和策略的？
3. 分析CMK是如何培养新员工的？

实训操作

1. 实训目的

通过本次实训，使学生明确消费分析组织设置的必要性，掌握消费分析组织设置的技能。

2. 实训要求

基于高职院校市场营销专业学生进行"专套本"这一项目，为继教学院写一份消费分析组织设置报告，内容要求包括该组织设置的背景、目标、职能与职责、业务范围、相关工作岗位及人员匹配等基本框架，字数不少于1 000。

3. 实训材料

继教学院相关管理文件、相关图书、教辅、计算机网络、纸张、笔或打印机等。

4. 实训步骤

（1）分析当前继教学院"专套本"的招生形势，提出设置消费分析组织的背景。
（2）分析该组织的目标，并与继教学院其他部门的目标保持一致。
（3）设定该组织的职能与职责，尽量与继教学院其他部门相区别开来。
（4）明确该组织的业务范围。
（5）根据该组织的业务，设置相关岗位及岗位要求。
（6）人员胜任的条件。
（7）确定该组织与其他部门的关系。

5. 实训检验

每位学生的成绩由两部分组成：学生实际操作情况（40%）和实训报告撰写情况（60%）。

实际操作主要考查学生按照实训步骤收集资料、整理资料的和分析资料能力；分析报告主要考查学生设置分析组织的合理性，实训报告建议制成演示文稿。

单元 3

消费分析报告撰写

【任务描述】

小王不知不觉地在自家的餐厅中实践锻炼了近两个月,暑假马上要结束,他想将假期实践的内容进行总结,写成一份报告,返校后好与班上的同学进行交流。他认真思考了一段时间,认为自己体会最深的是对来餐厅就餐客户的消费心理与行为的理解,于是决定写一份关于乡镇餐厅就餐客户的消费心理与行为分析的报告。可他是工科学生,平时实习、实训报告写得比较多,对市场营销类的报告不是很了解,如果不需要与同学进行交流的话,可以像写心得体会一样来撰写。但是,此次报告撰写不能随意,甚至可能还要上交给学校,必须遵循一定的规范。

对于小王来说,要把消费分析报告撰写得规范一些,就必须了解下表中的一些任务和要求。

任　务	工作要求	学习重点和难点
明确消费分析报告的基本结构和内容	（1）能正确地表达消费分析报告的结构 （2）能根据项目研究需要正确地选择消费分析报告各部分的内容	（1）消费分析报告的基本结构 （2）消费分析报告的基本内容
学会消费分析报告的写作	（1）能正确地撰写消费分析报告的具体内容 （2）能娴熟地运用相关写作技巧	消费分析报告的写作原则、撰写方法和技巧
认识消费分析报告的作用与类型	（1）能根据项目研究目的选择相应的报告类型 （2）能根据项目研究的性质把握住分析报告的具体作用	（1）消费分析报告的作用 （2）消费分析报告的类型
运用消费分析口头报告	能熟练地进行消费分析报告的口头汇报	（1）汇报报告前的准备 （2）汇报报告的技巧

【任务实施】

任务 3.1　明确消费分析报告的基本结构和内容

消费分析研究活动的成果就是分析研究形成的消费分析方案，而消费分析方案的书面反映形式习惯称为消费分析报告或消费分析报告书。

3.1.1　封面

很多人认为，消费分析报告重在内容，而封面无关紧要，这种看法忽略了封面的形象效用。消费分析报告需要有一个美观的封面，这是因为阅读者首先看到的是封面，而封面能起到首因效应的强烈视觉效果。

消费分析报告的封面能起到美化、装饰分析报告的整体，清晰表明分析研究的标题，传达分析的内容，表述在正文中不宜表达的内容等作用。一般来说，封面应包括以下信息：

（1）委托方。如果是受委托的消费分析报告，那么在分析报告书的封面需要把委托方名称列出来，如"××公司××市场分析报告"。

（2）标题。标题的确定要简洁明了。有时为了突出分析研究的主题或表现分析研究的目的，也可以加副标题或小标题，对主题进行补充说明。

（3）日期。日期应以分析报告书正式提交日期为准，不应随随便便定一个日期，应用完整的年、月、日表示，如 2011 年 6 月 8 日。如果有必要的话，也可标注方案计划执行的起止时间段。

（4）分析者。一般在封面的最下部居中标出分析者。如果分析者是公司的话，应列出公司全称。有时还可以将分析小组成员标注出来，甚至包括他们各自的分工。

除此之外，为了便于对消费分析报告进行管理，还可以在封面的右上角标注分析报告书的编号，便于归档与查询。商场如战场，特别是在方案实施完毕之前，一般都需要防止信息外泄,有的方案执行完毕后不允许公开有关信息,这就需要根据具体情况标明保密的级别程度,以引起相关人员的重视,如秘密、机密及绝密等字样,一般将它们标注在封面的左上角。

封面设计的原则是醒目、整洁,切忌花哨。至于字体、字号、颜色,则应根据视觉效果具体考虑。

3.1.2 前言

前言,一方面是对分析内容的高度概括性表述,另一方面在于引起阅读者的注意和兴趣。前言的文字不能过长,一般不要超过一页,字数应控制在1 000以内。前言的具体内容包括以下几项:

(1) 简单论述接受消费分析委托的情况。例如,××公司接受××公司的委托,就××年度的新产品开发进行具体市场分析。

(2) 进行分析研究的原因。主要将委托人对该研究项目的重要性和必要性表达清楚,以吸引读者进一步去阅读正文。如果这个目的达到了,那么前言的作用也就被充分发挥出来了。

(3) 分析研究的目的及分析报告实施后要达到的理想状态。主要阐述分析研究过程、使用的分析研究方法、分析研究结果及分析研究报告实施后的预期效果等。

(4) 分析研究报告书的特色。主要分析研究过程的概略介绍、参加人员的情况、致谢等。

3.1.3 目录

目录能使消费分析报告的结构一目了然,同时也能使阅读者能方便地查询消费分析报告的内容。因此,分析报告书中的目录不宜省略。如果分析报告书的内容很多,目录结构就用章节的形式表示;如果分析报告书的内容比较少,就可以采用图3.1所示的消费分析报告书目录结构。

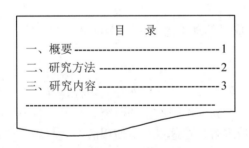

图3.1 消费分析报告书目录

3.1.4 概要

概要是对消费分析报告的总结性陈述,使阅读者对消费分析内容及其结论有非常清晰的概念,便于阅读者理解分析者的思路、意图和观点。

概要的撰写同样要求简明扼要,篇幅不能过长,可以控制在两页以内。另外,概要不是简单地把分析研究内容予以列举,而是要单独成一个系统,遣词造句等都要仔细斟酌,要起到"一滴水见大海"的效果。概要通常包含以下4个方面内容:

(1) 要申明分析报告的目的,包括重要的背景情况和项目的具体目的。

(2) 要给出最主要的结果,有关每项具体目的的关键结果都必须写明。

（3）结论。这指的是建立在发现结果基础上的观点和对于结果含义的解释。

（4）建议，或者提议采取的行动。这是以结论为基础而提出的。但在许多情况下，管理人员不希望在报告中提出建议。因此，是否在概要中提出建议，需要依报告的特定情况而定。

概要的撰写一般有两种方法：一是在制作消费分析报告正文时事先确定，二是在消费分析报告正文结束后事后确定。这两种方法各有利弊，一般来说，前者可以使分析报告书的内容的正文撰写有条不紊地进行，从而能有效地防止正文撰写的离题或无中心化；后者简单易行，只要把分析报告书的内容归纳提炼即可。因此，具体采用哪种方法可由撰写者根据具体的情况来定。

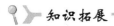知识拓展

前言与概要的区别

前言是表明分析者的动机及分析者的态度，它重点在阐述"为什么"的问题，如何做更富有特色，彰显市场消费分析报告的优势；概要是概述消费分析研究方案的整体思路与内容，它重点在阐述"做什么"的问题，使阅读者能很快地把握整个分析报告的内容。

3.1.5 研究背景

研究背景又称为提出问题、引言，这是分析报告的开头部分，其重点是提出研究问题和研究假说。研究背景的一般逻辑结构为先阐述问题的前后联系，后提出研究问题，再形成研究假说。

研究背景的主要内容主要包括以下两个方面：

（1）介绍研究背景和目的，阐述前人在这方面所做的研究成果、尚未解决的问题及研究进展。

（2）阐述此课题研究成果的理论意义和现实意义。

3.1.6 研究方法

为了保证消费分析研究的科学性、规范性和实用性，在开展消费分析研究活动中，必须选取一定的研究方法。但是，如何阐明所用的研究方法是一件不太轻松的事，因为对技术问题的解释必须能为阅读者所理解。在这里对所使用的一些材料不必详列，详细的材料可以放到附录中。

研究方法部分要阐明以下4个方面的内容：

（1）研究设计。即说明所开展的项目是属于探索性研究、描述性研究，还是因果性研究，以及为什么适用于这一特定类型研究。

（2）分析资料采集方法。即所采集的是初级资料还是次级资料，结果的取得是通过访谈、观察，还是实验等方法。注意，所用调查问卷、观察记录表、对涉及问题的回答根据及相应的运算须在附录中列明。

（3）实地工作。即启用了多少名、什么样的实地工作人员，对他们如何培养、如何监督管理，实地工作如何检查。这一部分对于最终结果的准确程度十分重要。

（4）分析。即说明所使用定量分析方法和理论分析方法，但注意不要与后面的研究内容相重叠。

3.1.7 研究内容

研究内容是界定消费研究问题的内涵和外延、落实研究思路、展现研究积淀、彰显研究水平的重要环节，也是委托方非常关注的部分。研究内容表述成功与否，几乎决定着整个消费分析报告的命运，所以这一部分不可小视。

一般来说，消费心理与行为分析研究的主要内容有消费者的心理活动基础（包括消费者的心理活动过程、消费者的个性心理特征、消费者购买过程中的心理活动、影响消费者行为的心理因素等）、消费者的购买行为、消费者群体的心理与行为、消费者心理与社会环境、消费者行为与市场营销等。

在撰写研究内容时，应注意以下3个方面：

（1）研究内容表述最关键的是要直接围绕主题展开论证，切忌空泛、均衡用力。要直接把研究的核心内容展开论述，不能把核心概念等一些次要内容纳入论述。若项目内涵较微观，可按照现状、问题、分析、对策等传统模式展开；若项目内涵较宏观，应将对策分解为若干部分，每部分按照现状、问题、分析和对策展开，重在对策部分。

（2）表述形式。一种表述形式是核心内容概述＋核心研究内容框架，切忌不可表述成简单的目录；另一种表述形式是核心内容概述＋核心内容分段表述。

（3）表述技巧。应多用图、表来表述，直观而清晰。

> **知识拓展**
>
> **撰写研究内容应注意的问题**
>
> （1）研究内容不能太过简单。过于简单的研究内容给人的印象就是分析者态度不端正，没有研究的清晰思路。
>
> （2）不能没有整体研究内容的概述。一个类似于目录的框架式的研究内容的表述方式，让人觉得分析者论证粗糙，没有抓住研究的重点，更有甚者把研究内容的第一部分表述为"绪论"，而把"研究意义、核心概念界定、研究背景、研究方法"等类似学位论文第一章的常规内容作为课题研究的第一部分内容。
>
> （3）研究内容不能游离于研究主题，或过度延伸或过于微观，对主题支撑不力，甚至适得其反。

3.1.8 研究结果

研究结果主要简单介绍采取什么研究方法，研究了什么问题，获得了什么结果。研究结果中最重要的是提出数据和典型事例。在研究结果中，数据要严格核实，要注意图表的正确格式；典型事例要能使人更好地理解研究结果，使研究结果更有说服力；要用统计检验来描述研究因子与研究结果之间的关系；对非单因单果的关系，要经过适当的设计与统计分析，判断影响研究结果的原因，并做出研究假说的验证。一般来说，这部分的文字内容所占的篇幅，要占整篇分析报告的一半左右。

3.1.9 结论与建议

研究的结论与建议就是运用消费心理与行为理论来分析和讨论与研究结果有关的问题，可以对研究结果作理论上的进一步阐述，深入地讨论一些问题，亮出自己的观点，提出建设性的意见和建议。其主要内容包括以下 4 个方面：

(1) 由研究结果来回答篇首提出的问题。
(2) 对研究结果进行理论上的分析与论证。
(3) 把研究结果与同类研究结果相比较，找出得失与优劣。
(4) 提出可供深入研究的问题及本研究存在的问题。

研究的结论与建议是对整个消费分析研究活动的一个总结，是分析者经过反复研究后形成的总体论点，它是整篇报告的归宿。结论必须指出哪些问题已经解决了，还有什么问题尚待研究。有的报告可以不写结论，但应作简单的总结或对结果开展一番讨论；有的报告可以提出若干建议；还有的报告不专门写一段结论性的文字，而是把论点分散到整篇文章的各个部分。无论是哪种类型的消费分析研究报告，都必须总结全文，深化主题，揭示规律，而不是正文部分内容的简单重复，更不是谈几点体会，或喊几个口号。这是因为撰写研究的结论与建议不仅是为了科学地总结分析者的研究工作，更为重要的是委托方提供营销决策所需的有价值的信息，同时还可以丰富消费心理与行为分析理论和推动营销教学工作。

在写结论与建议时，必须十分谨慎，措辞严谨，逻辑严密，文字简明具体，不能模棱两可，含糊其辞。一份研究结论与建议写得好不好，是否能全面、准确地反映课题研究的基本情况，使课题研究成果具有推广价值和借鉴价值，就看这部分的具体内容写得如何。

 知识拓展

保证研究结论与建议质量应遵循的原则

1. 科学性原则

科学性是研究结论与建议的生命所在。消费分析报告的结论与建议的表述必须观点正确、材料可靠，论证要以事实为依据，无论是阐述因果关系、结论的利弊和价值、结论的实用性和可行性，都必须从事实出发。推理要合乎逻辑，不可无根据地臆断。

2. 创造性原则

创造性是衡量消费分析报告的结论与建议质量水平高低的重要依据。别人没有提出过的理论、概念、新方案、新的研究方法，别人没有观察到的现象，在研究中第一次获得的新数据等，都是创造性的研究成果。

3. 规范性原则

消费分析报告的结论与建议的表述虽无定法，但有常规可循。在撰写研究结论与建议时，要按照一定的格式，不能忽视最基本的规范要求。写作之前要有明确的计划和提纲，要根据研究的结构特点和逻辑顺序、研究课题的任务和内容来考虑表达的形式和表述的方式。

4. 可读性原则

为了便于传播和交流，消费分析报告的结论与建议的表述应具有可读性。语言阐述必须精确、通俗，在不损害规范性的前提下，尽可能使用简洁的语言。可以用专门的名词术语，但不要故弄玄虚。文字切忌带个人色彩，一般不采用比喻、拟人、夸张等修辞手法；不可把日常概念当作科学概念，不宜采用工作经验总结式的文字。一篇高质量的分析报告，不仅要有创见，而且要讲究辞章，达到科学与文学、科学与美学的最佳结合。

3.1.10 结束语

按照行文习惯，一般在介绍完主体内容后，应做一个简要的总结，即结束语。结束语主要起到与前言呼应的作用，使分析报告书有一个圆满的结束，而不致使人感到太突然。结束语应再次强调主要观点并概述分析研究的要点。

3.1.11 附录

附录是分析报告书的附件。附录的内容对分析报告起着补充说明的作用，便于分析报告的使用者了解有关问题的来龙去脉，为消费分析报告书提供有力的佐证材料。

凡是有助于对读者对分析研究内容理解的可信资料，如消费者问卷的样本、座谈会原始照片等图像资料，都可以列入附录，以增强分析报告的可信度。但是为了突出重点，可列可不列的资料以不列为宜。有的分析报告还在附录中提供备选的建议方案，以供决策者选用。附录内容同样应标明顺序，以便查找。

任务 3.2 学会消费分析报告的写作

3.2.1 消费分析报告的写作原则

1. 实事求是原则

由于消费分析报告是一份分析与建议书，所以必须务实，方案要符合企业条件的实际、企业管理层人员决策能力的实际、环境变化和竞争格局的实际等，这就要求在撰写消费分析报告时一定要坚持实事求是的科学态度。在制定指标、选择方法、划分步骤的时候，要从主客观条件出发，尊重管理者和他人的意见，克服自以为是和先入为主的主观主义，用全面的、本质的、发展的观点观察、认识事物，分析研究问题。

2. 严肃规范原则

撰写消费分析报告时一定要严格地按照消费分析报告的意图和科学程序办事。消费分析报告是分析者依据消费活动的内在规律，遵循消费心理与行为分析的必然程序，严肃认真，一丝不苟，精心编制而成的。因此，在撰写分析报告书的过程中，切忌置科学程序于不顾，随心所欲地粗制滥造。严肃性原则还表现在，一个科学、合理的消费分析报告书被采纳之后，在实际操作过程中，任何人都不得违背或擅自更改其内容。

3. 简单易行原则

人们在撰写消费分析报告书时一定要做到简单明了、通俗易懂、便于推广、易于操作。任何一个分析报告的提出，都是为了在现实中能够容易操作，并通过操作过程达到预定的目的。因此，在分析报告书中的各要素的安排和操作程序的编制上，尽量化繁为简、化难为易，做到既简便易行，又不失其效用。为了使分析报告方案简单可行，客观的分析判断是必不可少的。分析报告方案除了在宏观上应具有可行性之外，在细节上也应具有较强的可操作性。这就要求在撰写方案时应具体化而不应抽象化。为确保方案得以顺利进行和推进，在时间上不能拖得过长，在实施活动的规模上要适中，应视具体活动、具体情况而定，必要时可将一个大活动分拆成几个可操作的小活动。方案要求不能过高，内容不能过多，形式不能过难，否则方案制定出来以后，会让人丧失信心。

4. 灵活弹性原则

在撰写分析报告书时一定要留有回旋余地，不可定得太死。在科学技术快速发展的时代，分析报告书虽然应具有科学前瞻性的特点，但它毕竟与现实和未来存在一定的差距，所以它在实施过程中难免会遇到突如其来的矛盾、意想不到的困难，如资金未到位、人员未配齐、物资不齐全、时间更改、地点转移及环境变化等。企业必须估计到这些因素，做好应变措施，并能浸透到方案的各环节之中。一旦某种情况出现，便可及时对既定方案进行修改、调整。这样，既保证了原有意图在不同程度上得以实现，又避免了因分析报告方案的夭折而造成重大损失。

5. 针对性原则

消费分析报告的目的在于解决企业营销中出现的问题，制定解决方案。因此，在撰写分析报告书时，应充分考虑活动主体，即应根据对象特点，制定活动的主题、内容、形式等。这样撰写出来的方案才能真正吸引目标对象参加，达到活动目的，实现该分析报告方案的效果。

6. 特色新颖原则

消费分析报告要与众不同、新颖别致，表现手段也要别出心裁，给人以全新的感受。因此，在撰写分析报告方案时，应体现自身的特点，不能单纯模仿类似的分析方案或与本单位其他组织、部门的方案雷同，更不能看竞争对手如何行事就一味跟进，这样就没有新鲜感了。

3.2.2　消费分析报告的要素写法

1. 消费分析导入的写法

消费分析导入的主要目的是引起读者对消费分析报告的关心与兴趣，一般包括封面、前言、目录。其中，前言的写作最为重要。

1) 封面的写法

封面包括委托单位、分析者、分析报告名称、提出日期、机密程度、分析报告书的页数等。其写作要点包括以下3个方面：

（1）封面的设计风格应与消费分析报告的其他页面有共同之处。

（2）为了增加消费分析报告的魅力，可以使用质地不同的彩色纸。

（3）封面应该充分展示消费分析报告书的个性，追求先声夺人的效果。

图3.2所示为封面样例。

图3.2　封面样例

2) 前言的写法

前言是消费分析报告的开篇，是整个分析报告书的浓缩。前言的写作要点是语言必须精简、有趣，可以在空白之处加上与分析项目主题相关的图片。

3) 目录的写法

目录的写法主要是根据项目内容的大小来决定。如果项目内容比较多，一般应该选择章节的形式来设计目录结构，应细化到二级目标结构；如果项目内容比较少，一般应选择中文数字的形式设计目录结构，如"一、（一）、…"。

2. 研究背景的写法

1) 研究背景的构成要素

研究背景的构成要素主要有研究对象（内容）的背景、研究现状分析及其结果、研究的契机或动机、研究的前提条件（制约条件）及其影响等。

2) 研究背景的写作要点

（1）交代一下项目研究的社会大环境，可以写起源和发展。例如，在写电子商务对消费心理与行为影响的时候，可以写网络技术的发展、网民增多等社会大环境。

（2）阐述一下研究对象的发展趋势和背景。例如，在写电子商务对消费心理与行为影响的时候，可以写淘宝网的发展、百度搜索的发展等。

（3）交代一下项目研究急需解决的问题，将话题转移到项目要研究的对象中去。例如，以电子商务发展现状及消费分析对策这个题目为例，分析者可以写当前的研究现状，别人研究了什么，还有什么没研究，从而为下一步撰写项目的研究意义做铺垫。

当然，研究背景的写作方法并不是一成不变的，只要写出了项目研究的社会背景、行业背景就可以了，也可以只写行业背景而忽略社会背景。

> **案例阅读**

"自行车又回来了"作用机制的背景研究

曾几何时，自行车之于中国犹如汽车之于美国，那一条条自行车长龙在中华大地上留下了挥之不去的印记。而今，汽车早已进入人们的生活，城市交通日益恶化。面对不堪的交通现状和日益恶化的生态环境，绿色环保、节能减排的观念已渐入人心，呼唤绿色出行的声音日益高涨。一些地区政府也高度关注，拿出了建设公共自行车租赁系统的方案，如杭州通过一系列的措施推动市民自行车出行。然而，市民公共自行车出行行为的作用机制到底如何呢？从现有的研究文献中，环境行为研究主要集中在发达国家，十分缺乏对像中国这样的发展中国家的研究。由于西方国家与中国之间社会和文化差异，西方关于环境行为研究的成果很难直接应用到我国。而国内这方面的研究起步很晚，研究成果还不多。因此，有必要对中国居民环保行为及其形成原因进行深入、系统的实证研究。

3.2.3 消费分析报告的写作技巧

消费分析报告和一般文章有所不同，它对可信性、可操作性及说服力的要求特别高。因此，运用撰写技巧可提高可信性、可操作性及说服力是消费分析报告书撰写的目标。在撰写消费分析报告时应该注意一些技巧。

1. 以理论依据为基础

欲提高消费分析报告内容的可信性，并使阅读者接受，就要为分析者的观点寻找理论依据。事实证明，这是一个事半功倍的有效办法。但是，理论依据要有对应关系，纯粹的理论堆砌不仅不能提高可信性，反而会给人脱离实际的感觉。

2. 以例子为依据

这里的举例是指通过正反两个方面的例子来证明自己的观点。在消费分析报告书中，适当地加入成功与失败的例子既能起调节结构的作用，又能增强说服力，可谓一举两得。这里要指出的是，举例以多举成功的例子为宜，可选择一些国外先进的经验与做法。

3. 用数字说话

消费分析报告书是一份指导企业实践的文件，其可靠程度如何是决策者首先要考虑的。分析报告书的内容不能留下查无凭据之嫌，任何一个论点均要有依据，而数字就是最好的依据。在分析报告书中利用各种绝对数和相对数来进行比照是绝对不可少的，但要注意的是，数字须有出处，以证明其可靠性。

4. 用图表来辅助

运用图表有助于阅读者理解分析研究的内容，同时图表还能提高页面的美观性。图表的主要优点在于其有着强烈的直观效果，另一优点是能调节阅读者的情绪，从而有利于阅读者对分析报告书的深刻理解。因此，用图表进行比较分析、概括归纳、辅助说明等非常有效。

1）图形辅助说明的技巧

图形广泛应用于消费分析报告书之中，它以其形象、直观、富有美感和吸引人的作用受到了特别的重视。一般来说，只要有可能，应尽量用图形来表达报告的内容。消费分析报告书中最常用的图形有直方图或条形图、饼形图、轮廓图或形象图、散点图、折线图等。一张精心设计的图形有可能抵得上或胜过上千个字的说明。要使图形能够有效、直观地表现尽可能多的信息，在设计和制作上一般应注意以下几个方面：

（1）每张图都要有号码和标题，标题要简明扼要。

（2）图形较多时最好按大小顺序排列，以使结果一目了然。

（3）尽量避免使用附加的图标说明，应将图标的意义及所表示的数量尽可能标记在对应的位置上。

（4）数据和作图用的笔墨的比例要恰当，避免出现太少或太多的标注、斜线、线、横线等，既要清楚又要简明。

（5）度量单位的选择要适当，使得图形匀称，并使所有的差异都是可视的和可解释的。有时过于强调地将图形放在事情发生的度量范围之内，就像是放大的照片那样，实际上是不恰当的，因为这可能会导致误解。

（6）作图时最好既使用颜色，又使用文字说明，以便在进行必要的黑白复印时，仍然能够清晰如初。

（7）颜色和纹理的选择不是随机的，要有一定的逻辑性。例如，真正重要的部分应该用更突出的颜色、更粗的线条或更大的符号等来表示。

（8）图形的安排要符合人们的阅读习惯。例如，中国人可能更习惯从上到下的形式。

2) 表格辅助说明的技巧

表格也广泛应用于消费分析报告中，起到清楚、形象、直观和吸引人的作用。表格是消费分析报告书中很生动的一部分，应当受到特别的重视。制表一般应注意以下几个方面：

（1）表的标题要简明、扼要，每张表都要有号码和标题。标题一般包含时间、地点、内容，有时也可酌情省略。

（2）项目的顺序可适当排列，一般应将最显著的放在前面。如果强调的是时间，则按时间排列；如果强调的是大小，就按大小排列；当然也可以按其他的顺序排列。

（3）线条尽量少用，斜线、竖线、数之间的横线均可省去，以空白来分隔各项数据。

（4）注明各种数据的单位。只有一种单位的表格，可在标题中统一注明。

（5）层次不宜过多。变量较多时，可酌情列数表。

（6）小数点、个位数、十位数等应上下对齐。一般应有合计。

（7）给出必要的说明和标注。

（8）说明数据的来源。

5. 合理利用版面

消费分析报告书视觉效果的优劣在一定程度上影响着分析研究效果的发挥，有效利用版面安排也是消费分析报告书撰写的技巧之一。版面安排包括打印的字体、字号、字距、行距及插图和颜色等。如果整篇分析报告书的字体、字号完全一样，没有层次、主辅，那么这份分析报告书就会显得呆板，缺少生气。好的版面可以使分析报告书重点突出，层次分明。

6. 注意细节

对于消费分析报告书来说，细节是十分重要的。如果在一份消费分析报告书中连续出现错字、漏字的话，读者肯定不会对分析者抱有好的印象。因此，对打印好的分析报告书要反复仔细地校对，特别是对于企业的名称、专业术语等更应仔细检查。另外，纸张的好坏、打印的质量等都会对分析报告书本身产生影响，所以对这些细节也绝对不能掉以轻心。

为了做到以上几点，分析者在撰写消费分析报告时就应该做到，基于现实的社会实践和市场调查，源于实践和调查之上的建议肯定是具有可行性的；经过深思熟虑之后提炼出好的结论；使用恰当的表述方式，包括采用图文并茂的方式和简洁明快的语言。

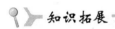

失败与成功的消费分析报告的特征

1. 失败的消费分析报告的特征

（1）缺乏创意和创新的特征，提出的建议比较平庸、平淡。

（2）缺乏充分的市场调查，可行性不强，在现实生活中不具有可操作性和现实性。

（3）消费分析报告以自我为中心，完全从分析者自身利益的角度看问题，不关心委托方的利益和要求。

（4）消费分析报告引用的论据不充分，没有说服力。

（5）内容不精练、冗长繁杂。

（6）缺乏严密的逻辑性和条理性。

（7）文字表达生硬、僵化。

2. 成功的消费分析报告的特征

(1) 粗略过目就能了解消费分析报告展现的内容。
(2) 使用浅显易懂的语言，充分体现委托方的利益与要求。
(3) 消费分析报告展现的内容与同类分析报告相比，有相当明显的差异性与优越性。
(4) 图文并茂，增强消费分析报告的表现效果。
(5) 全文条理清楚，逻辑分明，阅读者看完消费分析报告后，能够按照分析报告书的内容有步骤、有计划地执行。
(6) 消费分析报告能够充分体现企业的勃勃生机和企业的基本特征。

3.2.4 消费分析报告的完善

1. 消费分析报告的校正

消费分析报告的撰写完成之后，要进行全面的校正，就是对消费分析报告的内容、结构、逻辑及文字等进行检查与修改。对消费分析报告校正完毕之后，要将消费分析报告从头读到尾，进行最后的确认。通过这种方式，可以用来确认消费分析报告的内容及其表现手法是否合适，文字是否有错误。

2. 消费分析报告的装订

消费分析报告的写作、校正工作完成以后，还要对消费分析报告进行装订。一份装订整齐得体的消费分析报告同样是消费分析研究工作顺利推进的重要内容之一。在装订消费分析报告时，应注意消费分析报告是否需要分成若干册，各部分之间是否需要插入分隔页。如果消费分析报告内含彩色图片，则应采用彩色印刷，并确定消费分析报告的复印或印刷册数。

3. 消费分析报告的介绍

分析者完成消费分析报告并非消费分析研究工作的结束，还有一项很重要的工作，就是向上级、同仁等介绍消费分析报告。这项工作决定了消费分析报告能否被接受、采纳，决定了分析建议方案能否付诸实践。

任务3.3 认识消费分析报告的作用与类型

3.3.1 消费分析报告的作用

消费分析报告是市场分析人员针对特定市场的某一方面的问题进行深入细致的调查研究之后，通过书面形式表达分析研究结果的书面报告，是消费分析活动的最终成果。一份优秀的消费分析报告，能够透过分析研究对象的现象看到本质，能够使委托方更加深入而系统地了解消费行为，分析市场的有关问题，制定正确的市场决策，编制科学有效的营销管理计划；相反地，一份拙劣的消费分析报告会使好的分析研究活动黯然失色，甚至可能使整个分析研究工作前功尽弃。

1. 消费分析报告能准确、完整地反映消费分析的内容

消费分析报告是消费分析研究的书面反映形式，是对分析研究活动的对象、分析过程的

历史记录和总结。通过阅读消费分析报告，读者能够了解分析研究活动的整个过程。因此，消费分析报告的内容是否能准确地传达分析者的真实意图，就显得非常重要。从整个分析过程上看，消费分析报告是实现市场营销研究目的的第一步，是消费分析研究工作能否成功的关键。

2. 消费分析报告能充分、有效地说服决策者

消费分析报告是营销管理决策的重要依据。消费分析项目之所以得以确立，就是因为企业在管理决策过程中遇到了新问题，分析报告必须能够针对这些问题提供有价值的信息，从而指导企业更好地工作。通过消费分析报告的文字表述，它能把死数字变成活的情况，有利于用户掌握市场行情，能使企业决策者信服并认同消费分析报告的内容，说服企业决策者采纳消费分析报告书中的建议，并按消费分析报告的内容去实施。

3. 消费分析报告能作为执行和控制的依据

消费分析报告能作为企业执行市场营销方案的依据，使营销职能部门在操作过程中增强行动的准确性和可控性。因此，如何通过消费分析报告的文字表述魅力以及视觉效果，去打动及说服企业决策者也就自然而然地成为分析者所追求的目标。

3.3.2 消费分析报告的类型

由于消费分析的内容较为广泛，而且分析所要解决的问题各不相同，所以，作为分析研究结果表现形式的消费分析报告也具有不同的类型。由于分类标准不同，消费分析报告的类型划分也是多种多样的。

1. 根据分析报告提供的内容划分

1）综合分析报告

综合分析报告是提供给委托方的最基本的报告，这类分析报告的目的是反映整个分析研究活动的全貌，对分析研究方法、分析研究过程和分析研究结果等作详细的说明，主要内容包括研究背景、研究目的、研究方法、研究结论和建议等。

2）专题分析报告

专题分析报告是针对某个问题进行分析研究后写的报告。它要求分析报告详细明确，中心突出，对所需要解决的问题做出回答。例如，如何促进对胶卷消费等都可以写出专题分析报告。

2. 根据消费分析报告服务的对象划分

1）提供政策咨询的消费分析报告

这类详细报告具有较强的政策咨询性。在经济、金融改革过程中，新情况、新事物、新问题层出不穷，随时需要决策，以便制定出相应的消费市场开发政策来。但由于种种原因，有些事物还不能马上被人们认可，有些政策也不能过早制定出台，这就需要进行消费市场分析研究，以便积累资料、摸索经验，作为制定有关政策的依据。

2）提供情况和揭示经营状况的消费分析报告

这类报告的用途很广，从中人们能了解市场环境和企业经营状况，既可以解决矛盾和问题，也可以开展工作、打开局面，还可以作为制定某种方针、政策的依据，有时又能够将其作为企业研究的资料。这种分析报告，无论是综合性质的，还是专题性质的，都要反映市场

环境和企业经营状况的真实面貌及其发展趋势，总结带有普遍性的规律和存在的问题。它要列举大量的实例，重视经济指标、经济数据的运用，因为市场环境和经营状况的实际情形，主要从经济指标中表现，靠经济数据来描述。这类报告尤其注重定性分析和定量分析这两种方法的结合，既说明事物的性质，又说明事物的发展变化程度。因此，在写作时往往先由数学分析形成概念，然后再用经济范畴加以概括。

3. 根据研究的内容与方法的不同划分

1）实证性分析报告

实证性分析报告是用实证性方法进行研究的分析报告，如零售卖场观察报告、消费心理调查报告等。这类报告是以对事实直接研究所得的材料为基础，所以报告中的事实材料是主要的部分；又因其与事实认识的形成与方法设计、操作过程等有密切关系，所以这类分析报告中还必须包括研究方法与过程的说明。用确凿的事实与科学的操作作为研究结果与结论可靠性的坚强后盾，是这类分析报告最显著的特点。

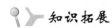

实证性分析报告的评价标准

怎样写好一份消费分析报告常常与如何评价一份消费分析报告的标准有关，知道了其评价标准，实际上也就大致知道了写好一份消费分析报告的方向和要求。

一般来说，实证性分析报告的文体结构严谨，表述规范，格式相对固定，在大多数情况下，分析者需经历一定的研究行动或研究实践才能完成。这类分析报告以检验假设、证实理论判断，或获得经验体会为主要特征。在行文上，一般先陈述研究背景、研究价值、研究目的或假设，有关变量、研究过程和方法；然后重点陈述研究结果，并对所得到的结果进行分析讨论，指出新发现的情况和问题；最后针对所得的研究结果，回答对理论假设的检验情况和是否达到研究目的、解决了研究问题，或陈述研究者的见解，也可提出进一步探讨的问题和建议。必须注意的是，对研究问题、变量、过程与方法的陈述，要清晰、准确，简明扼要；对研究结果的描述和解释要客观、平实，条理清楚；讨论问题应以客观事实为依据，采用科学的语体，恰如其分地阐析和评价；结论应全面归纳、高度概括。

一份优秀的消费分析研究报告，大致应回答5个基本问题：研究什么问题？为什么要研究这个课题？用什么方法去研究？研究有什么创新？如何解释发现的问题？

2）理论性分析报告

理论性分析报告是以理论分析为主的分析报告。理论性分析报告是以阐述对某一事物、问题的理论性认识为主要内容，要求能提出新的观点或新的理论体系，并阐述新旧理论之间的关系。这类报告向人们展示的是论点及理论体系形成的思维过程。富有深刻的哲理性和逻辑力量，是这类报告可能独具的特点。

由此可见，不同类型的研究报告具有不同的风格，研究者需要把握好自己所写的报告的类型特征。但从各类分析报告的主要组成部分和顺序结构及形式上来看，它们又有基本相同的一面，一般都包括前言、正文和结论三大块；都涉及注释、参考书目、书写格式等形式性问题；都要求在表述上符合逻辑和语法要求；都应反映研究目的、意义、内容、过程、结果等研究要素。

任务3.4 运用消费分析报告

分析者完成消费分析报告并非意味着消费分析研究工作的结束,还有一项很重要的工作,就是向上司、同仁或委托公司进行口头报告或演示,这将有助于管理层理解和接受书面报告。管理层也可能会对一些问题加以讨论,因为许多管理者对项目的第一印象和持久的印象都是建立在演示的基础上的,所以演示的重要性是不可低估的,其成功与否决定了消费分析报告能否被接受、采纳,决定了建议方案能否付诸实施。

3.4.1 报告前的准备

1. 了解介绍消费分析报告的特点

消费分析报告的报告会与一般的讲座、演讲等有很大的不同,主要表现为以下4个方面:

(1)介绍对象的人数较少。讲座、演讲一般参加者人数众多,而消费分析报告的报告会参加者人数一般不会超过百人。

(2)介绍对象主要是上司、同仁或项目委托者。介绍消费分析报告的对象一般是自己的上司、同仁或项目委托者,分析者与他们是利害共存、谋求共赢的伙伴关系。这与讲座、演讲中的大众沟通有很大的差异。

(3)介绍消费分析报告往往使用视觉化的工具。要在有限的时间内使消费分析报告的内容很清晰地表达出来,必须使用投影仪、幻灯片等视觉化的工具。

(4)介绍消费分析报告的目的是为了说服对方接受分析报告的研究结论与建议,并将建议方案付诸实施,而讲座或演讲的目的只是为了使参加者了解而进行的说明。

2. 介绍消费分析报告的程序

(1)明确介绍目的。要明确介绍消费分析报告的目的是什么,必须达到的最低目标是什么,是否要预先将此目的传递给对方。

(2)准备会场与熟悉对象。要确定会场的大小,所需要使用的装置和工具,以及到会场的交通如何安排。同时,要对介绍对象的知识水平、人员构成情况等有所了解。

(3)确定介绍方法和工具。要明确在介绍消费分析报告时应用什么样的视觉工具和用什么样的方法介绍消费分析报告的各部分内容。

(4)资料准备。要明确资料是否易懂且令人印象深刻,资料是否过多,提供证据的数据是否已经准备充分,可能会出现哪些问题且资料是否准备充分。

(5)彩排。要了解分析报告及时间安排是否可行,是否能获得通过。

3.4.2 报告前的预演

在向管理层进行演示之前,应该预演多次,尤其是图表之类的视觉手段应该借助多种媒体工具进行展示:黑板或白板使汇报者可以使用数字,它们在回答技术性问题时特别有用;磁板和毛板尽管不够灵便,但可以迅速地展示事先准备好的资料;翻转表是一个挂在图表架上的大的空白硬纸簿,它可以当做黑板或白板来用,事先将图示放置在每一页上,然后发言者在演示时翻阅每一页;投影仪可以展示简单的图表和复杂的、由于连续地添加新的图像而产生的重叠式图形;等等。

在预演中可以使用以下几种方法:

(1) 自我说服。将分析报告介绍给别人之前,要自己先进行审核评定,也就是说自己先把关。如果连自己都认为分析报告的建议内容不可能实现,那么说服别人来接受建议方案就无从谈起了。

(2) 模拟演练。为了使建议方案能被采用,在正式提出方案之前要做好充分的准备,以提高成功的概率。为了达到这个目的,在提案前需要进行事前演练。事前演练应注意的事项主要有建立周密的提案报告计划;确认参加者,以便准备和练习对方可能提出的问题或者是反对性的意见;会场、使用的工具、时间安排一定要到位;决定任务的负责人,并进行事前演练;对将要分发给与会者的资料进行检查。

(3) 与审议者进行事前沟通。在正式推出分析报告的场合,供评委阅读分析报告的时间很短,所以分析人员事前不仅要把分析报告递送到评委手中,而且要主动跟主要评审者进行非正式的交流,让其初步了解分析报告的内容及分析者的主要意图,从而提高分析报告推销成功的可能性。

(4) 任务分配。在进行介绍时,报告者当然很重要,但绝对不是报告者个人的表演,从事前准备到正式开始,小组团体的密切配合十分重要。因此,有必要将任务在团队中进行分配,决定介绍报告进行的指挥者;全体轮流确认报告的进行脚本,以防出现漏洞或失误;决定主要报告者和助手;决定器材的操作人员,并进行事前操作和资料的检查;决定计时人员,以便进行时间管理和资料的分发;全体成员进行事前配合演练,以确认各自的任务。

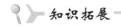 **知识拓展**

预演的一些有效方法

1. 听录音修改稿子

对要演讲的内容进行录音,通过听录音反复改正其中的问题,直至满意。

2. 规划好演讲大纲

在演讲时照本宣科会让听众很快厌倦,报告者应该直接、自然地面对听众并与之进行眼神交流。醒目而又简单的演讲大纲字体可以帮助报告者在演讲的过程中进行视线扫描,在讲台上放手表可以帮助报告者把握速度,以便准时地结束演讲。

3. 找听众来练习演讲

询问一两个有见解的人,清楚地表明自己需要的建设性批评,试问他们是否明白演讲的内容,演讲的内容是否有连贯性和逻辑性,演讲得是快还是慢……这些意见可以帮助报告者修改演讲。

4. 配合好主持人

即使报告者所做的报告是免费的演讲,也应该要求主持人宣读报告者和报告者公司的名字并告诉人们怎样与自己交流。要吸引所有人的注意,报告者应该介绍自己的个人简历并使它切合自己的主题。报告者给人留下了印象或赢得了人们的尊敬就应让主持人将它讲给听众,如果主持人就会在听众停止鼓掌前离开讲台,那报告者就成为讲台的中心人物了。

3.4.3 作消费分析报告的技巧

1. 语言表达技巧

在作消费分析报告时,表达的方法很重要,同样的内容若表达不当,结果会差异很大。而且,认真的态度、充满自信的语言表达是必要的。运用语言表达介绍消费分析报告时要注意以下几方面:

(1) 声音洪亮,应使最后一排的人也能听见,声调的高低及说话的速度应有变化。发言者在发言过程中的音量、音调、音质、发音和语速应是不相同的,演示应该以一个强有力的结尾告终。

(2) 应适当地提出结论。与会的倾听者往往都是企业的决策者,他们的时间安排较紧。因此,在阐述消费分析报告的内容时,可先将结论提出,使他们胸中有数,能够耐心听下去。

(3) 重要的内容应当反复强调。重要的内容如果仅提一次,既使听众不能完全理解;也没有突出重点,所以对重要的内容要反复强调。

2. 外观表现技巧

交流除了语言,另一个重要的因素则是外观表现。外观表现主要是给人印象并加强记忆。因此,外观表现技巧的正确运用对消费分析报告介绍的成功同样具有重要作用。外观表现包含以下基本要素:

(1) 视线。介绍者应凝视对方,抓住对方的视线,吸引对方加入交流之中。

(2) 手的动作。说话时辅以相应的手的动作,将会增加说服力。描述性的手势有助于使语言传达更加清晰,强调性的手势可以用于强调所说的东西,建议性的手势是想法和情绪的标志,鼓励性的手势用于产生所期望的大众反应。但要注意,动作一定要自然,过多的动作有时反而会起反作用。

(3) 表情及站立姿势。表情应该是温和的,站姿要舒展,不要东摇西晃。要注意,必要的身体移动,要面对对方,不要背对对方说话。

(4) 服装。服装也是交流的手段之一,着装不合适,也会令对方不快。因此,介绍者应穿整洁的正式套装。

3. 回答问题技巧

介绍完消费分析报告以后,接受者可能就分析报告内容中的重点、难点、疑点等进行提问。因此,正确的回答对说服对方接受分析报告、快速作出决策能起到有效的促进作用。

(1) 事前要做好充分的准备。在消费分析报告介绍之前,就必须考虑可能出现的问题,并将答案预备好。

(2) 始终抱着欢迎提问的态度。应充满自信地要求大家提出问题。分析者应当了解,提出疑问是接受者在寻求正面的证据。

(3) 回答中要反复强调自己的主要主张。实际上,回答问题是反复强调分析者自己主张的最好机会。

单元小结

正式的消费分析报告的结构一般包括封面、前言、目录、概要、研究背景、研究方法、研究内容、研究结果、结论与建议、结束语和附录,这每一部分,这都有一定的写作方法。从整体上来看,应该尽量以理论依据为基础,以例子为依据,用数字说话,用图形和表格来辅助,合理利用版面和注重细节。

消费分析报告是市场分析人员对特定市场的某一方面的问题进行深入细致的研究之后,通过书面形式表达市场分析结果的书面报告,是市场分析活动的最终成果。一份优秀的消费分析报告,能够透过分析研究对象的现象看到本质,能使委托方更加深入而系统地了解消费行为,分析市场的有关问题,制定正确的市场决策,编制科学有效的营销管理计划。

根据消费分析报告提供的内容,可将市场消费分析报告分为综合分析报告和专题分析报告;根据消费分析报告服务的对象,可将消费分析报告分为提供政策咨询的消费分析报告和提供情况和揭示经营状况的消费分析报告;根据研究的内容与方法的不同,可将消费分析报告分为实证性分析报告和理论性分析报告。

消费分析报告撰写完成并不意味消费分析研究工作的结束,还需要向相关方进行介绍。在介绍时,应该做好介绍前的准备与预演,还要注意在介绍过程中的一些技巧,包括语言表达、外观表现和回答问题方面的技巧。

课后习题

一、名词解释

消费分析报告　　概要　　研究的结论与建议　　综合分析报告　　专题分析报告

二、单选题

1. 消费分析报告中的前言的作用是(　　)。
   A. 避免引起阅读者的注意和兴趣　　　　B. 美化报告
   C. 对分析内容的高度概括性表述　　　　D. 给读者以提示
2. 在下列选项中,(　　)不是消费分析报告目录的作用。
   A. 使分析报告的结构一目了然　　　　B. 便于阅读者查询
   C. 是正式报告不可或缺的一部分　　　　D. 便于分析内容的梳理
3. 为了保证消费分析研究的科学性、规范性和实用性,在开展消费分析研究活动中,必须选取一定的(　　)。
   A. 研究方法　　B. 研究问题　　C. 研究内容　　D. 研究资料
4. 营销策划的封面应该提供(　　)等信息。
   A. 委托方、完成日期、分析机构或分析者　　B. 委托方、策划书的名称
   C. 委托方、完成日期　　D. 策划机构或策划者、完成日期
5. 消费分析报告中最常用的图形是(　　)。
   A. 散点图　　B. 直方图　　C. 饼形图　　D. 折线图

三、判断题

1. 消费分析报告就是一种可行性分析报告。(　　)
2. 消费分析报告重在内容,而封面无关紧要。(　　)
3. 消费分析报告封面设计的原则是醒目、整洁、花哨、字体、字号、颜色则应根据视觉效果具体考虑。(　　)
4. 如果分析报告书的内容很小,目录结构就用章节的形式表示。(　　)
5. 消费分析的时机与效果具有紧密联系,失去时机必然会严重影响效果,甚至完全没有效果。(　　)

四、填空题

1. 消费分析报告的封面应包括_____、_____、_____和_____等。
2. 研究背景的一般逻辑结构为先阐述问题的_____,后提出_____,再形成_____。
3. 按照行文习惯,一般在介绍完主体内容后,应作一个简要的总结,即_____。

4. 根据消费分析报告提供的内容划分，消费分析报告可分为_____和_____两大类。
5. 有效的消费分析口头报告的关键在于_____。

五、简答题
1. 简述前言应包括的主要内容。
2. 简述概要的撰写方法及特点。
3. 消费分析报告的写作原则有哪些？
4. 简述消费分析报告的写作技巧。
5. 消费分析报告的作用有哪些？

案例分析

"屌丝"一词起源于一种侮辱贫穷、缺乏吸引力，整天待在家里玩视频游戏，前景暗淡的年轻人。换句话说，就是一个失败者。然而随着该词在互联网上蔓延开来，来自不同背景的中国青年开始接受它。"屌丝"已成为一个区别于"高富帅"，即那些有地位、成功和光明前途的人的自我贬低的代名词。目前，称自己是"屌丝"的人数不断地增长，它慢慢地转变成一个普通的中国公民面临的日常斗争和苦难的描述符。随着近年来"屌丝"一词的广泛传播，人们在生活中、工作中几乎每天都能听到"屌丝"这个词。而鉴于"屌丝"群体的壮大，越来越多的互联网公司开始关注这个群体，也开始号称自己的用户群就是"屌丝"。但是怎样吸引"屌丝"的注意，从"屌丝"的口袋里赚钱，什么样的人是"屌丝"，甚至"屌丝"最大的需求是什么，并没有真正地受到关注。有的企业甚至认为"屌丝"就是那些生活社会底线的农民工，有着低收入、低学历、行为举止粗俗的一群人。

随着中国经济进入新常态，同时，由于越来越大的公众压力和反腐败工作，中国的高端奢侈品消费已经大幅度下降，这也预示着将来可能的转折点：中国的"屌丝"可能成为该国的主流消费群体。据相关调查显示，程序员和媒体行业的人自称"屌丝"的百分比最高，学生也占据了较高的比例，食品、服务行业及市场广告行业等多自称"屌丝"，而只有少于10%的公务员自称"屌丝"。在自称"屌丝"的人中，从60后到90后不等，其中标识性最强的是在80后的年轻人，占据到80%以上，其次是70后，最后是90后。在调查的样本中，有42.2%的"屌丝"拥有一套房，占据48.5%的大多数"屌丝"没有自己的家，只有极少数人拥有两套以上的房，而其中绝大多数（68.3%）的"屌丝"没有车。不同的收入水平影响"屌丝"自我认同的程度。事实上，调查显示，可支配收入在6 001~8 000元的男子和收入在3 001~6 000元人民币的女子将自己定位为"屌丝"。而北京市居民人均可支配收入为3039元人民币，表明大部分自认为是"屌丝"的人实际上的收入都高于社会平均水平。此外，他们不需要兼顾车或房子。从消费者的态度上看，"屌丝"重视有品质的商品以及时尚，一部分人注重休闲，而只有少于10%的人看重生活必需品。这些数据表明虽然他们每个人都将自己定位为"屌丝"，他们仍然想要追求高品质的生活。"屌丝"的业余生活则显得非常单调，在空闲的时间里，他们很喜欢在家附近闲逛。晚上他们往往待在家里上网，尤其喜欢玩游戏。由于"屌丝"大多数是20~30岁处于约会的黄金期，社交活动是他们真正最大的需求。

根据调研分析，可以得出那些被认为是"屌丝"亚文化一部分的个体已逐渐成为了独特的消费群体。他们有强大的购买力并且拥有理性消费的态度。追求高端、功能强大和"高档"的概念已经是过去时。现在必须把注意力集中在"屌丝"观念的"质量、体贴和创造力"上。"屌丝"可能成为未来的主流消费者，不可避免地带来新的商业机会。从这个角度来看，游戏、视频、交友等APP的火热也就不难解释了。根据"屌丝"的调研分析，可以明白一些社交应用都是怎样抓住"屌丝"的心。

1. 满足"屌丝"群体的基本需求——沟通

微信团队带领人张小龙认为沟通是人与生俱来的需求，在新环境下的消息系统本身就是个有巨大价值的产品。根据人与人之间的沟通建立起来的消息系统，由强弱关系不同而产生的用户黏性也不相同。突破传统人与人之间靠电话、短信沟通的瓶颈局限，沟通方式由人与人发展到人与组织甚至人与物体之间的沟通。微信将改变的是人的沟通方式，联系的是不同个体。满足"屌丝"群体对于沟通的强烈需求，这种面向大众而非小众高端人群的应用,从面世到发展至今赢得了好评。

2. 建立同类型用户之间的联系——摇一摇

"如果我不在网上,就是在开计算机的过程中","屌丝"的生活到底有多无聊与寂寞,互联网同胞们总是有或多或少的感受。用摇一摇这个非常简单的动作,来寻找身边同时在摇手机的人,建立相同无聊的两个用户之间的联系来达到满足用户对于社交、沟通的需求。当它发展到除了能摇到人,还能摇到网页、图、音乐之后。摇,变成了一种明确的信号,让手机帮忙找、帮忙听,成为了一些特定场景下的"人体增强动作"。也就是说"摇一摇",不只是建立"屌丝"用户之间的联系,而是改变了"屌丝"沟通的方式。

3. 陌生人之间的沟通交友——POI(用户兴趣点)

同为漂泊在外的年轻人,如果又身在同样的环境中,拥有同样的兴趣与爱好,那为何不交个朋友呢?例如,陌陌提供的核心功能是解决陌生人之间认识的问题,在此阶段,陌陌承担了IM的功能,通过与附近的陌生人搭讪聊天来建立朋友关系,达到沟通交友的目的。随着陌陌的发展,基于地点来组织人的关系,让距离比较近,有相同兴趣爱好、志同道合的人聚在一起形成朋友群组从而完成"屌丝"群体的社交需求。

无论是微信、陌陌还是其他应用如视频、小说、浏览器等,都是抓住人们内心某个需求,并通过产品来满足这一需求,使产品获得成功。所以"屌丝"的碎片化时间——空虚的夜生活和周末该如何打发,又有什么产品能给"屌丝"们带来福利呢,这是隐藏的商机也是设计们需要思考的问题。

问题

1. 应从哪些方面来调研"屌丝"的消费心理与行为特征的?
2. 分析做社交应用的企业应如何根据"屌丝"调研的结论来制定产品或服务策略。

实训操作

1. 实训目的

通过本次实训,使学生明确市场消费分析报告的结构与内容,掌握市场消费分析报告的写作方法。

2. 实训要求

基于高职院校市场营销专业学生进行"专套本"这一项目,为继教学院写一份"专套本"市场分析报告,内容要求包括消费分析报告的基本框架,字数不少于1 500。

3. 实训材料

继教学院相关管理文件、相关图书、教辅、计算机网络、纸张、笔或打印机等。

4. 实训步骤

(1) 收集当前继教学院"专套本"的招生简章。
(2) 调查分析当前"专套本"学生选择此项目的原因。
(3) 分析专科升入本科的方式及其特点。
(4) 分析当前继教学院"专套本"招生与培训现状。
(5) 提出存在的问题。
(6) 给出结论与建议。
(7) 按照消费分析报告的结构形成分析报告。

5. 实训检验

每位学生的成绩由两部分组成:学生实际操作情况(40%)和分析报告撰写情况(60%)。

实际操作主要考查学生执行实训步骤的能力;分析报告主要考查学生撰写的消费分析报告的结构合理性及内容表述的清晰性。

学习情境二

消费者研究建模岗位实务

单元 4

消费心理活动的一般过程

【任务描述】

小王在父母餐厅实习的初期,发现进来就餐的大多数顾客都先跟父母打招呼,然后坐下来,连菜单都不看就点了几道菜。小王心里有点不解,顾客怎么连菜单都不看呢?什么价格、什么口味等也不问问?带着这些问题,小王边实习边观察,后来才明白大多数来就餐的顾客是父母的朋友、父老乡亲或老顾客,他们来就餐的原因很多:可能是给父母一个"面子",照顾一下生意;可能是餐厅的就餐环境比较好;可能是服务态度比较好;可能菜肴的口味比较好;等等。但对于小王来说,这些并不是最为重要的,最为重要的是有没有一些带有共性的心理要素彼此联系、相互依赖、共同作用于消费者行为的始终。

其实,小王的问题就是一个统一的消费心理活动过程,因为消费心理过程实质上是客观事物在消费者头脑中的动态反应。小王可以通过理解下表中的任务和要求来弄明白这一心理过程。

任 务	工 作 要 求	学习重点和难点
掌握消费心理的认识过程	（1）正确理解与认识过程相关的一些概念 （2）正确把握感觉、知觉和记忆等之间的关系	（1）感觉、感知和记忆等的概念、类型 （2）感觉、感知和记忆等的影响因素
掌握消费心理的情感过程	（1）正确理解情感过程与认识过程的关系 （2）明确情感分析的内容	情绪与情感的定义、类型和影响因素
掌握消费心理的意志过程	（1）正确区分意志过程与认识过程和情感过程的关系 （2）明确意志分析的内容	（1）意志的特征、品质 （2）意志过程与认知过程、情感过程的关系

【任务实施】

任务 4.1 掌握消费心理的认识过程

消费心理的认识过程是消费者心理活动过程的初始阶段，是指通过消费者的感觉、知觉、记忆、思维和想象等心理活动对商品的特性，以及各方面联系的综合反映过程。通过认识过程，消费者能由表及里地了解各种商品，进而产生情感活动，进一步引发消费行为。

4.1.1 感觉

1. 感觉的含义

感觉是人的大脑对当前直接作用于人的感受器官的客观事物的特性的反映。例如，在商场里，消费者看见各种颜色和款式的服装、听见播放的音乐、闻到化妆品的香味等反应，都属于感觉。

消费者对商品的最初认识主要靠感觉。消费者购买商品都是通过其感官，如眼、耳、鼻、舌等获得初步信息。但消费者通过感觉获得的只是对商品特性片面、孤立的认识，若仅仅依靠感觉对商品作出全面的评价和判断，显然是不恰当的。尽管如此，感觉仍是认识过程和整个心理活动过程的基础和起点。只有通过感觉，消费者才能获取进一步了解商品的必要信息，形成知觉、记忆、思维、想象等较复杂的心理活动，从而对商品产生全面、正确的认识。

虽然感觉是人的感受器官在受到客观事物的刺激时产生的，但是不同性质的刺激物会使人产生不同的感觉。不是所有的刺激都能引起人的感觉，只有在一定的强度和范围内，使人的感官产生反应的适宜刺激，才能引起感觉。人对适宜刺激的感受能力称为感受性，适宜刺激的刺激量称为感觉阈限，感觉阈限的大小可以用来表示感受性的高低，但感觉阈限与感受性是成反比关系的。由于人的机体状态和认知层次的差异，感觉阈限也会因人而异，所以商家在营销过程中要注意到不同消费者对各种强度促销手段的不同敏感程度。这就是为什么高档商场播放的是声音柔和的轻音乐，而迪吧播放的是高声跌宕的激情音乐。

2. 感觉的类型

根据刺激物来源的不同和产生感觉的感受器的不同，可将感觉分为外部感觉和内部感觉。外部感觉是指由于人体受到外部客观事物的刺激所引起的感觉，它的感受器都位于身体表面或接近身体表面的地方，主要包括视觉、听觉、嗅觉、味觉和肤觉。其中，肤觉是一种综合性的感觉，主要包括温度觉、触觉和痛觉。内部感觉是指人的感受器受到自己的机体内部各种刺激引起的相应反应。这些感受器位于体内组织里或内脏器官的表壁上，主要包括平衡觉、运动觉等。其中，平衡觉是由人体位置的变化和运动速度的变化所引起的。人体在进行直线运动或旋转运动时，其速度的加快或减慢就会引起前庭器官（椭圆囊、球囊和3个半规管）中的感受器（感受性毛细胞）的兴奋而产生平衡觉。运动觉是最基本的感觉之一，它为人们提供有关身体运动的情报。产生运动觉的物质刺激是作用于身体肌肉、筋腱和关节中感受器的机械力。大脑皮层中央前回是运动觉的代表区。

消费者主要是通过外部感觉来认识商品特性，而在外部感觉中，消费者获取的信息中又有85%是通过视觉取得的，所以在消费者的各种感觉中，视觉是最重要的。因此，企业要注重广告制作与宣传、购物环境设计与布置、商品外观设计及包装等方面，给消费者良好的视觉刺激，留下美好的印象。

3. 感觉的一般规律

1）感觉适应

感觉适应是指人体的同一感受器的感受性随着刺激物的持续作用而发生变化的现象。例如，从暗处走到明处，受到阳光刺激，起初几秒内什么也看不清，但很快就适应了。一般来说，在外部感觉中除了痛觉之外，其他感觉基本都很容易发生适应现象，而且大多数适应现象表现为感受性的降低。

感觉适应是人们为了在各种条件下生存而产生的必然现象，但它对市场营销活动却有着不利的一面，如消费者对长期播放的重复广告视而不见，对常见的商品不感兴趣，对新装修的商场的气味的不适应等。这就要求商家在广告和商品上不断地推陈出新，迎合消费者的心理，并注意避免不良适应现象的发生。

2）感觉对比

感觉对比是指同一感受器接受不同的刺激物而使感受性发生变化的现象。对比现象分为同时对比和先后对比两种。同时对比现象在视觉中表现得最为常见，如绿叶衬托的红花显得格外鲜艳，黑色背景下的白色服装格外显眼。先后对比现象在味觉中表现得最为明显，如吃过糖后再吃苹果，就会对酸味的感受性提高，觉得苹果并不太甜。对比现象主要提示商家在商品布置、广告设计、卖场设计等方面，要注意利用色彩的对比效果突出商品的形象，如酒店在给顾客上菜时要先咸后甜、先酸后甜等。

3）联觉

联觉就是指各种感觉之间产生相互作用的心理现象，即对一种感官的刺激作用触发另一种感觉的现象。最常见的联觉是"色—听"联觉，即对色彩的感觉能引起相应的听觉，现代的"彩色音乐"就是这一原理的运用。

一般来说，色觉兼有温度感觉。例如，红、橙、黄色会使人感到温暖，故这些颜色被称作暖色；蓝、青、绿色会使人感到寒冷，故这些颜色被称作冷色。暖色往往使人产生接近感，故又称为近色；冷色往往使人产生深远感，故又称为远色。色调还会引起轻重的感觉，深色调的事物显得很沉重，浅色调的事物则显得比较轻快。还有一种色觉称为光幻觉，可伴有味、触、痛、嗅或温度觉。另外，还有"语—色"联觉，即某些词汇引起的色觉。在日常生活中，人们常说"甜蜜的声音""冰冷的脸色"，都是一种联觉现象。人们在绘画、建筑、环境布置、图案设计等活动中经常利用联觉现象以增强相应的效果，对商家开展市场营销活动具有现实的指导意义。

4. 感觉在消费分析中的意义

（1）感觉能使消费者获得对商品的第一印象。感觉是一切复杂心理的基础，消费者只有在感觉的基础上才能获得对商品的全面认识。

（2）对消费者发出的刺激信号强度要适应人的感觉阈限。企业在促销设计过程中，特别是调整价格和介绍商品时，向消费者发出的刺激信号强度要适应他们的感觉阈限。

（3）感觉是引起消费者某种情绪的通道。客观环境给予消费者感觉上的差别会引起他们不同的情绪。

因此，在市场营销过程中，通常对营销人员的感觉器官灵敏度的要求比较高。

4.1.2 知觉

1. 知觉的含义

知觉是指人的大脑对直接作用于人的感觉器官的客观事物的整体的反映，是人们在综合多种感觉的基础上形成的对事物的整体印象的认识。一般来说，在消费者了解商品信息的过程中，消费者能亲自感觉到的商品特性越丰富越充分，对商品的知觉也就会越完整越正确。但是，知觉不是感觉在数量上的简单相加，而是对感觉到的事物的一些特性进行有机整合后的综合反映。此外，知觉的产生还需要依赖知识经验的积累，因此，知觉是比感觉更复杂更高级的心理活动。

2. 知觉的类型

根据知觉产生时所起主导作用的感官特性，知觉可分为视知觉、听知觉和触知觉等；根据知觉所反映的事物内容，知觉可分为时间知觉、空间知觉和运动知觉等；根据知觉的结果是否与客观事物相符，知觉可分为正确的知觉和错觉。其中，错觉是在特定条件下对事物产生的不正确的知觉。错觉现象有图形错觉、大小错觉、空间错觉、时间错觉、方位错觉等，其中最为常见的是视觉方面的错觉。错觉在造型艺术上有特殊意义，因此，其在市场营销活动中被广泛用于橱窗设计、广告设计、包装设计、商品摆放等方面。

案例阅读

价格与质量关系暗示影响广告信息知觉

虽然价格与质量并没有必然联系，但当消费者无法确切获知商品质量时，常把价格的高低作为判断质量优劣的重要标准。消费者一般会认为同类商品中，价格越高者质量就越优。例如，一个卖裤子的商人，卖一种28元一条的裤子，总也卖不出去，一气之下涨价到280元，反而很快被抢购完，卖完后还有人不断来问："那种280元一条的裤子还有吗？"这个案例说明，虽然不能说价格越高越好卖，但要在消费者能接受的范围之内，高价会让消费者感到质量一定更好。这一现象也是形成产品知觉质量的原因。同样店铺形象与所售商品质量之间，同价格与质量一样，不同档次的店铺,可能销售的是同一质量的商品。但店铺形象却对商品形象有重要影响,如大商店、名牌商店经营的产品质量更可靠。利用人们的这种知觉特征,在做商店广告时,应当强调商店的装修、店员的服务气质和水平、商品的价格范围(是高档还是低档)、对来店购物的顾客的承诺等有利于形成商店总体印象的信息,以使消费者知道这是一个什么样的商店。

3. 知觉的特性

从营销的角度来讲,知觉就是消费者对商品及其相关信息的主动反映心理活动。由于消费对象的特点和消费者主观因素的差异,使得知觉表现出独有的活动特征。

1) 选择性

作用于消费者的客观事物是纷繁多样的,消费者不可能在瞬间全部清楚地感知到,但可以按照某种需要和目的,主动而有意地选择少数事物或事物的某一部分作为知觉的对象,或无意识地被某种事物所吸引,以它作为知觉对象,对它产生鲜明、清晰的知觉映象。知觉的选择性既受知觉对象特点的影响,又受知觉者本人主观因素的影响,如兴趣、态度、爱好、情绪、知识经验、观察能力或分析能力等。

当消费者有选择地对其中的一部分刺激物进行清晰的反应时,其余的事物则变成了背景。一般情况下,知觉中的对象和背景是相对的,可以变换的,如图 4.1 所示。

对于消费者来说,知觉的选择性能使消费者在有限的时间内尽快确定购买目标。因此,商家在开展营销活动中,要注意将商品摆放在醒目的位置,或者让商品处于运动的状态,以吸引消费者的注意力,促进其对商品的知觉的产生。

2) 整体性

知觉的对象是由许多部分或许多属性组合而成的,各组成部分也具有各自的特性,但消费者并不会把知觉的对象感知为支离破碎的孤立部分,而总是将它们作为一个整体,如图 4.2 所示。因此,对消费者而言,具有整体形象的事物比局部的、支离破碎的事物更具有吸引力,商家对商品的广告宣传应该把重点放在能突出商品整体形象的相关属性上。影响知觉的整体性的因素很多,如事物之间的接近性、相似性、连续性、封闭性等。

图 4.1 人头花瓶双关

图 4.2 知觉的整体性

3) 理解性

消费者在感知客观对象时,总是会根据以前获得的相关知识经验去解释对象,即知觉的理解性。消费者在知觉过程中，通常会借助积累的商品知识和消费经验，对感觉到的商品信息进行分析和解释，并最终形成概念以确定理解的商品。例如，一个老年消费者在感知 MP4 产品时，他可能将其理解为自己家里的老式录音机的现代版，这样就便于他掌握该电子产品的内在属性和功能，从而形成并记住 MP4 的概念。

对事物的知觉理解除了受消费者自己的知识经验影响外，还受外部信息宣传的影响，如营业员对产品的介绍和企业的广告宣传等都可以帮助消费者更快、更深刻地理解产品的特性，更准确地形成产品概念。

比方说，在看到图 4.3 时，人们说不出它是什么意思，甚至感觉它是无意义的。一旦告诉人们那是一只达尔马提亚狗，人们会发现再把这幅图理解成无意义的几乎是不可能的，因为把它解释成无意义的不符合人们过去关于达尔马提亚狗的经验。

图 4.3　知觉的理解性

4）恒常性

由于知识经验的积累和整体知觉的作用，即使知觉的条件发生了变化，但消费者已经形成的知觉映象仍能保持相对不变，即知觉的恒常性。

知觉的恒常性在一定的条件下可能会被破坏。例如，距离超过 1 000 米的物体，形状知觉的恒常性会被破坏；在色光和强光下，颜色知觉的恒常性也会被破坏。影响知觉的恒常性的因素主要是理解的作用，即经验的作用。由于消费者能够不受观察条件、距离等因素的影响，而始终根据经验按照事实的本来面目来反映事物，从而可以有效地适应环境。经验越丰富，越有助于消费者感知到知觉对象的恒常性，有助于消费者全面、真实、稳定地反映客观世界，使消费者能够更好地适应环境。这一特征使消费者能够避免外部因素的干扰，在复杂多变的市场环境中保持对商品的一贯性经验认识，有助于企业培养消费者的品牌认知和品牌忠诚心理；但知觉的恒常性也会阻碍消费者对新产品的认知，不利于企业对新产品的推广。

4. 知觉的影响因素

消费者的知觉主要是由外部刺激因素和内部主观因素决定的，并且外部刺激因素和内部主观因素之间又是互相联系和互相作用的。

1）外部刺激因素

外部刺激因素主要包括刺激物的大小、强度、色彩、位置、活动、对比、隔离、距离、相似等。这些因素对知觉的影响在广告的运用中比较明显，如大的物体比小的物体、洪亮的声音比低沉的声音、鲜明的色彩比暗淡的色彩、活动的物体比不活动的物体，更容易引起消费者的知觉。

2）内部主观因素

内部主观因素主要包括消费者的需求、动机结构、态度、期望、过去的经验、价值观、瞬间的情感等。这些因素对消费者的知觉对购买行为有很大的影响。研究表明，消费者的各种需要对它选择什么作为知觉对象，主要在于消费者如何理解和解释这些对象，如一个饥饿的人会选择食物作为知觉对象，不仅生理的需要能影响知觉，而且精神的需要也能影响知觉。消费者的期望就是一种潜在的需要，广告设计能驱使消费者去感知某种对象，即消费者的知觉往往集中在他所期望的商品上。

5. 知觉在消费分析中的意义

（1）知觉的选择性帮助消费者确定购买目标。消费者带着既定的购买目的去逛商店，能积极主动地在琳琅满目的商品中选择所要购买的商品。这是由于购买目标成为符合消费者知觉目标的对象，从而感知得很清楚。

（2）错觉在造型艺术上具有特殊作用。错觉的产生，可能由于知觉对象被背景或参照物所干扰，也可能由于受消费者过去经验的影响。

（3）知觉的整体性在广告中广泛应用。知觉的整体性特征告诉人们，具有整体形象的事物比局部的、支离破碎的事物更具有吸引力和艺术性。它可以使优秀的营销人员能够同时接待、照顾几位顾客，有较宽的接待服务面。营销人员在向消费者推荐商品时，应学会运用人们知觉中产生错觉的心理状态，合理、科学地推荐商品，提高服务艺术。

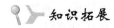 知识拓展

感觉与知觉的异同

感觉是人脑对直接作用于感觉器官的事物的个别属性的反映，是反映现实最简单的心理过程。知觉是人脑对直接作用于感官的事物的整体反映，是将各种感觉有机的结合而成的综合的、整体的反映。

感觉和知觉是两个不可分割的基本心理过程。它们的共同点是它们都是对客观事物的反映，映像都是客体的具体的形象，属于认知过程的感性阶段，其源泉是客观现实；它们都是对客观事物的直接反映，客观事物作用于感官，感觉与知觉才会产生，事物消失了，感觉和知觉也就消失了。

感觉和知觉的区别主要有：第一，感觉是对事物个别属性的反映，知觉是对事物整体的反映；第二，感觉的产生依赖于客观事物的物理属性，相同的刺激会引起相同的感觉，而知觉不仅依赖于它的物理特性，还依赖于知觉者本身的特点，如知识经验、心理状态、个性特征等，知识经验的映像比较突出；第三，感觉是某个分析器活动的结果，知觉是多个分析器活动的结果。

4.1.3 记忆

1. 记忆的含义

记忆是指过去的经历在人的大脑中保持相当长的一段时间，以后在一定条件的影响下可

重新得到恢复。人们对感知的事物、做过的事情、体验过的情感都会在脑海中留下印象，形成经验，这就是记忆机理。

消费者通过感知从外界获取的各种商品信息，并将其保留在脑海中使其成为知识和经验，以备用于消费决策时的推理和判断。如果消费者对感知到的商品广告、卖场形象、消费经历等不能进行记忆，那么在消费决策过程中就不能提取出有用的客观依据，也就无法作出正确的判断和选择。

2. 记忆的过程

1) 识记

识记是一种有意识地反复感知，从而使客观事物的印记在头脑中保留下来，成为映像的心理过程。整个记忆过程是从识记开始，所以识记是记忆过程的第一步，是记忆的基础。消费者要想形成对商品的记忆，就要运用各种感官去接触商品，在大脑皮层上建立商品各种属性的联系，留下商品整体印迹，从而识记商品。

2) 保持

保持就是过去经历过的事物映像在头脑中得到巩固的心理过程，它可以使识记的信息长久地保留在头脑中。例如，消费者在购买商品前的货比三家，就是要记住所对比商品的各自特点；购买商品后的使用效果，也会保留在头脑中而成为消费经验，影响其以后的消费决策。但是，保持并不是一成不变的，随着时间的推移和后来消费经验的影响，消费者会对有些已经识记和保持的信息发生遗忘现象。遗忘的主要原因在于识记后缺乏复习和巩固。有心理学家发现了遗忘的规律，即遗忘进程是不均衡的。在识记的最初阶段遗忘的速度很快，后来逐渐减慢，经过相当长的一段时间后，几乎就不再遗忘了。这条规律告诉企业要想使消费者保持对商品或品牌的记忆，就必须通过广告等手段适时、连续地给消费者加以刺激，使消费者不厌其烦地"复习"接触过的商品信息，从而长久保留其对商品的深刻印象。

3) 回忆

回忆也称为重现，是过去经历过的、不在眼前的事物在头脑中重新显现出来的心理过程，或是在不同情况下恢复过去经验的过程。例如，一个消费者告诉他的朋友，自己的手机是去年到外地旅游时在国美电器购买的，这就是回忆。

4) 再认

再认是指人们对再度重新出现的过去经历过的事物在头脑中被识别出来的心理活动过程。例如，一个消费者在北京的好又多超市认出了曾经在河北喝过的衡水老白干，这就是再认。

综上所述，记忆的 4 个环节是彼此联系的，识记和保持是回忆和再认的前提，通过回忆和再认，可以进一步巩固识记和保持。

3. 记忆的类型

1) 根据记忆内容的不同分类

（1）形象记忆。形象记忆是指以感知对象的事物形象为主要内容的记忆。形象记忆是消费者大量采用的一种记忆形式，其中又以视觉形象记忆和听觉形象记忆为主。

（2）逻辑记忆。逻辑记忆是指以概念、判断、推理分析等为主要内容的记忆。例如，商品的性能、使用说明等均属于逻辑记忆。逻辑记忆是通过语言的作用和思维活动来实现的，对消费者的逻辑思维能力要求较高。企业在宣传高新产品时，要尽量使其通俗化、形象化，这样有助于消费者理解和记忆。

（3）情绪记忆。情绪记忆是指以体验过的某种情绪或情感为主要内容的记忆。情绪记忆比其他记忆更为深刻和持久。商家的优质服务、良好的购物环境和质优价廉的产品，都会令消费者获得美好的情绪记忆。

（4）运动记忆。运动记忆是指以做过的运动或动作为主要内容的记忆。例如，消费者对在超市中拥挤地抢购特价商品、长时间地排队付款等行为的记忆。

2）根据记忆保持时间长短的不同分类

（1）瞬时记忆。瞬时记忆是指极其短暂的记忆。瞬时记忆的时间一般不超过 5 秒，其特点是信息量大但记忆时间很短。在瞬时记忆中呈现的信息，如果没有被注意，就会很快消失；如果被注意，就会转化为短时记忆。

（2）短时记忆。短时记忆是指在头脑中储存时间比瞬时记忆时间要长一些，但一般不超过 1 分钟的记忆，如看过的广告及其电话号码等。

（3）长时记忆。长时记忆是指记忆时间在 1 分钟以上，直至数日、数年，甚至保持终生的记忆。长时记忆的信息容量相当大，并且以有组织的状态保存信息。因此，企业运用各种宣传促销手段的最佳效果，就是使消费者对商品品牌或企业形象形成长时间的良性记忆。

4. 记忆效果的影响因素

1）目的性

如果消费者是在消费需求和购买动机的支配下主动进行商品信息的搜集，那么对这些信息的记忆效果一定好于在漫无目的、被动的状态下接触的商品信息的记忆。

2）理解性

如果企业的产品说明书、商场导购员的产品介绍能够让消费者真正理解的话，那么消费者对所获得的商品信息的记忆效果就会更好一些。

3）活动性

如果消费者能够亲自参与商品的组装、制作过程，或亲身体验商品的性能，那么对所掌握的商品信息的记忆就会更加深刻。

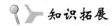知识拓展

消费者的联想

联想是回忆的一种特殊形式，是由当前直接感知到的事物或曾经历过的事物而回想起与之相关的另一种事物的心理过程。联想心理在企业的产品宣传和品牌形象记忆方面有着重要的影响。按照所反映事物的关系不同，联想可分为以下 4 种类型：

（1）接近联想。通常时间和空间上比较接近的两种事物，在记忆中最容易产生联想。例如，人们在购物时常常会产生一种原产地联想，即一定要买正宗的产品，把某种特色和一定地域联系起来。例如，要买瓷器，就买景德镇的瓷器；要买烤鸭，就买北京烤鸭；要买名贵酒，就买贵州的茅台酒。

（2）相似联想。这是由某一事物的感知或回忆而引起对与其性质相似或相近事务的回忆。例如，人们看到有人开着奔驰或宝马汽车，就会想到财富、身份和地位。

（3）对比联想。对比联想即由某一事物的感知或回忆引起对具有相反特点事物的回忆。例

如，在烈日当头时，人们会产生购买遮阳伞或防晒露的对比联想。

（4）关系联想。关系联想是指由事物之间的各种联系而形成的联想。例如，人们由购买商品房进而想到如何装修和购买家具等。

4.1.4 想象

1. 想象的含义

想象是指用过去感知过的材料进行加工改造而形成新形象的心理过程。要产生想象，必须具备3个条件：一是想象必须建立在有过去已经感知过的经验的基础上，也可以是前人、他人已有的经验；二是想象必须依赖于人脑的创造性，需要对表象进行加工，而不是表象本身；三是想象是新的形象，是主体没有直接感知过的事物。

消费者在选购商品时，常常会借助想象来评价商品的效用，并决定是否购买。因此，企业的广告画面和营销人员的语言描绘，都能够激发消费者的想象，加深其对商品的认识。

2. 想象的类型

（1）无意想象。无意想象又称随意想象，是指没有特殊目的、不自觉的想象，是最简单、最初级的想象形式。例如，商品广告所引发的想象多数都是无意想象。

（2）有意想象。有意想象是指根据一定目的，自觉地进行的想象。例如，消费者在选购商品时的想象基本都是有意想象。

3. 想象在消费分析中的意义

（1）消费者在评价商品时常伴随着想象活动。想象对消费行为产生一定影响。例如，消费者评价一套豪宅及其高级组合家具，经常伴随着对生活环境一种美好效果的想象；购置高档耐用消费品，往往具有显示经济实力或社会地位，即延伸人格的想象。

（2）想象在商业广告中具有心理效力。在商业广告中，有意识地增强广告激发想象的效果，是不可缺少的心理方法。在商业广告中运用想象提高广告效果的方法很多，可以用消费者熟知的形象来比喻产品的形象和特点。

（3）营销人员的工作需要一定的想象力。成交率的高低在很大程度上，取决于营销人员的再造性想象有无差错。优秀的营销员应该能够想象出哪种商品适合客户的需要。同时，在诱导顾客的过程中，要以自己的想象力去丰富顾客的想象力。

4.1.5 思维

1. 思维的含义

思维是人的大脑对客观事物的本质属性、内在联系和发展规律的心理过程，是对客观现实间接、概括的反映。思维的产生离不开感知和语言这两个条件。只有通过感知，才能获得思维的素材；只有依靠语言，才能表述和交流思维的内容。

2. 思维的过程

1）分析

分析就是把整体分割成部分，把复杂的问题分解为简单的要素，分别找出它们的本质属性和彼此之间的关系。

2）比较

比较就是把各种事物加以对比来确定它们之间的异同和联系。没有比较就没有鉴别，而比较又是在分析的基础上进行的。

3）抽象

抽象就是把各种现象或对象的共同属性、本质特征同其他属性、次要特征分离开来。

4）综合

综合就是在分析比较的基础上，把事物的个别部分和局部联合为一个整体。

5）概括

概括就是把抽象出来的对象的本质特征、相互联系及其规律加以总结，形成概念。

6）系统化

系统化就是通过分析、综合把整体的各个部分归入一定的类别系统中。

7）具体化

具体化就是把经过概括得到的知识和原理运用到具体问题的解决过程中。

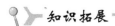

想象与思维的关系

1. 想象与思维的联系

想象离不开思维，人们在探索和解决新事物时，必须有思维活动的参加。两者都是比较高级的认识活动。

2. 想象与思维的区别

想象活动的结果是以具体的表象形式表现出来的，思维的结果则是以概念的形式表现出来的。

任务4.2 掌握消费心理的情感过程

通过消费心理的认识过程，消费者对各种商品特性进行由表及里的全面了解，而在知道了商品的用途后，他们往往会衡量该商品是否能满足自己的需要。这时认识过程就会过渡到情感过程。

4.2.1 情绪与情感的概念

情绪与情感是人们对客观事物是否符合自己的需要、愿望而产生的态度体验。人们在认识客观世界、改造客观世界的过程中，客观事物会对人类产生某种意义，因而人们对这些事物就会产生某种态度，这种对客观事物的态度总是以带有某些特殊色彩的体验形式表现出来。情绪与情感反映的不是客观事物本身的属性，而是反映客观事物属性与人们的需要之间的关系。例如，买到优惠价商品的消费者一定会十分高兴，没买到优惠价商品的顾客会比较失落，而买到质量有问题商品的顾客则会非常生气。

通常消费者的情绪与情感直接表现为消费者的主观心理感觉，消费者对其需求被满足与否，以及被满足的程度、方式的主观心理感受。消费活动是一种满足需要的活动，它是通过商品的实际购买、使用来实现的。消费者在选购过程中,对于符合心意、满足实际需要的产品和服务会产生积极的情绪与情感,它能增强消费者的购买欲望,促进购买行为的发生。

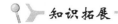

情绪与情感的关系

1. 情绪与情感的联系

在心理学中,常常把情绪与情感称为感情。情绪与情感是从不同的角度来表达感情这种复杂心理现象的。在实际生活中,情绪与情感往往交织在一起,难以截然分开。情绪是情感的外在表现,情感是情绪的本质内容,在使用过程中两者并没有严格的区别。

2. 情绪与情感的区别

一般来说,情绪是较低级的心理现象,属于表层心理,常常用于感情的表达方式,一般与心理是否得到满足相联系,由特定的条件所引起,并随条件的变化而变化,表达形式比较短暂,具有较大的情景性和冲动性。情感是较高级、深层次的心理现象,与情绪相比较,它带有较大的稳定性和深刻性。

4.2.2 情绪与情感的类型

1. 根据情绪的性质分类

1) 快乐

快乐是指消费者个体的目标得到实现、需要得到满足时的态度体验。快乐又可分为满意、愉快、欢乐、狂喜等不同程度的状态。企业的营销活动应当全方位地让消费者在消费过程中得到快乐,这有助于培养消费者的忠诚消费行为。

2) 愤怒

愤怒是指消费者个体的行为目标受到干扰、破坏、打击而无法实现目标的态度体验。愤怒可分为不满意、生气、愤怒、暴怒等不同程度的状态。

3) 恐惧

恐惧是指消费者个体由于缺乏心理准备,不能应付、处理或摆脱突然出现的某种可怕的或危险的情景所产生的态度体验。恐惧可分为紧张、焦虑、害怕、惊恐等不同程度的状态。

4) 悲哀

悲哀是指消费者个体失去所钟爱的对象或追求的目标而产生的态度体验。悲哀可分为遗憾、失望、难过、悲伤、哀痛等不同程度的状态。

2. 根据情感的内容分类

1) 道德感

道德感是指消费者个体根据社会行为标准评价自己或他人的言行时所产生的态度体验,是一种最高级形式的社会情感。在消费过程中,营销人员良好的职业道德和热情的服务态度,对激励消费者的购买行为起着重要的影响作用。

2) 理智感

理智感是指消费者个体的求知欲望是否得到满足而产生的态度体验。它是在认识过程中产生和发展起来的,会推动认识过程的深入进行。例如,消费者对时尚新潮的服装会产生好奇，好奇心会促使其进一步去了解这些产品，而在接触和了解这些产品之后，又会引发他们其他的情绪与情感。因此，理智感对消费者在购买过程中的情绪变化起着重要的推动作用。

3）美感

美感是指消费者的审美需要是否得到满足而产生的态度体验。由于消费者的社会地位、经济条件、文化修养、社会实践等方面的差异，其审美标准也各不相同。一般来说，同一个社会群体成员有着近似的美感。企业在产品定位后，一定要把握消费者的审美标准，做到商品的外在美与内在美相统一，以赢得更多消费者的青睐。

消费者在产生情感反映后，就很容易支配其消费行为。因此，商家必须杜绝容易对消费者的情绪和情感产生负面影响的营销做法，真正做到让消费者乘兴而来，满意而归。

4.2.3 情绪与情感的主要影响因素

1. 商品因素

在消费者对商品进行感知的过程中，会格外关注商品的品牌、包装、款式、花样、性能、质量、价格等因素，消费者的情绪与情感，也会经常受到这些因素的直接影响，并进而左右其消费行为的发生。因此，企业应该重视利用商品本身的各种因素来赢得消费者的好感。

> **案例阅读**
>
> ## 路易·威登的极简哲学
>
> 路易·威登这个名字传遍欧洲，成为旅行用品最精致的象征。延续至今，不论后来延伸出来的皮件、丝巾、手表、笔，甚至服装，都是以路易·威登一百多年来崇尚精致、品质、舒适的"旅行哲学"，作为设计的出发基础。路易·威登提出一个"从零开始"的极简哲学，主张简约、实用。路易威登的高贵精神和品质不变，其数年延续不变的两色格子图案揭示出路易·威登想要传达的品牌精神：同时具有光明和黑暗才是真实人生。路易·威登在制作一个路易威登皮夹，就必须要经过1000道工序；其公事包在设计之初，都会在实验室，进行连续两周不断开关都不会变形的考验测试，严格的品质考验。几乎用过路易·威登皮件的消费者都知道，路易·威登皮件即使用过十几年，都还是可以完好如初。有传闻说，"泰坦尼克号"沉没海底数年后，一件从海底打捞上岸的路易·威登硬型皮箱，竟然没有渗进半滴海水。路易·威登之所以能成为百年经典的关键原因在于让消费者享用贵族般的品质。也就是说，路易·威登这些对产品质量几乎有些苛刻的高标准严要求，是为了满足消费者内心追求基于实干精神的优异甚至于完美的情感需求。路易·威登的客户群年龄较大，故其情感上更偏向于成熟、稳重。使用路易·威登的皮包，让他们感到自己的高贵和成熟。

2. 环境因素

购物环境的硬件条件及其所营造出来的购物氛围，对于调动消费者的消费情绪起着重要的刺激作用，尤其在消费者将逛购物场所变成了休闲生活方式的今天，商家也比以往任何时候都更加注重对购物环境的精心设计和布置，以吸引消费者前来消费。

3. 人员因素

人员因素主要是指购物场所的营业人员的服务态度以及营业员与消费者的交往状态，这些都会对消费者的情绪与情感产生一定的影响。商家应该对营业员的仪表、服务语言、服务态度等提出规范化的要求。同时，营业员应该不断总结和提高与消费者交往的服务技巧，以充分发挥人员因素对消费者的积极影响。

4. 心态因素

消费者的心态直接影响和激发其情绪与情感，这种情绪与情感反过来又影响消费者的心理状态，两者相互影响，共同推动消费者购买行为的发生。一般来说，消费者的兴趣越浓，需求水平越高，购买心情就越佳，购买动机就越强，购买目标就越明确；相反地，购买心情越差，购买动机就越弱，目标也就越不明确。

案例阅读

普拉达的行业本质精神

普拉达投资拍了一部电影《穿普拉达的女魔头》，其中把普拉达的品牌内涵表达得淋漓尽致。这部电影的主角就是一个著名时尚杂志的总编米兰达，在公众眼里，米兰达是个非常男性化的"女魔头"，享受着无数的鲜花和掌声。她穿着男性化的黑色服装，拿着难看的普拉达手机，她是个极坚强的女人，呼风唤雨，独断专行，看起来根本不需要男人。米兰达只有在夜深人静的时候才能表现出软弱和小女人的一面，可是到第二天早上起来开新闻发布会的时候，她又是一个不需要男人的女魔头。然而，这就是普拉达的行业本质精神——普拉达女人，新时代最有征服势力的女性。

普拉达的定位是年纪稍大而且比较男性化的女人，她们在一个男人主宰的商业社会，她们永远以一个巾帼英雄般的强势心态出现，展现着女人身上的坚定与锋芒。普拉达所捕捉的消费者情感因素，就正是那些女强人在最柔弱内心的外围所铸造的坚强、不服输与不示弱，这在极大程度上满足了这部分女性消费者对自我价值实现、女性独立、男女平等的心理追求。

任务 4.3　掌握消费心理的意志过程

4.3.1　意志的概念

意志是指消费者自觉地确定购买目的，并主动支配调节购买行动，克服困难，以实现预定目标的心理过程。意志是人的大脑所特有的产物，是人的意识的能动作用的表现。人们在进行某种活动之前，活动的结果已经作为意志行动的目的而观念性地存在于头脑之中。要把观念转变为现实，必须以预定的目标来指导、激励自己的行动，排除干扰，克服困难，从而达到行动的目的。因此，意志过程是人的内部意识向外部动作转化的过程。

消费者在复杂的购买活动中，不仅要通过感知、记忆、想象、思维等活动来认识商品，伴随着认识产生一定的情绪体验，而且依赖于意志过程来确定购买目标，并排除各种主客观因素的影响，采取行动，以实现消费目的。意志具有以下 3 个方面的特征：

（1）目的性。消费者的活动是有意识、有目的、有计划的活动。在消费行为中，正是意志的目的性使得消费者在行动之前确定明确的购买目的，并有计划地根据购买目的支配和调节自己的购买行为，以期获得购买目标，实现既定目标。

（2）能动性。为了实现既定目的，消费者会自觉、主动地采取行动来改变环境，以满足自己的需要。因此，意志集中体现出消费者的心理活动的自觉能动性。

（3）调节性。意志对消费行为的调节表现为发动和制止两个方面。发动是指推动消费者去从事能达到目的所必需的行动，而制止则是指阻止不符合预定目的的行动。意志对心理的调节性表现为可以调节认识活动和情绪活动。

4.3.2 意志过程分析

在消费者的实际购买活动中，意志过程表现为一个复杂的影响消费行为的过程。为了便于了解和理解这一排除干扰、克服困难、支配行为的过程，可以将消费心理的意志过程分为消费决策的制定阶段、消费决策的执行阶段和体验执行效果阶段这3个相互联系的阶段。

1. 消费决策的制定阶段

这是消费者决定购物之前的准备阶段，是消费活动的初始阶段。在内、外部刺激的作用下，消费者会产生对商品的消费需求和购买动机。具体消费需求和购买动机的多样性，导致在实际变化的情境中往往会发生一些矛盾，消费者必须搜集相关信息，根据主、客观的实际情况来权衡各种购买动机，对需求目标进行取舍，以确定必要的购买目标。再加上消费者还要在制订购物计划时考虑选择购买时机、购买方式、购买价格等问题，使得这一决策过程中的一系列活动，必须依靠意志来支配和调节；否则，消费者就很难理性地作出消费决策，从而会影响其消费活动的质量。

2. 消费决策的执行阶段

这是消费者决定购物的实施阶段，是消费活动的完成阶段。消费者为了实现消费目的，会按照消费决策制订的计划深入购物地点，选择具体的商品。但消费者可能会遇到各种内外干扰因素的影响，如商品价格的上涨、商品型号的变化、商品数量的减少、抢购人员的增多、等候结账时间的延长等，这使得消费者必须要用意志来调控自己的认知、情绪和行为反应，克服这些因素的不良影响，重新调整消费决策，以理性的行为保障消费目的和权益的实现。

3. 体验执行效果阶段

完成购买行为之后，其实消费者的意志过程并未结束，通过对商品的使用，消费者还要体验执行购买决策的效果，如商品的功能是否良好，使用是否方便，外观设计与使用环境是否协调，实际效果与预期效果是否一致等。在上述体验的基础上，消费者将评价自己本次购买行为是否明智。对购买决策的检验和反省对以后的购买行为具有一定的参考价值，它将决定消费者以后是重复购买还是拒绝购买，是扩大购买还是缩小购买此商品。

4.3.3 意志品质分析

意志在影响消费行为的过程中，会体现出截然不同的性质，这就是意志的品质。归纳起来，良好的意志品质主要有自觉性、果断性、坚韧性；与此相对应，不良意志品质主要有盲从性、犹豫性、脆弱性。意志的品质也是消费者性格特征的一部分，它使消费者的行为具有独特的个人色彩。

1. 自觉性

自觉性是指消费者对自己的消费需求有着清醒的认识，在自身消费需求的支配下，主动制订购物计划,并按计划寻找合适的消费目标。如果遇到干扰因素,也会自觉调整购物计划,独立调控自身的行为,使消费活动始终在理性思维的指导下进行。与自觉性品质相对立的是盲从性,表现为消费者缺乏主见,易受他人和营销手段的影响,易发生冲动的购买行为。

2. 果断性

果断性是指消费者具有丰富的消费知识和消费经验,在消费决策的过程中能够快速思考,正确作出方案抉择。即使是面对购物计划外的商品,也总能全面地思考,准确判断商品的效能和性价比,及时把握购物的好时机。与果断性品质相对立的是犹豫性,表现为消费者缺乏决断力,在消费决策时不是优柔寡断就是草率武断。

3. 坚韧性

坚韧性是指消费者在购物活动过程中表现出持久的耐力和顽强的毅力,在消费信念和决心的指引下,保持较高的购物热情,能够克服各种困难,直到实现消费目的。与坚韧性品质相对立的是脆弱性,表现为消费者缺乏足够的耐力和品牌的忠诚,在遇到困难时容易改变或中止自身的购买行为。

 知识拓展

意志过程与认识过程、情感过程的关系

意志过程和认识过程、情感过程是消费心理活动过程中统一的、密切联系的3个方面。

1. 意志过程与认识过程的关系

意志过程有赖于认识过程,又能促进认识过程的发展变化,能给认识过程以巨大的推动力。若对商品没有一定的认识,消费者就不能作出购买决策,而意志过程的3个阶段又必然影响到认识过程中的各种活动,使消费者获得对商品新的认识。例如,在购买活动中,有些消费者由于购买行为没有目的性,或者对商品缺乏充分的认识而在购买过程中表现得犹豫不决,而有些消费者通过意志的努力,克服购买过程中的困难,往往能对商品产生新的认识,从而实现购买行为。

2. 意志过程与情感过程的关系

意志过程既有赖于情感过程,又能导致情感过程的发展和变化。若没有积极的情感推动,消费者就难以作出和实施购买决定,而意志过程又可以控制和调节情绪,并因消费者内心冲突和外部障碍的解决,而促使情绪向好的方向转化。例如,消费者在愉快心情的影响下,实现购买目的的决心会比较大,这可能鼓舞意志行动的实现;反之,则会阻碍意志行动的实现。

但通过意志过程,有些消费者的情绪可能会受到一定的抑制,而随着意志行动的实现,他们的情绪也可能向积极的方向发展。

 单元小结

本章介绍了消费心理活动的3个过程,即认识过程、情感过程和意志过程。

认识过程包括感觉、知觉、记忆、思维、想象5种心理现象。情感过程包括情绪和情感两种心理现象。意志过程主要指意志心理。认识过程是所有心理活动的基础,情感过程是由认识过程转到意志过程的纽带,意志过程是由心理转向行为的关键。

消费心理的3个过程是紧密联系,共同在消费者的消费过程中发挥着影响和制约作用。

课后习题

一、名词解释

感觉　　知觉　　记忆　　情绪与情感　　意志

二、单选题

1. 下列不属于感觉的一般规律的是（　　）。
   A. 感觉适应　　　　　　　B. 感觉对比
   C. 感觉想象　　　　　　　D. 联觉

2. （　　）不是根据知觉产生时所起主导作用的感官特性进行划分的知觉类型。
   A. 视知觉　　　　　　　　B. 时间知觉
   C. 听知觉　　　　　　　　D. 触知觉

3. （　　）的过程主要包括识记、保持、回忆和再认。
   A. 记忆　　　　　　　　　B. 知觉
   C. 思维　　　　　　　　　D. 感觉

4. 下列（　　）不是意志的特征。
   A. 目的性　　　　　　　　B. 能动性
   C. 调节性　　　　　　　　D. 自觉性

5. （　　）是指消费者个体的行为目标受到干扰、破坏、打击，而无法实现目标的态度体验。
   A. 快乐　　　　　　　　　B. 愤怒
   C. 恐惧　　　　　　　　　D. 悲哀

三、判断题

1. 外部感觉是指由于人体受到外部客观事物的刺激所引起的感觉，它的感受器都位于身体表面或接近身体表面的地方，主要包括平衡觉、运动觉等。（　　）
2. 在外部感觉中，所有的感觉基本都很容易发生适应现象。（　　）
3. 酒店在给顾客上菜时要先咸后甜，先酸后甜，这是运用了感觉对比。（　　）
4. 感觉是比知觉更复杂、更高级的心理活动。（　　）
5. 影响知觉的理解性的因素很多，如事物之间的接近性、相似性、连续性、封闭性等。（　　）

四、填空题

1. 消费者对商品的最初认识主要靠＿＿＿＿。
2. 知觉的特性有＿＿＿＿、＿＿＿＿、＿＿＿＿和＿＿＿＿。
3. 消费者的知觉往往集中在他所＿＿＿＿的商品上。
4. 根据记忆的内容不同，记忆可分为＿＿＿＿、＿＿＿＿、＿＿＿＿和＿＿＿＿。
5. 消费者在选购商品时的想象基本都是＿＿＿＿。

五、简答题

1. 简述感觉在消费分析中的意义。
2. 简述知觉的影响因素。
3. 简述记忆的影响因素。
4. 简述产生想象的条件。
5. 简述意志过程与认识过程、情感过程的关系。

案例分析

周生生电子商务部副总经理 Rose 介绍:"周生生集团赋予周生生电子商务部的使命非常清晰:培育年轻客群、覆盖传统分店覆盖不到的区域、品牌传播和提高周生生的品牌美誉度。"虽然有清晰明确的规划,但周生生电子商务的开展并不是一帆风顺。2012 年一整年,困扰始终围绕着周生生电子商务业务。由于周生生集团坚持线上、线下售价一致原则,线上渠道不能用低于实体店的价格促销,淘宝常用的营销手法完全用不上。因此,周生生的电子商务发展速度和那些在价格上可以灵活变通的竞争对手相比明显滞后。就在周生生的电子商务受制于价格因素,并迟迟找不到突破口的时候,一次宣讲让 Rose 找到了突破点。

谭某就职于淘宝旗下一淘客户销售部。2012 年年底,谭某为一个服装品牌的电子商务部分做一个关于情感营销的宣讲,听者中有周生生电子商务部副总经理 Rose。听完这个宣讲,Rose 想,服装品牌可以做情感营销,那么珠宝品牌是不是也可以呢?在那之前,其他珠宝品牌线上电子商务的营销推广还没有涉及情感营销。在电子商务粗犷发展单纯追求销量的阶段,打折促销永远是吸引顾客的王牌。

有了这个想法,Rose 联系了谭某。联系珠宝品牌的特性和情感属性,她们决定在即将来临的 2013 年情人节进行一次情感营销的尝试。经过了一段时间的准备之后,周生生电子商务情感营销的第一次尝试,在 2013 年情人节前上线了。

2013 年的情人节是农历正月初五,处在春节假期里,正是都市小情侣和小夫妻们商量着回谁家过年的时候。在大多数家庭都是独生子女的现在,过年回谁家往往让都市男女们纠结万分,甚至会因此闹别扭。周生生结合这一现状,策划了"爱?回家"的情人节活动,给纠结回谁家过年的男女搭建沟通平台,让他(她)充满爱意地邀请她(他)回家过年。

"情人节的活动结束之后,我们的销售额并没有达到预期效果。但活动结束后的一些现象引起了我们的注意——活动结束后周生生天猫店的日均销售额相比于活动之前有了明显的增长,而且增长速度远快于我们的竞争对手,这让我们感到非常意外。我想,珠宝也许比其他品类更适合用情感来打动消费者。" Rose 说。

基于这样的结果,2013 年 4 月,周生生又在线上推出了针对母亲节的营销推广活动。这次活动的主题定为"妈妈的谎言",引发受众回想在我们成长过程中母亲说的那些"特别的谎言"——"妈妈不爱吃鱼""妈妈已经尝过了""妈妈不热,风扇对着你吹就行了"——这些谎言代代相传,就像母亲对孩子的爱那样周而复始,生生不息。

在这次活动中,淘宝专门搭建了 Minisite(周生生天猫 PC 端),淘宝用户只需要登录淘宝账号即可写下自己妈妈曾经说过的"谎言"和母亲节对妈妈感恩的话并分享,就有可能得到活动奖品。

由于淘宝网上其他推广手段的配合和微博投放的资源,这次活动效果非常可观——活动总曝光 2.9 亿次,互动人数 8.7 万;活动期间(2014 年 4 月 15 日—5 月 15 日),销售目标达成率 181%,与上月对比销售增长率 466%。在 2013 年 4 月 15 日—5 月 12 日,周生生在天猫搜索结果前十二名覆盖率高达 58%,远超覆盖率仅为 17% 的第二名。"珠宝的设计理念、蕴含寓意所代表的情感价值更胜于物料价值。我们做的两次营销活动,切合了消费者的情感诉求,与消费者达到了共鸣。" Rose 介绍说,母亲节推广活动的成功,进一步加强了周生生电子商务部对情感营销的信心。此外,周生生作为入驻淘宝系的所有珠宝品牌中第一个开启情感营销的品牌,也引领了其他线上珠宝品牌情感营销的热潮。

随着中国情人节——"七夕"的临近,周生生七夕推广活动"寻找伊莎贝拉"也于 2013 年 7 月 16 日正式上线。在这个活动中,伊莎贝拉成为爱的化身。周生生希望通过背景故事表达:爱一直在身边,只是容易被忽略。爱要表达出来,让他(她)知道才有意义。"生活中经常出现这样的现象——相恋已久的恋人或者是结婚一段时间的爱人之间,感情不再像刚恋爱和刚结婚时那么浓烈。通电话时男生不再等女孩先挂电话、男生总是一大早出门女孩一整天都见不到他人——女孩可能会以为男孩不爱她了,但其实男孩恰恰是因为要早点做完工作回家陪她才赶紧挂电话的,他一早出门也忘了给她准备早饭。那么我们就想通过这个活动告诉这个女孩:生活里不是没有爱,其实爱就在你身边,只是被你忽略了。而对于这个男孩,我们想说:

心里有爱，那么就说出来或者表示出来。你不说，不表示，她可能会以为你不爱她了。"Rose 介绍本次活动中的场景故事。那么，本次活动又提供了怎样的沟通平台呢？谭某向周生生介绍了活动的玩法：这次活动打通 Minisite——淘宝无线（一淘火眼）——周生生在全国 9 个城市（北京、上海、杭州、广州、深圳、福州、西安、成都、沈阳）的实体店。玩家在天猫 Minisite 通过"寻找伊莎贝拉"游戏捉到周生生的品牌蝴蝶，然后在上面写下"爱的告白"放飞到他(她)所在区域，再通知他(她)打开一淘火眼去捉。当他(她)捉到这只蝴蝶的时候，就可以看到蝴蝶捎来的告白。活动期间，周生生九大城市的指定实体店方圆 2 千米的区域，玩家都可以通过手机的一淘火眼捕捉和放飞"寻找伊莎贝拉"。"这是很创新的玩法，周生生方面不仅将活动拓展到了无线终端，更涉足时下正热的 O2O 领域。网店与实体店互动，相互倒流量，虚实互补会让品牌公司的电子商务发展更为良性和稳健"，谭某说。除了应景的情感故事和时尚的玩法，周生生此次活动主推新款铂金对戒。铂金作为爱情永恒不变的象征，非常贴合"七夕"的节日氛围。为了呼应铂金和爱情之间的关联并鼓励消费者选择铂金来代表自己爱情的永恒。浪漫的爱情主题，紧跟潮流的活动方式，周生生希望这次活动能够提高 80 后甚至 90 后消费者们对周生生的好感度，让周生生品牌历久弥新。对于以后，Rose 表示，周生生将会继续情感营销路线，利用淘宝平台与消费者进行更多的沟通，推广和传播周生生品牌，达成周生生集团设立电子商务部的愿景。

问题

1. 分析周生生成功的情感营销是基于什么消费心理而创建的？
2. 本案例给了你什么启发？

实训操作

1. 实训目的

通过本次实训，使学生明确消费心理活动的 3 个过程，能运用消费者心理活动过程指导企业营销活动实践。

2. 实训要求

基于高职院校市场营销专业学生进行"专套本"这一项目，写一份消费心理活动过程报告，内容要求包括认识过程分析、情感过程分析和意志过程分析等基本框架，字数不少于 1 000。

3. 实训材料

继教学院相关管理文件、相关图书、教辅、计算机网络、纸张、笔或打印机等。

4. 实训步骤

(1) 选择"专套本"专业——市场营销。

(2) 分析学生从认识"专套本"到选择"专套本"的心理活动过程。

(3) 调查历届"专套本"学生的学习和毕业情况，分析其中的心理活动过程。

(4) 构建高职生选择"专套本"消费的心理活动的一般过程的框架。

5. 实训检验

每位学生的成绩由两部分组成：学生实际操作情况（40%）和实训报告撰写情况（60%）。

实际操作主要考查学生按照实训步骤分析消费心理过程的能力；实训报告主要考查学生根据"专套本"高职生的心理活动过程提出的营销策略的合理性。

单元 5

影响消费心理活动的外部因素

【任务描述】

小王在父母餐厅实习的期间,经过长期的观察,发现进来就餐的顾客都有各自的特点:即使是同一个人,如果是自己一个人来就餐,通常会吃得很简单,而且吃得很快;如果是和其他朋友或家人一起来的人来就餐,通常先征求他人的意见再点菜,而且一定要点几个像样的菜肴,最好能在包房内就餐;每到周末、月末或节假日来吃饭的人更多,而且出手很大方……这些是什么原因呢?

对于小王来说,他下一步的工作任务就是要分析就餐客户的消费心理因素有哪些。但他在学习、分析和思考的过程中,发现影响因素很多,如果不把握住分析的方向,分析结果肯定会很杂乱。他结合在大学学习培养出来的思维,认为影响消费心理活动的因素无外乎是外部因素和内部因素,但外部因素更容易观察和分析。于是,小王就着手分析研究影响消费心理活动的外部因素,涉及下表中的任务和要求。

任　　务	工 作 要 求	学习重点和难点
分析宏观购物环境对消费心理的影响	（1）正确分析宏观购物环境的构成 （2）理解宏观购物环境影响消费心理的机理	（1）经济因素与消费心理 （2）社会文化因素与消费心理 （3）消费习俗和流行与消费心理
分析微观购物环境对消费心理的影响	正确分析微观购物环境是如何对消费者的心理产生影响的	（1）商店类型与消费心理 （2）商店地理位置与消费心理 （3）商店形象与消费心理 （4）店内装饰与消费心理

【任务实施】

任务5.1　分析宏观购物环境对消费心理的影响

5.1.1　政治因素与消费心理

1. 改革开放政策

自从十一届三中全会以来，改革开放政策对我国居民的生活和消费方式产生了强大的冲击。随着我国加入WTO和改革开放政策的不断深入，人们的消费方式逐渐呈现出全球化的趋势，不同国家之间的生活方式的差异正在缩小。发达国家和地区的消费方式、消费观念，对我国消费者的消费心理有很大的影响。

2. 消费政策和消费环境

一些抑制性的消费政策，如政府对住宅消费的限制政策尚未完全清除，再加上市场经济法制体系尚不健全，导致市场秩序仍比较混乱，企业社会责任意识不强，社会整体诚信水平较低，假冒伪劣产品猖獗等现象，这些都使消费者在消费时心有余悸。

同时，"量入为出，略有结余"、忌讳"寅吃卯粮"的传统消费习惯仍在一定的程度上支配着人们的消费行为。因而，当期收入成为当前消费的最高限额。在诸多不确定性因素的影响下，许多消费者产生了谨慎的中长期消费心理。

3. 社会保障制度

我国的社会保障制度处于新旧交替阶段，社会保障制度还不健全，社会保障的覆盖面还不广，消费者对各项新的保障政策、保障制度心存疑虑，这些都加剧了消费者对未来消费（如未来购买住房、医疗保险、子女未来的教育等预期支出）的不确定性，使得消费者产生了谨慎的消费心理。

5.1.2　经济因素与消费心理

1. 经济发展

自改革开放以来，我国的经济发展的水平和质量都得到很大的提高，这对我国居民的消费心理产生以下一些影响：

（1）日益丰富化的产品改变了人们的消费观念和消费模式。高新技术的迅速推广，使新产品更新换代的速度大大加快，多样化的产品引发了消费内容和消费观念的不断更新，使得人们的消费层次、情趣及消费的广度和深度都得到了发展。例如，随着纳米技术的推广应用，纳米技术在美容产品、电器产品、新式服装面料等方面都得到了广泛的应用。

（2）电子商务改变了人们的消费方式。信息网络技术的迅速发展和广泛应用及电子商务的出现，给传统的购物模式和消费产品结构带来了强大的冲击。在网络空间，消费者可以足不出户就了解到各种产品的性能、样式、价格等商品信息，而且还可以享受送货上门的服务。例如，一些著名网站，如当当网等，纷纷推出自己的网上商城，消费者通过网上商城能购买到各种商品。

（3）个性化突出。由于消费者的经济实力增强，在消费取向上越来越表现出独立消费、个性消费的特点，关注产品所带来的观念价值，在消费形态上呈现出个性化的格局。

（4）健康、安全消费意识增强。随着消费者的可持续消费观念的增强，健康、安全的生态消费逐渐成为一种消费趋势。消费者的消费观念和行为正在发生转变，在个人消费方面，环保产品和绿色产品越来越成为消费者的首选对象。

2. 产业结构

随着国家产业结构的不断调整、升级，特别是国家大力提倡发展服务行业，这对消费者的心理和行为产生了较大的影响，甚至改变了消费者的消费方式。

（1）服务消费的需求增加。我国经济的不断发展，居民收入水平的不断提高，节假日的增加，市场产品的日益丰富，各种服务网点的日益增多，服务设施的不断完善，这些都为消费者增加社会服务消费创造了条件，从而使文化、教育、娱乐、社交、旅游等消费激增。这不仅提高了消费者的科学文化素质和身心素质，而且把消费者从传统的家务劳动中解脱出来，使消费者对各种服务的依赖程度越来越大。

（2）注重精神消费。社会化服务程度的日益增强，为消费者实现自我、完善自我提供了时间保证，同时也为他们增强社会活动能力和创造能力提供了条件。劳动时间的缩短，闲暇时间的增多，必然使消费者对自身的全面发展提出许多新的要求，如体验式消费让消费者可享受自己爱好的活动，进行各种创造活动。

案例阅读

产品越有"精神"，消费者越崇尚

同样的一双鞋，贴上耐克一个"钩"，立即身价数百，不但价格完全不一样，而且更受欢迎。如果没有耐克的标志，一双鞋几十元钱也许也无人问津。其实，在中国出售的耐克鞋是在东莞的裕元工厂制造的，耐克鞋不做生产，只做产品设计和营销。既然裕元工厂制造的，那说明裕元可以生产和耐克、阿迪达斯一模一样的运动鞋，哪怕它的功能、它的品质、它的外观……都是一样的，可为什么裕元工厂不生产裕元牌运动鞋呢？裕元老板说："我们生产过，但没人买。"

当代的年轻人为什么愿意花500多元买一双耐克鞋？这些鞋还是原来意义上的鞋吗？的确，许多产品已不再靠核心价值来竞争了。几十年前，买表的人可能会关心表是否走时准确。现在，就算是廉价的冒牌表也能准确地报出时间。那么表的竞争条件是与报时无关，更多的是表给别人带来的感觉等无形价值，这就是品牌给产品带来的优势。一个产品只有走到精神这一层，才能真正做到品牌战略，任何一个著名的品牌，它都有精神在后面支撑着，没有精神支撑着的就不叫品牌。因此，真正的品牌是给产品赋予一种精神。耐克从打第一个广告起，就开始打一种运动精神，坐在轮椅上的投篮运动员，屏幕上打出来一些字——即使有残障，仍然可释放潜能。而用乔丹代言打的广告是：从罚球线起跳，然后灌篮。这样的动作多么困难，使消费者无比惊叹，因为潜能释放了。

5.1.3 社会文化因素与消费心理

1. 群体因素与消费心理

1）群体的含义

群体是指两人或两人以上通过一定的社会关系结合起来进行共同活动而产生相互作用的集体。因此，社会群体必须以一定纽带联系起来，成员之间应有共同目标和持续的相互交往，并形成共同的群体意识和规范。具有某种共同特征的若干消费者组成的群体就是消费者群体，凡是具有同一特征的消费者都会表现出相同或相近的消费心理行为。

2）消费者群体的类型

（1）正式群体和非正式群体。正式群体是指为实现某一组织的目标而建立或发展起来的群体，如企业中的车间、班组、科室等。非正式群体是指人们为了满足某个共同的心理需求而结合在一起的群体，如一个单位里总在一起打球、聊天、吃饭，感情很好的青年人。

（2）自觉群体和回避群体。自觉群体是指消费者按年龄、性别、职业、居住地、婚姻状况等自然因素而划分的群体，如各种老年协会等。这种群体多数对成员本身并无约束力，而是成员有意识地运用群体特征来约束自己。自觉群体能增强消费者的趋同心理和从众心理，促进消费者行为的规范化和统一化。回避群体是指消费者个人极力避免归属的群体。这类群体对消费者的心理和行为有重要的影响。在消费活动中，消费者希望自己离这个群体越远越好，而且出于某种自我意识，消费者往往会尽量采取与这些群体相异的行为。例如，年轻人在选择服饰、家具等个性化产品时，总是坚持自己的想法，而不愿长辈们干涉。

（3）所属群体和参照群体。所属群体是指一个人实际归属和参加的群体。所属群体的形成有两种情况：一种是由具有相同或相似价值观、审美观的人构成，是个体自愿的结合，属于非正式群体；另一种是受自然、社会因素的制约而形成的，是不以个人的意志为转移的，属于正式群体。所属群体对消费者的影响是直接的、显现的和稳定的。参照群体是指消费者作出购买决策时的比较群体。它对消费者的价值观和消费行为具有明显的影响。消费者常把他们的规范和准则作为自己消费行为的标准，即模仿作用；然后会自觉或不自觉地把自己的消费行为与这种标准进行对照，即示范作用；最后力图改变与之不相适应的地方，即达成一致性。参照群体既可以是一种实际的组织群体，也可以是一种理想化的群体。一般消费者心目中的参照群体多是比自身更高的社会阶层，或具有消费者所向往的消费方式的各类群体。

除了上述类型之外，消费者群体还可按照年龄的差异，分为少年儿童消费者群体、青年消费者群体、中年消费者群体和老年消费者群体；按照性别的差异，分为女性消费者群体和男性消费者群体；按照社会经济生活中的职业差异，分为农民群体、工人群体、文教科研群体等；按收入的差异，分为最低收入群体、低收入群体、中低收入群体、中等收入群体、中高收入群体和高收入群体等。

3）消费者群体对消费心理的影响

（1）消费者群体为消费者提供可供选择的消费行为或模式。社会生活是丰富多彩、变化多样的。处于不同群体中的消费者，行为活动会有很大差别。例如，导购员在为顾客服务时，要求仪表整洁、服装得体、举止文雅，但不要打扮得过于时髦。不同的消费行为通过各种形式传播给消费者，为其提供参考的模式。特别是对于缺乏消费经验与购买能力的人，他们经常不能确定哪种商品对他们更合适，在这种情况下，消费者对消费者群体的依赖性超过了对商业环境的依赖性。

（2）消费者群体能够影响消费者对商品购买和消费的态度。模仿是一种最普遍的社会心理现象，但模仿要有对象，即通常人们所说的偶像。模仿的偶像越具有代表性、权威性，就越能激起人们的模仿欲望，模仿的行为也就越具有普遍性。而在消费者的购买活动中，消费者对商品的评价往往是相对的，当没有具体的模仿模式时，消费者不能充分肯定自己对商品的态度；但当某些消费者群体为消费者提供具体的模式时，而其又非常欣赏时，那么会激起其强烈的模仿愿望，从而形成对商品的肯定态度。

（3）消费者群体促使消费者的行为趋于某种一致性。消费者对商品的认识、评价往往会受到消费者群体中其他人的影响。这是因为相关群体会形成一种团体压力，使团体内的个人自觉或不自觉地符合团体规范。例如，当消费者在选购某种商品，但又不能确定自己选购这种商品是否合适时，如果群体内其他成员对此持肯定的态度，就会促使他坚定自己的购买行为；反之，如果群体内其他成员对此持否定的态度，就会促使他改变自己的购买行为。

2. 社会阶层因素与消费心理

1）社会阶层的含义

社会阶层是指依据教育、职业、收入、权力、经济、政治、文化、家庭背景和居住区等多种社会因素所划分的社会集团，因而社会阶层具有综合性。由于选择的划分标准不同，就会形成不同的社会阶层。社会阶层的划分应随着时代的不断变化而改变。我国改革开放以来，原有的阶层划分方法已不具有现实意义，对社会阶层进行重新划分有助于了解我国不同社会阶层的消费心理和消费习惯，分析其消费行为。

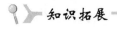
知识拓展

中国的社会阶层

中国社会科学院重大课题成果《当代中国社会阶层研究报告》（陆学艺主编）根据社会成员对经济资源、文化资源和组织资源的占有情况，将社会成员划分为10个不同的阶层：国家和社会管理者阶层，经理人员阶层，私营企业主阶层，专业技术人员阶层，办事人员阶层，个体工商户阶层，商业、服务业人员阶层，产业工人阶层，农业劳动者阶层，城乡无业、失业、半失业者阶层。从总体上看，这10个不同的阶层仍呈现出一种等级结构，即社会上层、中上层、中层、中下层和下层。

但在改革开放和发展社会主义市场经济的过程中，中国产生了"新社会阶层"。新社会阶层包括民营技术人员、受聘于外资企业的管理技术人员、个体户从业人员和自由职业人员等。一般来说，分属于不同阶层的消费者有着不同的消费心理。

2）社会阶层的消费心理

一些消费者之所以购买某种产品或服务，可能是因为这些产品或服务被同阶层或更高阶层的消费者所看重；反之，或是因为被认为那是更低阶层购买的产品或服务。因此，社会阶层的等级性决定了社会阶层消费的等级性和层次性。社会成员的阶层隶属关系对消费者态度和行为有参照作用。例如，低等阶层的消费者一般都存在着一种想要立刻获得和立刻满足的消费心理，通常光顾大众式的消费场所，讲求实惠，消费决策的时间较长；中等阶层的消费者则有较强的社会同调性，消费者之间彼此影响较大，趋同心理突出，并且注重对产品的选择；高等阶层的消费者则较注重成就感，看重具有象征意义的产品和属于精神享受的服务，价格心理和实惠心理比较淡薄，重视物质和精神享受。

不过，由于各种原因，同一社会阶层的不同个体之间在购买心理、爱好、消费和储蓄等方面也可能相去甚远。相邻的社会阶层消费者之间在消费心理上又有一定的趋同性。例如，中上等阶层的消费者和高等阶层的消费者在消费心理上具有相似性；低等阶层的消费者和中下等阶层的消费者在消费心理上可能相差不大。不同阶层的个体一般在消费知觉、消费态度、审美情趣、价值观念等消费心理上表现出较大的差异性，这种心理上的差异性通常会影响产品计划、广告设计、传播媒体的选择及消费政策的制定。处于阶层临界点上的消费者可能出现趋同、攀比的消费心理。

一般来说，社会阶层越高，其储蓄倾向越强，消费倾向越小，其消费越追求全面发展，更加注重对产品出处的调查和选择，其消费行为对信息的依赖性较大，易接受正规的报纸、杂志等媒体所发布的消费信息，对广告等多抱有谨慎的态度；社会阶层越低，则其消费倾向越大，储蓄倾向越小，其消费显得更为单调，在产品信息和价格信息上，没有太大的选择欲望，一般也不作过多的信息调查，对消费信息较少持批判态度，易被广告所打动。

3. 家庭因素与消费心理

绝大多数消费者的消费行为都是以家庭为基本单位。日用消费品基本上是以家庭为单位进行购买，大件耐用消费品，如电视机、电冰箱、洗衣机、小汽车、住房等更是如此。

1）家庭购买决策类型

家庭购买决策角色主要包括倡导者、影响者、决策者、购买者和使用者。在一个家庭中，有可能分别由不同的家庭成员扮演各个角色，也有可能由一个家庭成员扮演多个角色。

（1）丈夫决策型，家庭中的丈夫作出家庭的主要购买决策。这种家庭的特点是旧的传统观念较强，主要经济来源以丈夫为主。这种类型的家庭决策在我国农村较为普遍。

（2）妻子决策型，家庭中的妻子作出家庭的主要购买决策。这种决策类型的成因较复杂，有的是因为丈夫忙于工作和事业，无暇管理家庭事务；有的是因为家庭收入较高，消费支出的决策已不再是家庭生活的主要话题，生活内容才是家庭成员关心的对象；还有的是因为妻子的独立生活、购物、理家能力大大超过丈夫。

（3）民主决策型，家庭中的主要成员共同协商作出家庭的主要购买决策。这类家庭的特点是夫妻双方关系融洽，受过良好的教育，思想较为开放，适应时代潮流，家庭有良好的沟通环境。这类家庭的购买决策往往较为慎重和全面，购买中理智型特征较为明显，冲动性较少。

（4）夫妻各自做主型，构成家庭的夫妻双方在经济上相对独立，各自都能自主地作出决策而对方也不过多干预。这种决策类型多数被开放型家庭采用，一般在经济收入较宽裕、层次较高的家庭中较为常见。这类消费者在购买中的自主性和随意性都比较强，因为其购买行为既不受经济收入的限制，也不受家庭成员的约束。

> **知识拓展**

影响购买决策的因素

家庭决策类型不是一成不变的,某些因素的变化也会影响家庭购买决策的变化。影响购买决策变化的因素主要有以下 5 种:

(1) 商品因素。商品因素包括商品的价格、商品的重要性及商品是否具有可分享的使用性等。如果商品的价格很高,甚至影响到其他项目的开支时,大多数家庭成员都会以这种方式参与决策。

(2) 社会阶层。社会阶层可能产生不同的决策模式。一般来说,高层次或低层次的家庭倾向于采用自主或独立的决策风格,而处于中间层次的家庭,则倾向于平等或共同的决策。当然,随着收入的增加和受教育水平的提高,这些社会阶层的区别也在逐渐减小。

(3) 家庭生命周期。在家庭生命周期的不同阶段,人们决策的方式有所不同。特别是随着子女在家庭决策中参与程度的不同,会进一步影响家庭决策的制定。

(4) 角色分配。家庭成员在购买决策中扮演着一定的角色,而且角色分配得越具体,则家庭成员在与他们的角色有关的方面越容易作出自主的决策。

(5) 个人特征。消费者的个人特征会影响其在家庭购买决策中的作用。这些个人特征包括具有相对的权力的大小、对产品领域的介入程度及受教育的程度等。

2) 家庭生命周期对消费心理的影响

家庭生命周期是一个家庭在建立发展过程中经历的阶段。它是由婚姻状况、家庭成员年龄、家庭规模及主人的工作状况等因素综合而成的。

(1) 单身家庭时期。单身家庭时期主要是指青年长大成人脱离原有家庭尚未结婚,以及中青年离异无子女的独居时期。这一时期消费者的消费心理多表现为以自我为中心,即为未来的家庭做物质准备或通过物质和精神消费来展现自我,将自己的大部分收入用来购买预期的消费品或存入银行。在消费内容上,时髦的娱乐导向使得他们把钱花在服装、音乐、餐饮、度假和约会等方面。

(2) 已婚无子女时期。已婚无子女时期是指结婚以后还没有生育的这一段时间。随着人们工作、生活节奏的加快及观念的改变,这个时期在整个家庭生活周期中所占时间的比例有增大的趋势。由于夫妻双方都有工作,又没有孩子的负担,所以这一时期经济比较宽裕。其消费心理和行为以夫妻为中心,即以规划和发展小家庭为核心,主要购买一些家庭日用品及比较浪漫的休闲消费品。

(3) 子女较小时期。子女较小时期是指结婚以后有了子女到其上中小学的这一段时间。从子女出生到上学,家庭的经济负担会开始加重。由于家庭观念的变化,子女的生活消费在家庭消费支出中所占的比例逐渐增加。在这一时期,家庭消费多是以子女的一般生活费用、教育费、保健品费用为主,教育投资的比例逐年增大。夫妻对自身消费显出务实的消费心理。培养子女、望子成龙的心理使家庭在子女消费方面支出较多,而家长的消费水平由于经济原因往往难以提高,有时甚至下降。

(4) 子女长大尚未独立时期。这一时期多指子女在上中学或大学,以及刚参加工作的时期。对于工薪阶层来说,在孩子上中学以后一直到大学毕业参加工作之前,其家庭消费主要以孩子为中心,而自己往往比较节俭,尽可能地压缩其他各种消费。对于大多数的家庭来说，孩子从学校毕业参加工作以后到结婚组成新家庭之前的这段时间，是收入和消费的高峰期。家庭的主要支出是一些高档的消费品，如更换家具、家用电器及全家外出旅游等。同时，在中国的大部分家庭，还要为子女的婚事做一些储备。

（5）子女独立时期。这一时期是指子女成家立业以后组成了新的家庭，成为另一个消费单位，只剩下父母两人的时期。这时的家庭经济状况一般较好，其消费观念往往表现为两种类型：一类是继续以子女甚至子女的下一代为消费的着眼点，但实际支出的比例大为下降；另一类则基本上与子女无过多的经济往来，较为重视自己的存在价值，消费也趋向于以营养、保健、舒适为主，注重健康导向，对自我教育方面的消费也很感兴趣，更多地体现自我的消费情趣。

（6）家庭逐步解体时期。这一时期是指老年人丧偶或生活自理能力大大下降，进而转到依靠子女或寻求社会性服务的时期。由于自身生活能力不足，他们的消费行为也随之减少。这时的消费基本上以满足日常需求、健康和保健为主。

4. 文化因素与消费心理

1）文化的含义

文化是人类在社会发展的过程中所创造的物质财富和精神财富的总和，有时也特指社会意识形态及与之相适应的制度和组织机构。文化为人们提供了看待事物、解决问题的基本观点、标准和方法，文化使人们建立起是非标准和行为规范等，这些社会文化规范制约着消费者的消费心理与行为。

2）主文化与消费心理

主文化是指在社会文化中占主导地位的文化，是为社会上大多数人所接受的价值观、道德观、风俗习惯等，也称为核心文化。

知识拓展

主文化的特性

1. 共同性

同一种主文化被大多数社会成员共同拥有，并对他们的价值观、行为方式、思维方式产生深刻影响，使其心理和行为表现出某些共同的特性。在消费活动上，这些共同特性表现为消费者之间的相互认同、模仿、暗示，形成共同的生活方式、消费习俗、消费观念和态度倾向。例如，在我国人们用红色表示喜庆，用黑色和白色寄托哀思等。

2. 差异性

差异性主要是指不同主文化之间的差异。由于自然地理环境、历史发展进程、物质生活条件、经济发展水平等的差异，每个国家、地区和民族都有自己独特的消费习惯、生活方式、伦理道德、宗教信仰、价值观念等，而不同社会的主文化的差异性也主要表现在这些方面。例如，中国人深受儒家传统思想的影响，形成了凡事瞻前顾后、求稳求全的心理，我国目前的个人消费信贷进展较为缓慢，与这种传统观念的影响是分不开的。

3. 动态性

已有的社会主文化不是一成不变的。随着社会的发展，社会主文化也将不断地发生变化。消费品市场的变化是反映社会文化的前沿，社会主文化的发展变化常常促使某种流行时尚的改变。

例如，服装的流行式样在不断变化，裤子、裙子等的形状就经历了反复变迁，过去所提倡的那种"新三年，旧三年，缝缝补补又三年"的消费价值观念已被求新、求美的观念所取代。

(1) 传统的家庭结构和家庭伦理观念。我国仍然保持着传统的主要家庭结构，既有两口、三口之家，又有两代、三代、四代同堂的家庭。虽然现代的家庭已不同于旧式家庭，家庭成员之间的关系也发生了变化，新的、平等的、互敬互爱的家庭关系已在逐渐取代旧式的长幼尊卑的关系，但是传统的家庭伦理观念也部分地得到保持和巩固，这主要体现在经济关系上。中国主要是一个以家庭为单位的消费国度，个人的消费行为也往往与整个家庭紧密联系在一起。一个人不仅要考虑自己的需要，而且更多地要考虑到整个家庭的需要，故更重视自己的义务和责任。

(2) 重人情和趋同心理。在人际交往中，中国人非常注重人与人之间的感情关系，往往把人情视为首要因素，以维系人情作为行为方式的最高原则。因此，中国人在礼品消费上的花销是惊人的。在生活方式上，受外界的影响较大，往往要向别人"看齐"，特别是在穿着打扮方面，很少会有人脱离周围环境而单纯从个人的需要和爱好出发，常考虑社会的、风俗的标准，考虑能否被别人所接受和承认。人们对那些标新立异的行为往往不大习惯，这在人们的消费习惯上也有明显的反映，如喜欢大众化的商品等。

(3) 节俭消费心理。崇尚节俭和节制个人欲望是我国人民的传统生活美德。因此，在消费方面，花钱比较慎重，长于计划、精打细算，生活必需品消费较多，享受的奢侈品消费相对较少，并追求商品的实用性和耐用性。不过，随着部分人"先富起来"，其购买力达到前所未有的水平，开始重视适当的享受，"吃要营养，穿要漂亮，用要高档"成了部分消费者心理的新动向，这给传统的节俭消费心理带来了极大的冲击。

(4) 面子心理。爱面子是中国人典型的文化心理特征，如有亲朋好友来访，倾其所有热情招待，花费越大越说明主人的热情，客人越有面子。为了面子，许多人宁可节衣缩食，也要存上好几个月工资买一双名牌鞋或首饰。在人际交往中，人们为了面子也要花钱。例如，亲朋好友的红白喜事、乔迁新居、职位变动、养女得子等都要举行名目繁多的消费活动。

3) 亚文化与消费心理

亚文化是指仅仅为社会上一部分社会成员所接受，或为某一社会群体所特有的文化，也称为副文化。亚文化的形成主要是由于一个国家或地区的社会内部的不一致性，其中某些社会成员在民族、地域、职业、年龄、性别、教育程度、宗教信仰等方面有着共同特性而组成一定的社会群体或集团，他们之间往往具有相同的价值观念和习俗，相互间具有认同感，从而构成了该社会群体特有的亚文化。亚文化一般并不与主文化相抵触。

(1) 民族亚文化的消费心理。民族亚文化是一个社会中各个民族所特有的文化。例如，我国一些民族在参加社会整体生活的同时，有些仍保留着本民族的语言、文字、生活方式等，比如说蒙古族人住蒙古包、饮奶茶、吃牛羊肉、喝烈性酒。这种由于亚文化影响而形成的消费习俗与行为，是很难改变的。

(2) 地域亚文化的消费心理。地域亚文化是因自然地理位置不同的影响而造成的，与气候条件和地理条件有关。我国是一个地域辽阔、人口众多、分布广泛的国家，文化差异较为明显，消费者的生活方式和消费习惯也因此而不同。例如，北方人多豪爽，喜欢吃饺子，喜欢大包装，买一次够几次消费；而南方人多细腻，喜爱包子，更偏爱小包装，甚至喜欢拆零出售，满足于一次消费等。

（3）籍贯亚文化的消费心理。在我国，人们比较重视乡土情感，各地的人都或多或少地保留着他们本乡本土的生活习惯。例如，在饮食方面，湖南、四川人爱吃辣的，苏州、无锡人爱吃甜的。现在许多地区都在努力恢复地方的土特产、风味小吃的生产，目的在于满足不同籍贯消费者的饮食需求。例如，旅游企业针对老年人的思乡心理，组织以"回到您的家乡去看看"为主题的旅游。这样既满足了老年消费者思乡的需求，帮助他们解决旅途无人照料、拥挤和需家人接送等困难，又扩大了企业旅游服务的范围。

（4）年龄亚文化的消费心理。年龄亚文化是指不同年龄阶段的人所特有的文化。例如，青年亚文化群体容易接受新生事物，追求新奇和时尚，追逐潮流，乐于尝试，易产生诱发性和冲动性购买；而老年亚文化群体的价值观念已基本固定，不太容易接受新事物，一般遵循以往的消费习惯，对消费品多要求实用方便。

（5）职业亚文化的消费心理。职业亚文化是指不同的职业群体所特有的文化。各种专业性较强的职业都经过一些专门的训练，有专门的职业道德、职业习惯等，不同的职业形成不同的职业亚文化。例如，我国农民受传统的消费习惯影响较大，消费观念属于节俭和保守型，更以勤俭持家、精打细算过日子为荣；工人受现代的消费习惯影响较大，消费观念属于奢侈型，购买商品不太计较得失，注重商品的内在质量和营养价值，喜欢追逐潮流，购买各种流行商品；知识分子的文化程度相对较高，购买与使用的商品要求与自己的身份相符，要能显示出自己具有一定的文化知识和修养。

（6）性别亚文化的消费心理。性别亚文化是指因性别特征和角色的不同所特有的文化。例如，美国传统的男性特征为攻击、竞争、独立和自信，是家庭的供养人；传统的女性特征为八面玲珑、温柔和饶舌式，是抚养孩子的家庭主妇。

5.1.4 消费习俗和流行因素与消费心理

1. 消费习俗因素与消费心理

消费习俗是指一定地区的一定群体由于消费的商品的不同，或由于社会生活习惯的不同而形成的各具特色的约定俗成的惯例，它具有长期性、社会性、地区性和非强制性等特点。消费习俗一旦形成，不但对日常生活消费产生直接影响，而且对消费心理也有一定的影响。

1) 带来消费心理的稳定性

消费习俗是人们在长期生活中形成的，对消费习惯的影响是很大的，据此而派生出的一些消费心理也具有某种稳定性，使得消费者在购买商品时，往往较长时间地购买符合消费习俗的各种商品。

2) 带来消费心理的强化性

由于消费习俗带有地方性，很多人对地方消费习惯产生了情有独钟的感觉，这种感觉强化了消费者的一些心理活动。例如，一些少数民族对自己的民族服装非常喜爱。

3) 减缓消费心理的变化

在日常社交生活中，原有的一些消费习俗有些是符合时代潮流的，有些是落伍的，但是消费者对消费习俗的偏爱使得消费习俗的变化比较困难；反过来说，适应新消费方式的消费心理变化减缓了，变化时间也延长了。虽然生活方式变化了，但是由于长期消费习俗引起的消费心理仍处于滞后状态，仍迟迟不能跟上生活的变化。

2. 消费流行因素与消费心理

消费流行是指一种或几种商品由于受到众多的消费者欢迎，在一定时间内广泛流行，甚至成为消费者狂热追求的对象的消费趋势。例如，日常生活中的吃、用、穿的商品很容易引起消费流行，流行的速度有的迅速，有的缓慢，有的一般；流行的时间有的是长期的，有的是短期的，有的是中短期的。因而，消费流行具有品种差、地区差和时间差等特点。

> **知识拓展**

消费流行的运动阶段与特点

在消费流行中，流行产品生命周期的各个阶段基本上与一般产品的生命周期相同，但是各个阶段的特点又不完全与一般商品相同。

（1）市场导入阶段。这一阶段是消费流行的初级阶段。在市场导入阶段，流行商品由于其特色、优越的性能吸引了有名望、有社会地位和具有创新消费心理的顾客。这些顾客通常收入比较高，对于具有特色的商品特别敏感，愿意出高价购买。

（2）市场增长阶段。这一阶段也被称为消费流行的模仿阶段。在市场增长阶段，新产品的样品被早期顾客采用，由于他们的无形号召，许多热衷于时尚的消费者纷纷模仿，市场上该商品的供应量和消费量大大增加，迅速形成一种消费流行浪潮。

（3）市场成熟和衰退阶段。这一阶段也是消费流行的经济阶段。在市场成熟和衰退阶段，新产品在市场上已大量普及，流行范围扩大，但势头已开始减弱，生产部门和商业企业在这种商品上获得大量利润后，利润开始减小。这时精明的企业家便开始转移生产力抛售库存，开发具有特色的新商品。

1）引起认知态度的变化

按照正常的消费心理，对于一种新商品，消费者在开始接触时往往对其持怀疑态度。消费流行的出现使得消费者的认知态度发生变化，怀疑态度渐变为肯定态度，接受新产品的学习时间缩短了。

2）引起驱动力的变化

生理需要和社会需要产生了购买商品的心理驱动力，这些驱动力使消费者在购买商品时产生了生理动机和心理动机。在消费流行中，购买商品的驱动力会发生新的变化。例如，有的消费者有时明明没有消费需要，但看到时尚商品便也加入到购买商品的行列，对流行商品产生了一种盲目的购买驱动力。

3）引起消费心理反向变化

在消费流行的冲击下，传统的消费心理受到冲击。一些流行商品因供求关系而抬高了价格，但是消费者却常常不计较价格而踊跃购买。

4）引起偏好心理受到冲击

在消费流行的冲击下，传统的消费心理发生了新变化，虽然这些消费者对老产品、老牌子仍有信任感，但整天耳濡目染的都是新产品，不断地受到家庭和亲友使用流行商品时的那种炫耀心理的感染，也会逐渐失去对老产品、老牌子的偏好心理。

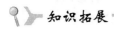

消费流行与消费习俗的区别

消费流行是指带有某种时尚特色的心理追求，一旦获得了社会的承认，就会被广泛地复制，从而形成了一种极具个性的消费倾向和消费趋势。因此，它具有短暂性、阶段性、时代性等特征。

消费习俗是指一个地区或一个民族的约定俗成的消费习惯。它是社会风俗的重要组成部分。消费习俗具有某些共同特征。因此，它具有长期性、社会性、地域性、非强制性等特征。

任务5.2　分析微观购物环境对消费心理的影响

5.2.1　商店类型与消费心理

现代商店的类型有很多种，不同类型的商店，由于其经营特色的差异，对消费者的心理需求有不同的影响。

（1）大型百货商店具有经营门类广、品种全、设施优良、服务完善、地处繁华商业中心、拥有良好信誉等优势，可以满足消费者求全心理、选择心理、安全心理及享受心理等方面的需求，同时能适应各种职业收入、社会阶层的消费者的心理需求。因此，大型百货商店对大多数消费者具有较强的吸引力，是其集中选购商品、了解市场信息乃至享受购物乐趣的主要场所。

（2）专业商店因经营单一门类商品，其商品规格、款式、档次齐全，技术服务深入细致，专业化程度高，能更好地满足消费者对某种特定商品的深层需要。因此，在选购单一商品，如汽车、眼镜等，专业商店经常成为消费者首选的商店类型。

（3）超级市场采取货架敞开、顾客自选的自助售货方式，能使消费者亲手选择、比较商品，亲身体验使用效果。与其他商店类型相比，超级市场不仅为消费者提供较多的参与和体现自身购物能力的机会，满足消费者在购买过程中的参与感、主动性、创造性的心理需求，而且有助于减少消费者与售货人员之间的人际摩擦的可能性。因此，超级市场一经出现，便受到了消费者的特别偏爱。

（4）连锁商店因具有统一经营方式、统一品种、统一价格、统一服务、统一标志，分布广泛、接近消费者等特点，在众多商店类型中独具特色，受到消费者的青睐。在连锁商店购物，可以使消费者消除风险防御心理，减少比较选择时间，缩短购买过程。一些连锁便利店，以其方便、快捷、便于识别等优势，充分适应了现代消费者求快、求便的心理需求。

（5）仓储式商场是将零售、批发和仓储各个环节结合而为一，并采用小批量，如成盒、成打的形式出售，因为可以在最大程度上节约仓储、包装、运输等流通费用，所以大幅度降低商品的零售价格，在各种商店类型中有异军突起之势。例如，"家乐福""麦德龙"等尽管这类商场的环境设计简单、服务设施简陋，甚至地处偏僻，但因其价格低廉的突出优势，迎合了中低收入阶层求廉、求实的心理需求。因此，对较多消费者具有强大的吸引力。

（6）高档精品店以其经营商品品牌著名、质量精良、价格昂贵、环境设施豪华和高水准服务而见长，这类商店主要以高收入阶层、社会名流为服务对象，适应其对显示财富、身份、社会地位的心理需求。高档精品店多与世界知名品牌生产企业相结合，以专卖店的形式出现，从而满足部分消费者求名、炫耀的购买动机。

5.2.2 商店地理位置与消费心理

1. 商圈分析

商圈是指店铺吸引顾客的地理区域,是店铺的辐射范围,由核心商业圈、次级商业圈和边缘商业圈构成。核心商业圈的顾客占到店铺顾客总数的55%~70%,是顾客密度最高的区域;次级商业圈的顾客占到店铺顾客总数的15%~25%,位于核心商业圈的外围,顾客较为分散;边缘商业圈容纳所有的余下来的顾客,顾客最为分散。

商圈是零售业的主要经营活动区域,只有确定了商圈,才能详细地了解商圈的范围、商圈的市场机会和发展潜力、商圈内的人口数、职业特征、年龄特征、消费者的购买行为和潜力、消费者的目标市场特征等。

2. 商店选址

不同类型的商店在空间上处于特定的地理位置,并与相邻位置的商店相互影响和作用,共同构成一定类型的商业网络。

一般来说,全市性商业网点群处于城市中心和繁华地带,交通便利、人口密集、客流量大,各种商店数量多而集中,类型齐全,功能配套,商品种类繁多,并以中高档为主,同时附有各种娱乐餐饮场所,因而对消费者有较强的吸引力,可同时满足人们购物、观光、娱乐、就餐等多方面的需求。选择繁华的商业中心作为商店的设置地点,可以借助其显著的地理位置、浓厚的商业气氛、完备的综合功能,提高商店的地位和知名度,吸引更多的消费者光顾,同时激发消费者求名、求全的购买动机,促成其对商品的连带性购买。

区域性商业网点群和居民小区的商业网点群空间分布广泛,地理位置与所在区域消费者十分接近,经营类型以小型、大众化为主,经营商品多为与消费者关系密切的日常生活用品。将商店设置在这类网点群中,可以借助深入居民、便利生活、物美价廉、综合服务的优势,激发消费者求廉、求便的心理需要和惠顾性购买动机,促成其习惯性购买行为。

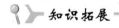
知识拓展

商店选址的原则

1. 最短时间原则

商店应位于客流集散最方便的区位。商店的服务对象是顾客,其商业行为是产品和服务与顾客在时间上和地域上的结合。为顾客提供时间上的方便性对零售业来说是极其重要的。

2. 易达性原则

商店应分布在交通便捷的区位,配套设施如停车场、公共汽车站等齐全方便。

3. 接近购买力原则

商业企业的利润是建立在消费者购买力的基础上的,而购买力水平取决于消费者的消费水平。一般来说,商业企业的存在是以服务一定数量的人口为前提的,维持一个商业企业存在的最低服务人口数量称为商业企业的人口门槛。因此,商店选址必须考虑该区域的人口密度、人口数量和购买力水平。

4. 适应消费者需求的原则

适应消费者需求是一切商业行为都必须遵守的原则,要根据消费者收入水平、消费态度、职业、年龄等特征来决定商品结构、商品促销活动等。

5. 接近中央商业中心原则

商业活动有扩展效应，一旦一个商业中心形成，其附近的商家就会有利可图。正所谓"人多好集市"，中央商业中心具有极高的繁华度，是城市客流、物流、资金流的中心，是商业活动的焦点。

5.2.3 商店形象与消费心理

1. 商店招牌与消费心理

商店招牌是指用以识别商店、招徕生意的牌号。设计精美、简洁和具有吸引力的商店招牌，不仅便于消费者识别，而且还可以形成鲜明的视觉刺激，对消费者的消费心理产生很大的影响。

1）招牌命名的心理

关于招牌的关键问题就是命名。好的招牌应与消费者的求便、信赖、好奇、慕名、吉利等心理需求相一致，以便吸引众多的消费者。商店命名应以简洁、独特、新颖、响亮为原则，具体做法如下：

（1）以商店经营的主打商品命名，使消费者产生直观方便感。这种命名方式通常能从招牌上直接反映出商店经营商品的类别，如"亨得利钟表店"等，从而使消费者一目了然，可以直接根据招牌命名作出购买地点的选择。

（2）以商店经营特色命名，唤起消费者的信赖感。消费者总是希望购买的商品质量上乘、货真价实，能反映出商店的良好信誉和优质服务。例如，"保真商城"显示出所售商品一律为真货，无假冒伪劣；"精时钟表店"使人联想到钟表的精确准时。

（3）以名人、名牌商标或象征高贵事物的词语命名，满足消费者的求名、求奢心理。同一种商品，在新世界的"皮尔·卡丹""鳄鱼"等专卖的价格虽然很高，但仍有众多消费者；而"希尔顿""香格里拉"等高档饭店更成为显示身份、地位和财富的标志。

（4）以新颖、奇特的表现方式命名，迎合消费者的吉祥喜庆心理。受民族传统文化的影响，我国消费者历来把吉祥喜庆作为一种重要的心理需求。以寓意美好的词语、数字或事物命名，可以给消费者以吉祥如意的心理感受，平添一份对商店的好感。例如，"爱尔康药房"给患者一种药到病除的祥兆。

> **案例阅读**
>
> ### "狗不理"的由来
>
> 天津著名的"狗不理"包子有一个有趣的由来。原先有个小摊，主人高贵友，小名"狗子"，从制馅、捏包、上屉到出售，前前后后只有他一个人。实在忙不过来，他就在摊头上放一把筷子，一摞碗，顾客要吃，就把钱放在碗里递给他，他按钱给包子，顾客吃完，放下筷子就走，自始至终，他都不说一句话，于是人们就开玩笑说"狗不理"。后来摊子发展成铺子，"狗不理"也就成了店铺招牌。

2）招牌的艺术表现形式

确定招牌名称后，还必须配以优秀的艺术表现形式。表现形式比命名更能给消费者强烈的视觉冲击，因而是招牌设计中不可忽视的重要内容。招牌倘若在构图、用料、造型、色彩、格调等方面设计精巧，表现完美，可以给消费者赏心悦目、品位高雅、别具一格、亲切自然等心理感受，从而与好的名称相得益彰，取得最佳的心理效果。

2. 商店标志与消费心理

商店标志是指以独特造型的物体或特殊设计的色彩附设于商店的建筑物上，从而形成的一种识别载体。例如，麦当劳快餐店上方的金色"M"等，是其重要而独特的标志。

1) 标志的功能

（1）标志是一家商店与其他商店的区别所在。由于标志通常设计独特、个性鲜明，且为一家商店所独有，所以成为商店的主要识别物。消费者仅从标志上就可以对各种商店加以辨别，尤其在由多家商店组成的连锁经营方式中，标志更成为连锁组织的统一代表物。

（2）标志是商店的物化象征。现代标志往往蕴含着丰富的内涵，是商店经营宗旨、精神、特色等理念和识别形象的高度浓缩的象征。通过标志的视觉刺激，商店可向消费者传播有关商店经营理念等方面的信息，使消费者获得对该商店形象的初步了解，并给消费者留下深刻的印象。

（3）标志具有重要的广告宣传功能。设计新颖、独具特色、鲜明醒目的标志，本身就是良好的形体广告。它通过不间断地强化消费者的视觉感受，引起过往及一定空间范围内的众多消费者的注意和记忆，从而成为招徕顾客的有效宣传手段。

2) 标志的基本要求

（1）独特。避免相似或雷同是标志设计的最基本要求。对于消费者来说，一家商店的标志应当是独一无二的。为此，在设计标志时，应力求做到构思巧妙、独具匠心。

（2）统一。连锁商店内各个分店的标志必须是统一的。不仅如此，标志的字体、造型、色彩等还应与商店的形象识别系统相统一。不仅要与其中的视觉识别系统，如标准色、标准字等保持一致，而且应尽可能体现理念及行为识别系统的内涵，以使消费者从标志中感知到商店的整体形象。

（3）鲜明。标志的色彩应力求鲜明，以便形成强烈的视觉冲击效果，给消费者留下深刻的印象。色彩的设计可以采用同一色调，也可以采用反差强烈的对比色。例如，麦当劳快餐店的红黄对比、肯德基快餐店的红白对比等，都因对比鲜明而产生了良好的视觉效果。

（4）醒目。除造型独特、色彩鲜明外，标志在形体大小和位置设计上还应做到醒目突出，能够被消费者迅速觉察。因此，在标志的形体与商店外观保持协调的前提下，应以大型为宜，设置位置一般应在建筑物顶端或商店门前；反之，标志的形体过小、位置偏僻，难以从周围环境中突出、显现出来，也就无法发挥其应有的心理效应。

3. 商店橱窗与消费心理

橱窗是商店外观的重要组成部分，它的直接用途是展示、宣传商品，向消费者传递信息。因此，一个构思新颖、主题鲜明、风格独特、造型美观、色彩和谐、富于艺术感染力的橱窗设计，可以形象、直观地向消费者介绍、展示商品，起到指导和示范作用。

1) 橱窗的整体效果

橱窗的大小、高矮、位置及数量要与商店的建筑形式保持和谐。在不破坏商店外观的前提下，突出橱窗的装饰感，即橱窗本身应给整个商店的装饰增添色彩，成为外观中最醒目的部分。如果具有两个以上橱窗的商店，还要注意橱窗之间的分割和呼应。

2) 橱窗的建筑结构

在橱窗设计中，应根据商店经营性质、售货现场布置等因素进行综合考虑和选择。

（1）独立橱窗。只有一面透明，其他侧面均呈封闭的橱窗为独立橱窗。这种橱窗形式不仅与商店内部的售货现场隔离，而且在商店外观中也自成一体，保持相对独立，因而便于充分展示商店，突出宣传效果，吸引消费者的注意。

（2）半透明橱窗。除正面外，侧面或背面也部分透明的橱窗为半透明橱窗。这种橱窗形式若运用得当，可以形成与内部售货场所的紧密联系，但容易分散消费者对橱窗的注意力。

（3）透明橱窗。这种橱窗与商店内部连为一体，可以使消费者直接看到售货现场，从而突出现场感，同时获得对商店外观和内部状况的整体感受。但是，由于这类橱窗里外透明，消费者的视线容易分散，不易突出商品本身。

（4）特写橱窗。这种橱窗只陈列某一种商品，或者虽有其他商品，但都处于从属地位，陈列其目的是为了烘托主要商品。特写橱窗常用于介绍新品，或是具有特色的、可能流行的商品。采用这种橱窗，可以充分突出商品的特点，给消费者留下深刻的印象。

（5）分类橱窗。这种橱窗把有连带性的、用途相近的商品摆放在一起陈列，如床上用品等。这种橱窗容易引起消费者的联想，激发其潜在的购买欲望。

（6）综合橱窗。这种橱窗陈列商品繁多，彼此很难取得艺术联系，因而主次不分，任何一种商品都不突出，整体上也难以给消费者以感染力，不易吸引消费者。

3）橱窗的设计手法

（1）在样品选择上，应以反映商店经营特色、消费时尚及新上市流行的商品实物作为陈列品，能给消费者以真实感和信任感。

（2）在摆放位置上，应把所宣传的商品摆放在突出、显眼的中心位置，然后围绕这一中心，对其他陪衬物进行布置、点缀，从而加大主题与背景的对比度，使商品更加醒目集中，能够迅速引起消费者的注意。

（3）在色调运用上，应以所宣传的商品和季节为转移。春夏季以冷色调为主，秋冬季以暖色调为宜，同时做到上浅下深、搭配协调、浓淡相宜，使消费者得到美好、愉悦的情绪感受。

除了上述方面外，橱窗设计还应合理运用照明设备、支架、模特、陈列牌等道具，灯光的分布要均匀充足，亮度集中而不强烈。通过柔和舒适的光线，可以进一步美化商品形象，增强消费者视觉的立体感。

5.2.4 商品陈列与消费心理

商品陈列是指柜台及货架上商品摆放的位置、搭配及整体表现形式。消费者进入商店的主要目的是购买商品，其购买行为在很大程度上取决于商品的摆布状况。为此，商店应讲究商品的摆布艺术，使商品陈列做到醒目、便利、美观、实用，对消费者的购买心理产生影响。

1. 醒目陈列法

当消费者走进商店时，经常会无意识地环视卖场陈列的商品，而商品摆放的位置高低会直接影响消费者的视觉注意和感受范围及程度。因此，商品摆放高度要根据商品的大小和消费者的视线、视角来综合考虑。一般来说，摆放高度应以 $1\sim1.7m$ 为宜，与消费者的距离约为 $2\sim5m$，视场宽度应保持在 $3.3\sim8.2m$。在这个范围内摆放，可以提高商品的可视度，容易使消费者较清晰地感知商品形象。

> **知识拓展**
>
> ### 人的眼睛的可视范围
>
> 心理学研究表明,人的眼睛的视场与距离成正比,而视觉清晰度与距离成反比。通常,消费者在店内无意识的展望高度是 0.7~1.7m,同视线轴大约 30°角上的商品最容易为人们清晰感知。在 1m 的距离内,视场的平均宽度为 1.64m;在 2m 的距离内,视场的平均宽度达 3.3m;在 5m 的距离内,视场的平均宽度达 8.2m;在 8m 的距离内,视场的平均宽度就会扩大到 16.4m。

2. 分类陈列法

根据商品的档次、性能、特点等进行分类排列,展示某类商品有代表性的特点。这种方法有利于消费者比较和挑选商品。对于已经分类的商品,可以继续采用某种方法来细分。

3. 裸露陈列法

好的商品摆布应为消费者观察、触摸及选购商品提供最大便利。为此,多数商品应采取裸露陈列法,应允许消费者自由接触、选择、试穿、试用、亲口品尝商品,以便减少消费者的心理疑虑,降低其购买风险,坚定其购买信心。

4. 季节陈列法

季节性强的商品应当随着季节的变化不断调整其陈列方式和色调,尽量减少店内环境与自然环境变化的反应。这样不仅可以促进应季商品的销售,而且使消费者产生与自然环境和谐一致、愉悦顺畅的心理感受。

5. 逆时针陈列法

据有关调查显示,大部分消费者逛商场时总是有意无意地按逆时针方向行走。根据这一习惯,商场在摆放商品时,应该尽可能地按照商品的主次沿逆时针排列。特别是一些大型商场,其经营品种较多,如果按照这种方式排列,更能方便消费者。

6. 艺术陈列法

这是通过商品组合的艺术造型进行摆布的方法。各种商品都有其独特的审美特征,如有的款式新颖,有的造型独特,有的格调高雅,有的色泽鲜艳,有的包装精美,有的气味芬芳。在陈列中,应在保持商品独立美感的前提下,通过艺术造型使各种商品巧妙布局、相映生辉,达到整体美的艺术效果。为此,可以采用直线式、立体式、折叠式、对称式、均衡式和多层式等多种方式进行组合摆布,赋予商品陈列以高雅的艺术品位和强烈的艺术魅力,从而对消费者产生强大的吸引力。

7. 连带陈列法

许多商品在使用方面具有连带性,如牙膏和牙刷、照相机和胶卷等。为了引起消费者潜在的购买意识,方便其购买相关商品,可采用连带陈列方式,把具有连带关系的商品相邻摆放。

8. 重点陈列法

现代商店经营商品种类繁多,少则几千种,多达几十万种,要使全部商品都引人注目是不可能的。为此，可以选择消费者大量需要的商品作为陈列重点，同时附带陈列一些次要的、周转缓慢的商品，使消费者在对重点商品产生注意后，附带关注到大批次要商品。

9. 专题陈列法

专题陈列法也称为主题陈列法，即结合某一事件或节日，集中陈列有关的系列商品，以渲染气氛，造成特定的环境，以利于某类商品的销售。如春节前夕，可以集中推出一系列年货组成春节专柜，既方便了消费者，又渲染了节日气氛。

5.2.5 柜台设置与消费心理

如果说漂亮的商店外观可以吸引消费者走进商店的话，那么能否激发消费者的购买欲望，促成其现场购买行为，则在很大程度上决定于商店内部的柜台的设置。

1. 按照售货方式不同选择

1）开放式柜台

开放式柜台可让消费者根据自己的需要和意愿，任意从货架上拿取和选择、比较商品，从而最大限度地缩短与商品的距离，增强亲身体验和感受；可获得较大的行为自由度，充分发挥个人的主观能动性，产生自主感和成就感；可减轻心理压力和其他因素的干扰，在自由接触商品中形成轻松愉悦的情绪感受；还可使消费者感受到商店对自己的尊重和信任。这些都会进一步激发消费者的购买欲望，促成其购买行为。因此，开放式柜台深受消费者欢迎，同时也是大多数商店所普遍采用的设置形式，如书店、超级市场等大多采用开放式柜台。

2）封闭式柜台

封闭式柜台是依靠售货员向消费者递拿、出售商品的设置形式。与开放式柜台相比，这种形式增加了消费者与商品联系的中间环节，扩大了距离感，降低了个人的行为自主性，同时增加了与售货员产生人际摩擦的可能性。因此，对消费者心理的负面影响较多，但在珠宝首饰等不宜或无法直接挑选的商品销售中，采取封闭式柜台仍不失为较为妥当的形式。

2. 按照排列方式不同选择

1）直线式柜台

直线式柜台是将若干个柜台呈直线排列。这种方式便于消费者通行，视野较开阔、深远，但不利于迅速寻找和发现目标。

2）岛屿式柜台

岛屿式柜台是将一组柜台呈球状排列，形成一个"售货岛屿"。这种排列方式可以增加柜台的总长度，扩大商品的陈列面积，还可以按经营大类划分和集中陈列商品，以便于消费者迅速查找和发现所要购买的商品。

3. 按照经营商品的性质和特点选择

在柜台的摆放地点或区位设计中，应以经营商品的性质及消费者的需求和购买特点为主要依据。日常生活必需、价格较低、供求弹性较大的商品应摆放在较便利的区域，便于消费者购买。对于交易次数少、挑选性强、使用期较长的选购商品，可以摆放在较远位置。对时装、家具等，应相对集中摆放在宽敞明亮的位置，以便于消费者观看、接近、触摸商品，从而满足消费者的选择心理。对于一些高档、稀有、名贵、价格昂贵的特殊商品，如彩电、照相机、工艺品、珠宝首饰、古董等柜台，可以摆放在距出入口和便利品柜台较远的、环境幽雅的地方，以满足消费者求名、自尊、私密等特殊心理。

5.2.6 店内装饰与消费心理

1. 店门

店门是商店内部与外部的分界线,也是消费者进入商店的必经之路。一般来说,店门要尽量设在靠街的一侧,而且尽量鲜明独特,并注意要与橱窗、招牌、建筑整体风格及所经营商品协调。对店门形式与大小的选择,不仅应利于消费者出入,而且还要从内部装饰的角度考虑对消费者心理的影响。店门通常有3种类型:第一种是封闭型,这种形式可将商店内部环境完全隔离开来,形成安静、高雅的购物气氛;第二种是开放型,这种形式将店内前面全部开放,让消费者可从外部直接观看店内全貌,并方便出入;第三种是半开放型,即将上面两种形式结合起来配设橱窗,并根据季节和客流变化调节大门的开放度。

2. 室内高度和空间设计

商店的室内高度要与面积相适应,并要保证室内的通风和采光。在多层商店中,底层高度不宜过低,以免使消费者产生压抑感。空间结构可采用丰富多变的设计手法,如各层中央留有垂直空间,使消费者从每一层都能看到商店的全貌,给人以宏大感。

3. 辅助设施

辅助设施是指商店内为消费者提供非商品销售的服务性设施,如服务台、休息室等。这些设施可以为消费者提供咨询指导、休息等多方面的服务,使消费者在购买过程中获得极大的便利感,并对商店的内部环境产生舒适、亲切的美好印象。

4. 色彩

色彩是指商店内部四壁、天花板和地面的颜色。心理学研究表明,不同的色彩能引起人们不同的联想和情绪反应,产生不同的心理感受。例如,黑色给人以严肃、庄重感,红色给人以热情、喜庆、燥热感,白色给人以纯真、圣洁感,浅色能产生放大的感觉,深色能产生缩小的感觉等。一般来说,商店内部装饰的色彩以淡雅为宜,如象牙白、淡黄、浅绿色等,会给人以宁静、清新、轻松宜人的感受,同时也容易突出所陈列的商品,达到浓淡相宜、色彩协调的整体效果。

5. 照明

营业厅明亮、柔和的照明,可以充分展示店容,渲染气氛,调节情绪,宣传商品,吸引消费者的注意力,为消费者创造良好的心境。讲求灯光照明的科学化、艺术化,是商店内部装饰的重要环节。

为了吸引消费者的注意力,在光线运用上可采用定向光束、增强明暗对比度、闪动的彩色灯光等。对于消费者挑选性强的商品,如结婚用品等,照明光度要强一些;对于消费者挑选不细的商品,如日用杂品等,照明光度可以弱一些;对于珠宝首饰等贵重商品,可用定向光束直射,以显示出商品的灵秀、华贵,使消费者产生稀有、珍贵的心理感受。

6. 音响

用音乐来促进销售,可以说是古老的经商艺术。早在传统商业时期,叫唱或敲击竹梆、金属器物等就成为小商小贩招徕生意的独特形式。心理学研究表明,人的听觉器官一旦接受某种适宜音响,传入大脑中枢神经,便会极大地调动消费者的情绪,造成一种必要的意境。

在此基础上，人们会萌发某种欲望，并受到欲望的驱使而采取行动。优美、轻松的音乐能够使人体产生有益的共振，促使体内产生一种有益健康的生理活性物质，这种物质可以调节血液的流量和神经的传导，使人保持朝气蓬勃的精神状态。但是，并不是任何音响都能唤起消费者的购买欲望，相反地，一些不合时宜的音响会使人产生不适感。因此，商店在使用音响时应当注意以下原则：

（1）高低要适宜。人对音响高低的反应受到绝对听觉阈限的限制。音量过低，难以引起消费者的听觉感受；音量过高，会因刺激强度过大而形成噪声污染，给消费者带来身心不适，产生相反的效果。

（2）体现经营特色。运用的音乐或广告音响，应与所推销的商品及企业的经营特色结合起来，促使消费者产生与商品有关的联想，激起其对商品及商店的良好情感，从而诱发消费者的购买欲望。

（3）播放要适时有度。人们对任何外界刺激的感受超过一定限度便会产生感觉疲劳，进而引发抵触情绪。因此，音响的播放要适时，切忌过度。

单元小结

影响消费心理的外部因素有政治、经济、文化、消费习俗和购物环境等。政治方面的因素主要包括改革开放政策、消费政策消费环境、社会保障制度等；经济方面的因素包括经济发展对消费心理的影响和产业结构调整对消费心理的影响；文化方面的因素主要包括主文化和亚文化两个方面，由于文化在一定时期内具有稳定性，难以改变，企业一定要高度重视。消费习俗与流行也是影响消费心理的重要因素。

消费者购买商品离不开购物场所，购物环境成为影响消费心理的另一个重要内容。微观购物环境最主要的方面是商店选址和商店橱窗设计。店内的商品陈列方式、柜台设置、店内装饰等因素，也会对消费心理产生直接的影响。

课后习题

一、名词解释

群体　　社会阶层　　主文化　　消费习俗　　消费流行

二、单选题

1. 不属于影响消费心理的政治因素有（　　）。
   A. 政局稳定性　　B. 社会保障制度　　C. 消费税　　D. 消费政策
2. 正式群体是通过（　　）形成的。
   A. 组织目标　　B. 兴趣　　C. 特长　　D. 爱好
3. 下列商品中，（　　）是以家庭为单位进行购买的。
   A. 彩电　　B. 空调　　C. 电冰箱　　D. 电风扇
4. 下列商品中，（　　）适合采用封闭式柜台的设置方式。
   A. 汽车　　B. 珠宝　　C. 日用品　　D. 家用电器
5. 下列选项中，（　　）不属于商店标志设计的要求。
   A. 独特　　B. 鲜明　　C. 醒目　　D. 简洁

三、判断题

1. 与经济因素相比，政治因素对消费者的心理与行为影响更大。　　　　　　　　（　　）

2. 具有某种共同特征的若干消费者组成的群体就是消费者群体,凡是具有同一特征的消费者都会表现出相同或相近的消费心理行为。（   ）

3. 虽然划分社会阶层的标准不同,就会形成不同的社会阶层。但社会阶层具有一定的稳定性,很难随时代的不断变化而改变。（   ）

4. 虽然亚文化也会对消费者的心理与行为产生影响,但与主文化相比,其影响是微弱的,可以忽略。（   ）

5. 在连锁商店购物,可以使消费者消除风险防御心理,减少比较选择时间,缩短购买过程。（   ）

四、填空题

1. 信息网络技术的迅速发展和广泛应用及_____的出现,给传统的购物模式和消费产品结构带来了强大的冲击。

2. 一般来说,社会阶层越高,其_____越强,消费倾向越小,其消费越追求全面发展,更加注重对产品出处的调查和选择,其消费行为对信息的_____较大。

3. 家庭生命周期是一个家庭在建立发展过程中经历的阶段。它是由_____、_____、_____以及_____等因素综合而成的。

4. 亚文化是指仅仅为社会上一部分社会成员所接受或为某一社会群体所特有的文化,主要包括_____、_____、_____、_____、_____和_____等。

5. 商圈是指店铺吸引顾客的地理区域,是店铺的辐射范围,由_____、_____和_____构成。

五、简答题

1. 简述经济发展对消费心理的影响。
2. 简述消费者群体对消费心理的影响。
3. 简述消费习俗对消费心理的影响。
4. 简述消费流行对消费心理的影响。
5. 简述商品陈列的方法。

案例分析

在美国的化妆品生产行业有一句名言:日本的化妆品市场是美国商人难以攀登的富士山。这是什么意思呢?原来美国是生产化妆品的一个大国,出口的化妆品也较多,其中有一些出口到日本市场上。美国化妆品进入日本市场的时候,也对日本人进行了大规模的广告宣传和其他形式的促销活动,但是日本人对此就是无动于衷。化妆品的销售量很少,美国运到日本市场来的化妆品只能大量积压,生产厂家为此十分着急。美国的商人为此委托有关专家认真地研究了日本人购买化妆品的心理,通过大量的调查研究发现,原来是美国人生产的化妆品的色彩不适合于日本人购买化妆品的心理。

在美国,人们对于皮肤的色彩有一种十分普遍的观念,即认为皮肤略为深色或稍黑一些是富裕阶层的象征。因为只有生活富裕的人们才有足够的时间和金钱去进行各种消闲活动,到海滩去晒太阳是一种比较普遍的消闲活动,生活越富裕,去海滩晒太阳的机会越多,皮肤也就越黑,所以皮肤晒得越黑的人,说明其社会地位和生活的富裕程度越高。在化妆的时候,人们习惯于使用深色的化妆品,把自己的皮肤化妆成略为深色,以显示自己的地位。化妆品的厂家在生产化妆品的时候,也就以色彩略为深一些的化妆品为主大量生产。而日本人的皮肤属于东方人的皮肤类型,崇尚白色,化妆时不喜欢使用深色的化妆品,所以日本人对于美国人的那种略为深色的化妆品需求量是很少的。

而日本的空调开拓中东地区市场却和美国的化妆品相反。中东地区的国家一般比较富裕,重视改善居室的舒适性,所以消费家用空调的人比例较高。最先进入中东地区销售空调的厂商来自美国和英国等一些国家,这些国家的产品质量一般还不错,所以前期的销售效果也很好,但销过一段时间之后,发现中东地区的消费者对于这些国家的空调并没有太多的兴趣,空调总是出问题,出现停转的现象。日本厂家在仔细研究了这些情况之后,得出一个结论:他们认为美国和英国一些国家的空调在中东地区总是出现停转问题的原因在于,中东地区多沙、空调的防沙能力很差,而美国和英国空调的生产者没有设计防沙功能的意识,不了解当地消费者已往习惯于各种物品的防沙功能,所以生产的商品不适应于这一地区的消费要求。日本厂商立即着手改进空调的防沙能力,对空调的进出口进行了防沙性能的处理,并且在广告中大力宣传日本空调在中东地区的适应性。结果,日本的空调一下子把美国和英国等国家的空调挤出了中东地区的市场,并从此成为中东地区最畅销的产品。

问题

1. 以上案例说明了什么?
2. 结合案例分析消费习俗对消费心理的影响。
3. 试列举你所在地区消费习俗的特点。

实训操作

1. 实训目的

通过本次实训,使学生明确影响消费心理活动的外部因素的构成,能根据各影响因素的特征制定相应的经营策略。

2. 实训要求

基于高职院校市场营销专业学生进行"专套本"这一项目,写一份影响消费心理活动的外部因素分析报告,内容要求包括宏观环境因素、学校办学条件等基本框架,字数不少于1 000。

3. 实训材料

相关图书、教辅、计算机网络、纸张、笔或打印机等。

4. 实训步骤

(1) 选择"专套本"专业——市场营销。
(2) 调查"专套本"的政策、经济发展、学生就业、社会文化等信息。
(3) 调查该校进行"专套本"的办学条件。
(4) 构建高职生选择"专套本"消费心理的外部因素分析的框架。

5. 实训检验

每位学生的成绩由两部分组成:学生实际操作情况(40%)和实训报告撰写情况(60%)。

实际操作主要考查学生执行实训步骤,分析影响高职生选择"专套本"的消费心理活动的外部因素的能力;实训报告主要考查学生根据影响高职生选择"专套本"的消费心理活动的外部因素提出相应的营销策略的合理性。

单元 6

影响消费心理活动的内部因素

【任务描述】

通过对就餐客户的消费心理分析,小王明白了外部因素是如何影响消费者的心理和购买行为的选择:如果收入水平提高了,顾客来就餐的频率就会高一些;如果家里来了亲朋好友,顾客大多情况下都会来餐厅就餐……但影响消费心理活动的因素远不止此。比如说,小王在餐厅实习中,还遇到这种情形:有些顾客等菜时,能找一些话茬,耐心地等下去;而有些顾客等菜时,什么话都不讲,扬长而去。这是外部环境因素解释不了的,因此,小王认为有必要深入到消费者的内心世界进行观察和分析。于是,小王就着手分析研究影响消费心理活动的内部因素,不过,在分析影响消费心理活动的内部因素过程中,应遵循下表所列的关键任务和工作要求。

任　　务	工 作 要 求	学习重点和难点
分析个性特征对消费心理的影响	（1）正确理解个性及相关概念 （2）要注意把握好个性构成要素之间的关联性	（1）消费者气质及其对消费心理的影响 （2）消费者性格及其对消费心理的影响 （3）消费者能力及其对消费心理的影响
分析需求和动机对消费心理的影响	（1）正确理解需求与消费心理的关系 （2）正确理解动机与消费心理的关系	（1）需求的类型及其对消费心理的影响 （2）动机的类型及其对消费心理的影响

【任务实施】

任务6.1　分析个性特征对消费心理的影响

6.1.1　消费者的气质

1. 气质的定义

气质是指一个人的秉性和脾气，是一个人心理活动过程的动力特征的总和，主要表现为心理活动过程的速度、强度、稳定性、灵活性和指向性等特征。心理活动过程的速度是指知觉的速度、情绪表现的快慢、语言的速度和节奏等；心理活动过程的强度是指情绪的强弱、意志努力的程度等；心理活动过程的稳定性是指注意力集中时间的长短；心理活动过程的灵活性是指思维的灵活程度、动作的灵敏与迟缓等；心理活动过程的指向性是指人们的心理活动经常倾向于外部世界还是内心世界。这些特征是人们在各种场合中一贯的比较稳定的行为动力特征，一般不受个人活动的目的、动机、内容等影响。气质本身并不直接对个体的行为起推动作用，也不决定行为的发生和方向，它只是将心理活动表现于行为中，是外显的动力特征。

气质主要由遗传的高级神经活动类型决定，人的心理活动的许多动力特征都是先天的，所以气质具有先天性、跨情境性、稳定性等特征。

2. 气质的特征

1）心理过程的非指向性

心理过程的非指向性包括两个方面：一方面是心理过程的速度、稳定性和灵活性，如知觉的速度、思维的灵敏程度、注意力集中的长短；另一方面是心理过程的强度，如情绪的强弱、意志努力程度。

2）心理过程的指向性

心理过程的指向性是指一个人对事物的态度和行为选择性。主要包括需求、动机、兴趣、信念和世界观等，它是个性心理结构中最为活跃的因素，可以分为内倾和外倾。

3. 分析气质的意义

1）个人独特风格的表现

一个人通常以同样的风格、特点出现在他所参加的各种活动中，而不依赖于活动的内容、动机和目的。一个具有某种气质特征的消费者无论购买什么品牌的商品,也无论以怎样的动机和在什么场合,都会以同样的行为特点表现在各种不同的消费行为活动中。

2) 影响消费行为的方式和效率

在消费活动中,对于同一商品,不同气质类型的消费者会以不同的方式购买商品,这种现象极为普遍。例如,外倾型的消费者往往会主动询问其他顾客的看法,并愿意求助导购员的帮助;内倾型的消费者则相反,一般不会主动与周围的人交谈,喜欢自己认真仔细地观察商品,不愿向导购员或他人求助。又如,一个观察事物敏锐、动作迅速、处事灵活的人,在对商品进行观察、辨识之后,能很快做出评价并能根据现实情况及时作出购买决策。

4. 气质的类型及特征

研究气质的理论很多,但最具代表性的还是希波克拉底(古希腊伯里克利时代的医师,欧洲医学奠基人)的体液类型说。体液类型说认为人体内有 4 种体液:血液(生于心脏)、黏液(生于脑)、黄胆汁(生于肝)、黑胆汁(生于胃)。根据这 4 种体液在人体内的不同比例,可分为胆汁质、多血质、黏液质和抑郁质 4 种典型的气质类型,每种气质类型都有各自的特征。

1) 胆汁质

黄胆汁在体液中占优势的气质类型被称为胆汁质,具有该种气质的人的高级神经活动类型是兴奋型。其典型的特征是情绪的发生快而强,性情急躁,易于冲动,心境变化剧烈,爱发怒;为人热情,说话直率,愿意与他人交流内心想法;精力充沛,做事果断;言语和动作急速而难以自制;缺乏耐性,固执;等等。

2) 多血质

血液在体液中占优势的气质类型被称为多血质,具有该种气质的人的高级神经活动类型是活泼型。其典型的特征是情绪的发生快而多变,乐观亲切,表情丰富;内心外露,善于交际;思维、言语和动作敏捷,活泼好动,富有朝气;注意力和兴趣容易转移;浮躁、轻率;等等。

3) 黏液质

黏液在体液中占优势的气质类型被称为黏液质,具有该种气质的人的高级神经活动类型是安静型。其典型特征是情绪的发生慢而弱,表情淡漠,沉默寡言,内心不外露;思维、言语和动作缓慢,沉着稳定;遇事谨慎,反应迟缓;注意力稳定,忍耐力强,执拗;等等。

4) 抑郁质

黑胆汁在体液中占优势的气质类型被称为抑郁质,具有该种气质的人的高级神经活动类型是抑制型。其典型的特征是情绪的发生慢而强,内心体验深刻,多愁善感;对事物反应敏感,观察细致;胆小、腼腆、孤僻,做事多疑,优柔寡断;注意力与兴趣不容易转移;等等。

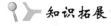

营销人员气质类型及销售行为表现

1. 急躁型

这种类型具有明显的胆汁质气质特征,其销售行为的特点是工作富有朝气,动作敏捷,善于随机应变,不过心境变化剧烈,服务态度时好时差,往往因急于成交而与客户顶撞和争吵。

2. 活泼型

这种类型具有明显的多血质外向气质特征,其销售行为的特点是容易与顾客接近,互相沟通快,动作干脆利索,服务面广,容易促成顾客购买。不过注意力容易转移,兴趣易变,缺乏坚持性和耐久性。

3. 温顺型

这种类型兼有多血质和黏液质的某些气质特征,其销售行为的特点是热情有限但不冲动,能顺从顾客意见,满足顾客挑选商品的要求。不过动作不够敏捷,处理问题不够泼辣大胆。

4. 冷静型

这种类型具有明显的黏液质气质特征,其销售行为的特点是接待顾客沉着冷静,注意力集中稳定,介绍商品客观,服务细致。不过缺乏朝气,表情略微淡漠,易与顾客保持一定距离。

5. 沉默型

这种类型具有较明显的抑郁质气质特征,其销售行为的特点是工作情绪稳定如一,工作认真,埋头苦干。不过与顾客沟通较慢,不善于宣传推销商品,也不爱回答顾客所提出的问题,常因此而失去一些销售机会。

6.1.2 消费者的性格

1. 性格的定义

性格是指个体在对现实的稳定态度和与之相适应的习惯性行为方式中表现出来的个性心理特征。性格是个性中最重要、最显著的心理特征。由于它在某种程度上是以道德观点为基础进行评价的,所以它在人的个性中起核心作用,是区别于他人的主要心理标志。因为性格是在生理素质和后天的社会实践活动中逐渐形成和发展的,所以它具有一定的复杂性、独特性、整体性和稳定性。

 知识拓展

性格与气质的区别

1. 性质不同

性格具有较明显的社会化特性,而气质受遗传因素影响较大。

2. 生理基础不同

气质的生理基础是高级神经活动的类型特点,具有很大的稳定性,而性格的生理基础是两个方面的"合成":一方面是高级神经活动的类型对性格具有影响作用;另一方面是通过经验建立起来的暂时神经联系系统对性格发挥着主导作用。性格的基本机制是在高级神经活动的类型基础上后天建立出来的条件反射系统。

2. 性格的特征

1) 态度特征

性格的态度特征是人对现实的态度和行为倾向,是人的价值观和世界观的反映,其主要包括以下几个方面:

(1) 对社会、集体、他人的态度特征。积极方面的特征有爱集体、乐于助人、见义勇为、富有同情心、正直、诚实、善良、有礼貌、豁达等；消极方面的特征有自私自利、损人利己、粗俗无礼、冷漠无情、虚伪、狡猾、凶恶、狭隘等。

（2）对劳动、工作、学习的态度特征。积极方面的特征有勤劳、认真、严谨，有责任心、条理性、创新精神等；消极方面的特征有懒惰、马虎、松懈、不负责任、杂乱无章、因循守旧等。

（3）对事物的态度特征。积极方面的特征有适度占有、勤俭节约、实事求是、爱惜、乐观等；消极方面的特征有贪婪占有、奢侈浪费、无中生有、损坏、悲观等。

（4）对自己的态度特征。积极方面的特征有自信、自爱、自尊、谦虚等；消极方面的特征有自卑、自馁、轻浮、自大等。

2）认知特征

性格的认知特征是指人在感知、记忆、思维、想象等心理活动中表现出来的特点，主要包括以下几个方面：

（1）感知方面的特征有主动观察型和被动观察型，记录型和解释型等。

（2）记忆方面的特征有主动记忆型和被动记忆型，直观形象记忆和逻辑抽象记忆等。

（3）思维方面的特征有系统思维和线性思维，独立思维和惰性思维，分析型和综合型等。

（4）想象方面的特征有主动想象和被动想象，创造想象和再造想象，现实型和幻想型等。

3）情绪特征

性格的情绪特征是指情绪对人的行为影响的特点，主要包括以下几个方面：

（1）稳定性方面的特征有自控稳定型和失控波动型。

（2）持久性方面的特征有短暂型和持续型。

（3）主导性方面的特征有积极型和消极型。

4）意志特征

性格的意志特征是指意志对人的行为进行调节的特点，主要包括以下几个方面：

（1）自觉性方面的特征有目标性和盲目性，主动性和被动性。

（2）自制性方面的特征有自律和任性。

（3）果断性方面的特征有当机立断和优柔寡断。

（4）坚韧性方面的特征有坚韧不拔和半途而废。

在以上4个方面的性格特征中，最重要的是态度特征和意志特征，它们对人的行为性质和行为结果有着非常重要的影响。

3. 性格的类型

1）从经济性的角度分类

（1）节俭型。节俭型的消费者在消费观念上崇尚节俭，讲究实惠，他们会把绝大多数的钱用来购买生活必需品，而且非常注重商品价格的优惠性和商品的实用性。

（2）享受型。享受型的消费者希望通过消费商品来提高生活质量，讲究享受消费多功能和高品质的商品而带来的快乐，不会太在意商品的价格，而会格外注重商品的名牌效应。

2）从忠诚性的角度分类

（1）保守型。保守型的消费者在消费态度上比较严谨，生活方式刻板，怀旧心理浓厚，忠诚于消费老品牌的商品，不信任新产品，不会轻易购买不熟悉的商品。

(2) 开放型。开放型的消费者在消费态度上比较乐观，消费兴趣广，喜欢新产品，注重商品与自身需求的一致性，只要是能够令自己满意的商品，就不会在意新、老品牌，不会计较价格高低等因素。

3) 从完美性的角度分类

(1) 挑剔型。挑剔型的消费者对生活方式比较讲究，选择商品的标准比较高，追求消费结果的完美性。在购买过程中，会在自身消费经验的指导下精挑细选，绝不购买不符合其标准的商品，宁缺毋滥。

(2) 随意型。随意型的消费者的消费态度比较随和，生活方式大众化，消费行为没有固定的模式，不会刻意追求某种商品的消费。在购买过程中的计划性不强，易受外界因素的影响，多发生随机性购买行为。

4) 从时尚性的角度分类

(1) 现实型。现实型的消费者的消费态度比较理性，能够从自身的实际条件出发，进行科学、合理的消费，消费行为的目的性和计划性都较强，追求消费效益的实效性。

(2) 浪漫型。浪漫型的消费者的消费态度比较情绪化，追求超越现实的、唯美的消费结果，在消费过程中会注重商品的艺术性、时尚性和情感性。

案例阅读

爵士岛咖啡

爵士岛咖啡的店面装修可以用"豪华"二字来形容，这样的装修标准起初是为了吸引二三线城市的高端消费人群，"上了档次才会吸引到这样一批有消费能力的人来。"让人没有想到的是，豪华装修居然吸引到了90后消费者。"这只有一个解释，他们有着成人的消费观：好面子。"

但爵士岛咖啡将大部分90后拒之门外，是想让他们对这个品牌更有感情。按照这种想法：先引导，等他们成熟了，再去发掘潜力。既然90后消费者成为了商业目标，那么就更有针对性了——培养这样一群潜在客户。在西安等二线城市，爵士岛咖啡开始联合学生会，让咖啡文化走进校园。如为了培养学生对咖啡感兴趣，爵士岛咖啡设计了一个"味觉经典体验"活动，定期在校园和店内进行咖啡品尝，为这些年轻消费者普及咖啡知识。"咖啡拉花——我是咖啡艺术家"是爵士岛咖啡继品尝之后进行的兴趣升级活动。这种活动吸引了很多90后这些年轻的消费群体，提升了咖啡店的知名程度，带动了消费。"90后消费者创新意识强，喜欢体验。这样的活动能让他们既认识朋友，又学到了有意思的东西，注定会成为我们的客户群。"

6.1.3 消费者的能力

1. 能力的定义

能力是直接影响消费活动的效率，并使消费活动得以顺利完成的个性心理特征。理解能力的定义必须把握以下几点：

(1) 能力总是同一定的消费活动相联系，并表现在消费活动之中。人们从事任何一种消费活动，都需要一定的能力，也只有在消费活动中才能体现一个人的消费能力。

(2) 能力是顺利完成某种消费活动所必须具备的心理特征，但在消费活动中表现出来的心理特征并不都是消费能力。例如，在消费活动中，消费者对商品质量的鉴定能力和对价格高低的判定能力是其顺利完成购买行为所必备的心理特征，但消费者表现出来的急躁或沉稳等心理特征则不是能力，而是气质。

（3）完成某种复杂的消费活动，往往需要几种能力的有机结合。例如，营销员的销售活动就需要交际能力、语言表达能力、逻辑思维能力等的综合运用。多种能力的结合称为才能。

（4）能力是保证消费活动取得成功的基本条件，但不是唯一条件。消费活动能否顺利进行并取得成功，还取决于气质、性格、知识、技能、物质条件和人际关系等因素。

2．能力的类型

1）按照不同倾向和作用方式分类

（1）一般能力。一般能力是指完成各种活动所必须具备的基本能力，如观察能力、记忆能力、思维能力、想象能力等，其中思维能力是核心的。一般能力的综合称为智力。

（2）特殊能力。特殊能力是指完成某种专业活动所必需的能力，如绘画能力、音乐能力、推销能力、写作能力等。

2）按照创造力程度分类

（1）再造能力。再造能力是指能够掌握所学的知识，并善于按照所提供的样式进行重复制造活动的能力。

（2）创造能力。创造能力是指超出现有模式而进行创新的能力，它是智力的最高表现。

3．能力的基本构成

消费者无论购买何种商品，都应具备一些基本能力，这些基本能力主要包括感知辨别能力、分析评价能力、决策能力、消费维权能力等。

1）感知辨别能力

感知辨别能力是指消费者通过各种感官认识和区别商品的能力。消费者在生理机能、心理机能和生活环境等方面的不同及所具有的购买经验和掌握商品知识方面的差异，导致他们对商品的感知辨别能力存在较大的差异。

2）分析评价能力

分析评价能力是指消费者依据一定的科学标准，分析判断商品性能、质量、价值等方面优劣的能力。消费者分析评价能力的高低主要受其消费知识、经验、审美观、价值观和思维方式等方面的综合影响。

3）决策能力

决策能力是指消费者在对商品进行分析评价的基础上，在多种备选方案中果断作出最优抉择的能力。消费者购买决策能力的高低直接受其自信心、性格、气质及对商品的认知程度、购买习惯和消费经验等因素的影响。

4）消费维权能力

消费维权能力是指消费者运用法律保障自己合法消费权益的能力。它直接受消费者对相关法律知识掌握的程度、维权意识的强弱及自身性格等方面的影响。

4．能力对消费活动的影响

1）感知辨别能力对消费活动的影响

一般来说，感知辨别能力比较强的消费者，能够迅速地注意到自己关心和需求的商品信息，在琳琅满目的商品中可以很快找到自己感兴趣和需要购买的商品，并且对商品观察得比较仔细；而感知辨别能力比较弱的消费者对相关的商品信息反应比较迟钝，面对各种各样的商品时有些不知所措，一时不知到哪里去寻找自己所需求的商品。

由于感知辨别能力强弱不同，所以消费者对商品的感受和评价也是不一样的。感知辨别能力强的消费者不仅了解和熟知某种商品的外观造型、商标型号、包装等外部标志和特征，而且能够根据自己掌握的专业知识和实践经验来识别这种商品的内在本质，能够充分利用自己的感官和各种识别资料，细致、全面地识别商品。

2）分析评价能力对消费活动的影响

分析评价能力强的消费者在购买某种商品时，善于清醒地回忆起曾经购买、使用过的同类商品的优缺点，相互进行比较、鉴别，并根据自己的审美观点和情趣来发现商品美的价值，以此来指导自己的购买行为，帮助自己进行消费。

3）决策能力对消费活动的影响

决策能力是指消费者经过一定的观察、识别以后，对是否购买作出决定的能力。消费者的决断力受多种因素的制约和影响。一个决策能力强的消费者在对商品进行观察和抉择后，通过比较，常常会运用其良好的意志品质，迅速、果断地作出是否购买的决定。

4）消费维权能力对消费活动的影响

消费者的维权能力是指正确使用和简单维修商品的能力。一个消费者如果缺乏必要的商品维权能力，就很难真正享受现代社会所提供的种种方便。在现实社会中，相当多的消费者只会使用所拥有商品的功能效用的一部分，尤其是一些高档复杂的商品。这样，一方面影响了消费水平的提高；另一方面也会给消费者带来生活上的不便和烦恼，影响消费者的生活质量。

任务6.2 分析需求和动机对消费心理的影响

6.2.1 消费者的需求

1. 需求的含义

需求是个体为延续和发展生命，并以一定方式适应环境时对所缺事物的渴求心理，这种反应通常以欲望、意愿的形式表现出来。消费者需求包含在人类的一般需求之中，它反映了消费者某种生理或心理体验的缺乏状态，并直接表现为消费者对获取以商品，或劳务形式存在的消费对象的要求和欲望。例如，消费者感到饥饿时，会产生对食物的需求等。

需要指出的是，有时消费者并未感到生理或心理体验的缺乏，仍有可能产生对某种商品的需求。例如，面对美味诱人的佳肴，人们可能产生食欲，尽管当时并不感到饥饿等。这些能够引起消费者需求的外部刺激称为诱因。凡是消费者趋向或接受某种刺激而获得满足的诱因称为正诱因；凡是消费者逃避某种刺激而获得满足的诱因称为负诱因。诱因对产生需求的刺激作用是有限度的，诱因的刺激强度过大或过小，都会导致个体的不满或不适，从而抑制需求的产生。例如，处在一个接连不断的广告宣传的环境之中，消费者就可能产生厌烦和抗拒心理，拒绝接受这些广告。

2. 需求的产生

在正常条件下，消费者的生理和心理是处于平衡或均衡状态的。一旦生理或心理的某个方面或某些方面处于缺乏状态时，期望与实际不一致时，便会导致平衡状态的破坏，变为不平衡状态。这时，消费者的生理或心理就会处于不舒服的紧张状态，只有减小或消除这种不舒服的紧张，才能恢复到正常的均衡状态。而需求可以看作是减少，或消除这种因正常生活某个（些）方面的缺乏而引起的不舒服的紧张状态的反映。

3. 需求的特性

1）多样性和差异性

就同一个消费者而言，消费需求是多样的。每个消费者不仅有生理的、物质的需求，还有心理的、精神方面的需求。上述各方面的需求，要求有多种具有特定功能的商品或劳务与之相适应。不仅如此，消费需求的多样性还表现在同一个消费者对某一特定消费对象常常同时兼有多方面的要求，如既要求商品质地优良、经济实惠，又要求其外观新颖，具有时代感，能够展示独特个性等。这充分显示出消费者需求在同一个体内部仍具有绝对的差异性。

就消费者与所需消费对象之间的不均衡状态而言，其产生取决于消费者自身的主观状况和所处消费环境两方面因素。不同消费者在年龄、性别、民族传统、宗教信仰、生活方式、文化水平、经济条件、个性特征、所处地域的社会环境等方面的主客观条件千差万别，由此形成多种多样的消费者需求。每个消费者都按照自身的需求选择、购买和评价商品。例如，有人以经济实用作为选择标准，有人以声望地位作为选择标准，从而鲜明地显示出不同消费者之间消费需求的差异性。

2）层次性和发展性

在不同的时代、不同的经济条件、不同的文化背景下，消费者的需求会表现出由低到高的层次顺序。通常，消费者先满足低层次的需求，在低层次需求满足的基础上，再追求高层次需求的满足。但在特殊情况下，需求的层次顺序是可以改变，即消费者可能跨越低层次需求，先去满足高层次需求，在高层次需求满足之后，转而寻求低层次需求的满足。

就发展性而言，消费者的需求是一个由少量到多量、由低级向高级、由简单向复杂不断发展的过程。这一过程与人类社会的历史进程密切相关，是随着满足需求的消费对象的内容、范围、方式等的改变而发展变化。

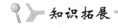
知识拓展

需求有层次性吗？

有学者研究，没有足够证据证明需求是有层次的，而现实证明，随着主管人员的升迁，他们的生理需求和安全需求在某种程度上有逐渐减少的倾向，而归属需求、尊重需求、自我实现需求有增强的倾向。

需求层次的提高是职位上升的结果，而不是低层次需求得到满足后产生的。换句话说，需求没什么层次之分。例如，性骚扰这种低级趣味的生理需求，在总统、CEO、世界银行行长等高级人物身上也不乏实证。需求的层次理论不过是为基于需求的经济理论披上"理性"的外衣而已。

3）伸缩性和周期性

伸缩性又称弹性，是指消费者对某种商品的需求因某些因素，如支付能力、价格、储蓄利率等的影响而发生一定幅度的变化。在现实生活中，每个消费者需求通常会受到一定程度的约束，从而使消费者需求只能得到部分或有限满足，并表现出一定的伸缩性，即在需求数量和程度上可多可少，可强可弱。

> **知识拓展**

需求伸缩性的表现

一般来说，价格是引起需求伸缩性的主要因素。价格与消费需求弹性的关系成反比，即价格上升，需求减少；价格下降，需求增加。可见，当客观条件限制需求的满足时，需求可以抑制、转化、降级，可以停留在某一水平上，也可以在较低数量上同时满足几种需求，还可以放弃其他需求而获得某一种需求的满足。

从消费者的自主选择来看，伸缩性还表现在消费者对需求追求的层次高低、内容多寡和程度强弱上。有的消费者以最高级需求为目标，坚持宁缺毋滥的原则；有的消费者则安于一般需求的满足，喜欢大众化的商品；有的消费者要求多项需求的同时满足；有的只追求某一项需求的满足；有的消费者需求极其强烈，有的则相对较弱。

除伸缩性外，消费者需求的变化还具有周期性的特点。一些需求获得满足后，在一定时期内不再产生，但随着时间的推移还会重新出现，并显示出明显的周期性。重新出现的需求不是对原有需求的简单重复，而是在内容上和形式上有所变化和更新。消费者需求的周期性主要由消费者的生理运行机制及某些心理特性引起，并受到自然环境变化周期、商品生命周期和社会时尚变化周期的影响。

4）互补性和可替代性

消费者需求的互补性是指对某种商品的消费会连带产生对其他相关产品的消费。例如，购买计算机可能会附带购买软件、计算机桌和打印机等。因此，经营互有联系或互补的商品不仅大大方便了消费者，而且还能增加商品的销售额。此外，许多商品还具有可以互相替代的特点，即有多种商品可以同时满足消费者的需求。例如，数码照相机价格下降，销售量增长，导致光学照相机销售量的减少。这就要求企业及时把握消费需求的变化趋势，认识商品的互补性和可替代性，有目的、有计划地根据消费需求的变化规律制订生产经营计划，调整商品结构与商品组合，更好地满足消费者需求。

4. 需求的类型

1）按照需求的起源分类

（1）自然需求。自然需求是指消费者为维持和延续生命，对于衣、食、住、睡眠、安全等基本生存条件的需求。这种需求是人作为生物有机体与生俱来的，是由消费者的生理特性决定的，因而也称为生理需求。

（2）社会需求。社会需求是指消费者在社会环境的影响下所形成的带有人类社会特点的某些需求，如社交需求等。这种需求是人作为社会成员在后天的社会生活中形成的，是由消费者的心理特性决定的，因而又称心理需求。

2）按照需求的对象分类

（1）物质需求。物质需求是指消费者对以物质形态存在的、具体有形的商品的需求。这种需求反映了消费者在生物属性上的需求。

（2）精神需求。精神需求是指消费者对于观念的对象或精神产品的需求。具体表现为对艺术、知识、美、追求真理等方面的需求。这种需求反映了消费者在社会属性上的需求。

3）按照需求的形式分类

（1）生存需求。生存需求包括对基本的物质生活资料、休息、健康、安全的需求。这种需求的满足，可以使消费者的生命得以维持和延续。

（2）享受需求。享受需求表现为要求吃得好、穿得美、住得舒适、用得奢华，有丰富的娱乐生活。这种需求的满足，可以使消费者在生理和心理上获得最大限度的享受。

（3）发展需求。发展需求体现为要求学习文化知识，增进智力和体力，提高个人修养，掌握专门技能，在某一领域取得突出成就等。这种需求的满足，可以使消费者的潜能得到充分发挥，人格得到高度发展。

4）按照需求的顺序分类

（1）基本生活需求。基本生活需求是指个人为维持生命而产生的对物质资料的需求，如食品、饮料、衣物、住房等。缺乏这些物质，会对人们的生活造成很大的困难，因此这类物品也称为生活必需品。

（2）全面发展需求。全面发展需求是指个人为提高生活质量、提高自身能力和个人素质而产生的需求，如计算机、空调、音响、文化用品等，就是满足全面发展需求的商品。

5）按照需求的实现程度分类

（1）现实需求。现实需求是指消费者具备一定购买支付能力，而且市场上又有适当商品能够满足的需求。

（2）潜在需求。潜在需求可能是由于缺乏购买能力，或是市场上没有满意的商品，所以是一种没有迫切购买愿望的需求。但在受外界环境的刺激下，如广告促销，可使潜在需求转化为现实需求。

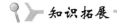
知识拓展

马斯洛需求层次理论

（1）需求层次是生理的需求。生理的需求是指维持人们体内的生理平衡的需求。如对水的需求，对于温暖的需求等。简单地说，生理的需求就是指人们日常生活中穿衣、吃饭等类型的需求。生理需求是驱使人们进行各种行为的强大动力，在生理需求得到一定程度的满足之后，人们才会产生更高一层次的需求。

（2）需求层次是安全的需求。当人们在基本的生理需求得到一定程度的满足之后，人们最关心的是其周围是否存在一些威胁其生存的因素。人们往往要求其生活环境具有一定的稳定性，有一定的法律秩序，具有安全感，希望所处的环境没有混乱、恐吓等因素的影响。

（3）需求层次是归属和友爱的需求。在人的生理需求和安全需求得到一定程度的满足时，人们就会强烈地希望与人交朋友，希望生活中有一些相知相亲的人，需求得到亲人的关怀与爱护，即需求在某个团体中找到一种归属感。如果这种需求得不到满足，人们就会强烈地感到孤独、被抛弃。在这种需求的驱使下，人们会主动地去交朋友，寻找自己所爱的人和喜欢自己的人。

（4）需求层次是尊重的需求。有了朋友和亲人之后，人们还需要朋友、亲人以及社会中的其他人承认自己，尊重自己，对自己有一个良好的评价。一般人都有自尊、自重的欲望，需要他人承认自己的实力、成就，得到个人的荣誉和威信，还需要有自信心，拥有个人的自由和独立性，能胜任自己的工作和任务等。

（5）需求层次是自我实现的需求。当一个人在上述4项需求都得到较好的满足后，他就会激发一种更高层次的需求，即实现自我价值、发挥自我潜能的需求。在这种需求的驱使下，人们会尽最大努力去发挥自己的潜力，实现自己的目标，追求自身价值的最佳体现。

5. 需求的内容

1）对商品使用价值的需求

使用价值是商品的物质属性，也是消费需求的基本内容。商品的使用价值主要包括商品的基本功能、质量、外观、品种、规格、安全性能、方便程度等。

2）对商品审美的需求

对美好事物的向往和追求是人类的天性，它体现于人类生活的各个方面。对于消费者来说，所购商品既要有实用性，同时也应有审美价值。消费者对商品审美的需求主要有商品的工艺设计、造型、式样、色彩、装潢、风格等。

3）对商品时代性的需求

消费需求的时代性表现为一个时代所特有的消费观念、消费方式、消费结构的总和。从某种意义上说，商品的时代性意味着商品的生命。一种商品一旦被时代所淘汰，成为过时的东西，就会滞销，其生命周期也会随之结束。因此，生产者要能站在时代的前列，及时生产出具有时代特征的商品。营销人员要使经营的商品适应时代的需求，满足消费者对商品时代性的需求。

4）对商品社会象征性的需求

商品的社会象征性是指人们赋予商品一定的意义，使得购买、拥有某种商品得到某种心理上的满足。例如，消费者希望通过消费活动表明自己的社会地位和身份等。

5）对提高良好服务的需求

服务不仅是一种交换手段，而且已成为商品交换的基本内容和条件，贯穿于商品流通的全过程。现代消费是物质享受和精神享受的有机结合。提高良好服务的需求主要在于其产品所提供的附加价值，如包装、服务、用户咨询、购买信贷、及时交货等。

案例阅读

"海底捞"的服务

海底捞虽然是一家火锅店，它的核心业务却不是餐饮，而是服务。在"海底捞"，顾客能真正找到"上帝的感觉"，甚至会觉得"不好意思"。甚至有食客点评，"现在都是平等社会了，让人很不习惯。"但他们不得不承认，"海底捞"的服务已经征服了绝大多数的火锅爱好者，顾客会乐此不疲地将在海底捞的就餐经历和心情发布在网上，越来越多的人被吸引到"海底捞"，一种类似于"病毒传播"的效应就此显现。如果是在饭店，几乎每家"海底捞"都是一样的情形：等位区里人声鼎沸，等待的人数几乎与就餐的相同。等待原本是一个痛苦的过程，"海底捞"却把这变成了一种愉悦：手持号码等待就餐的顾客一边观望屏幕上打出的座位信息，一边接过免费的水果、饮料、零食；如果是一大帮朋友在等待，服务员还会主动送上扑克牌、跳棋之类的桌面游戏供大家打发时间；或者趁等位的时间到餐厅上网区浏览网页；还可以来个免费的美甲、擦皮鞋等服务。

待客人坐定点餐的时候，围裙、热毛巾已经一一奉送到眼前了。服务员还会细心地为长发的女士递上皮筋和发夹，以免头发垂落到食物里；戴眼镜的客人则会得到擦镜布，以免热气模糊镜片；服务员看到你把手机放在台面上，会不声不响地拿来小塑料袋装好，以防油腻。每隔15min，就会有服务员主动更换你面前的热毛巾；如果你带了小孩子，服务员还会帮你喂孩子吃饭，陪他们在儿童天地做游戏；抽烟的人，他们会给你一个烟嘴，并告知烟焦油有害健康；为了消除口味，"海底捞"在卫生间中准备了牙膏、牙刷，甚至护肤品；过生日的客人，还会意外得到一些小礼物。如果你点的菜太多，服务员会善意地提醒你已经够吃；随行的人数较少，他们还会建议你点半份。

餐后，服务员马上送上口香糖，一路上所有服务员都会向你微笑道别。一个流传甚广的故事是，一位顾客结完账，临走时随口问了一句："怎么没有冰激凌？"5min后，服务员拿着"可爱多"气喘吁吁地跑回来："让你们久等了，这是刚从超市买来的。""只打了一个喷嚏，服务员就吩咐厨房做了碗姜汤送来，把我们给感动坏了。"如果某位顾客特别喜欢店内的免费食物，服务员也会单独打包一份让其带走……这就是"海底捞"的粉丝们所享受的，"花便宜的钱买到星级服务"的全过程。毫无疑问，这样贴身又贴心的"超级服务"，经常会让人流连忘返，一次又一次不自觉地走向这家餐厅。

6.2.2 消费者的购买动机

1. 购买动机的含义

动机是引发和维持个体行为并导向一定目标的心理冲动，是激励人们行动的原因。消费者的购买动机是指由消费者需求形成的驱动力引发消费者购买行为的直接原因。也就是说，需求是消费者产生购买行为的原动力，离开需求的动机是不存在的，但并不是所有的需求都能表现为购买动机，而需要具备一定的条件：一是只有当需求的强度达到一定程度后，才能引起动机，进而引起、推动或阻止人的某种活动；二是需求产生以后，还必须有能够满足需求的对象和条件，才能产生购买动机。

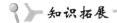知识拓展

动机概念的几个要点

（1）动机引起身体内的能量，也就是激活一般的紧张状态。

（2）动机给身体内的能量以指向，它总是指向人所处环境中可以满足需求的对象。

（3）动机是一种心理过程。动机是由需求引起的紧张状态，由此成为一种内驱力，推动个体行为以满足需求。需求对象满足后，动机过程随即结束，同时新的需求又产生，如此循环往复。

（4）动机虽然是引起行为的内在原因和动力，但同样的动机却可以产生不同的行为，同样的行为又可以由不同的动机所引起。

（5）引起某一行为的动机往往并不是单一的而是混合的，甚至可能是相互矛盾的。

2. 购买动机的作用

1）始发作用

始发作用是指购买动机能够驱使消费者摆脱需求的紧张状态而启动购买行为。对于营销活动来说，如何刺激消费者产生购买动机，让消费者尽快进入动态的消费过程是十分重要的。因为消费者的任何购买行为都是由购买动机支配而启动的，具有明确购买动机的消费者比购买动机模糊的消费者能更快地发生购买行为。

2）指向作用

指向作用是指购买动机指引着消费者的行为趋向能够满足其需求的购买目标。这一作用源于动机来自于需求，而需求具有目标性。尤其当消费者在购买行为过程中具有多种购买动机，但又存在目标冲突时，购买动机冲突的结果是使购买行为朝着最强烈、最迫切的主导动机方向进行。

3）维持作用

维持作用是指在消费目标没有实现之前，购买动机会始终维持着消费者的积极行为状态，直到其完成购买行为。在追求目标实现的过程中，动机将贯穿于行为的始终，不断激励人们努力采取行动并排除各种因素的干扰，直至目标的最终实现。

4）强化作用

强化作用是指购买动机引发的购买行为的结果对该购买行为的重复出现具有加强或减弱的作用。令人满意的动机及行为结果能够加强和巩固该动机和行为，称为正强化；反之，则减弱和消退该动机和行为，称为负强化。在购买行为中，消费者常常因为产品的品牌知名度和售货员的良好态度而重复光顾和购买。

5）终止作用

终止作用是指当购买动机指向的消费目标实现后，这种动机就会自动消失，相应的购买行为就会停止。但在通常情况下，一个购买动机获得了满足，又会产生新的消费需求和动机，继而引发新的购买行为。

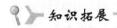知识拓展

动机的"MH理论"

日本学者根据美国心理学家赫茨伯格提出来双因素理论，在消费者心理研究中提出了"MH理论"。他认为，M指动机作用因素，是魅力条件；H指卫生因素，是必要条件。这里M的含义是指商品的情调、设计等，是满足消费者需求的魅力条件。H的含义是指商品的质量、性能、价格等，是满足消费者需求的必要条件。

"MH理论"认为，当商品的卫生因素不能满足时，消费者会感到不满。例如，商品的质量差、价格高，消费者就会不满。但是，仅满足必要条件还不是真正的满足，只有该商品的魅力条件也同时得到满足消费者才会对某种商品真正感到满足。需要指出的是，魅力条件和必要条件的内涵，要根据时代、消费潮流以及商品生命周期的不同而有所变化。

3. 购买动机的类型

1）一般购买动机

一般购买动机是指建立在消费者为其生存和发展而进行的各种消费活动基础上的，带有普遍性的购买动机，它是众多具体购买动机的抽象和共性。一般购买动机可细分为生理性购买动机和心理性购买动机。

（1）生理性购买动机。生理性购买动机是指消费者为保持和延续生命而引起的各种需求所产生的购买动机。生理因素是引起消费者的生理性购买动机的根源，消费者为了使生命得以延续，就必须寻求温饱、安全，能够组织家庭和繁衍后代，同时还包括增强体质与智力的方法。所有这些需求都必须通过各种商品来加以满足，这些商品的购买动机都是以生理需求

为前提的。不过，在现代社会中，纯粹受生理需求驱使的购买动机是很少的，往往是生理性购买动机与其他非生理性购买动机相结合。

（2）心理性购买动机。心理性购买动机是指由消费者的心理活动而引起的购买动机。消费者的购买行为不仅受到生理需要的影响，而且还会受到来自心理因素的制约。由于消费者的心理活动具有复杂多变的特点，所以又可将心理性购买动机细分为3个类型：

① 感情型购买动机，即消费者在购买活动中由于感情变化而引起的购买动机。感情型购买动机多数是与人的道德感、群体感、美感等积极方面的高级情感相联系的。例如，人们出于爱国情怀而购买国产商品等。

② 理智型购买动机，即消费者经过对商品的质量、价格、用途、款式、品种等进行分析、比较以后而产生的购买动机。在理智型购买动机驱使下的购买活动，比较注重商品的质量，讲究商品的实际使用价值，要求价格相宜、使用安全方便、服务周到等。

③ 惠顾型购买动机，即消费者基于感情上与理智上的经验，对特定的商品、商标、牌号和商店等产生特殊的信任和偏爱，从而重复地、习惯地购买商品的一种购买动机。形成这一动机的原因可能是商品本身的质量很好、外观精美、信誉好、服务周到、商品丰富、价格公平、地点方便等。这种动机也称为习惯性购买动机，因顾客长期惠顾某一商品或商店而自然形成习惯，一般不会受到外界环境和其他购买行为的影响，是相当稳定的购买动机。

2）具体购买动机

（1）求实心理动机。求实心理动机是以追求商品的实际使用价值为主要目的的购买动机，也是消费者最为常见、最为普遍的一种购买动机。求实心理动机一般发生在日用品的消费中，这些商品的使用价值比较明确，消费者只愿意购买具有其所认定使用价值的商品，如果商品的使用价值不明确或徒有虚名而毫无用处，则消费者就会放弃购买。

（2）求新心理动机。求新心理动机是以追求商品的新颖为主要目的的购买动机，其核心是"时髦""奇特"。具有求新心理动机的消费者在购买商品时，较为重视商品的款式和流行式样，而把商品的实用性和价格的合理性放在次要地位。这种心理动机以经济条件较好的城市男女青年为主，他们在购买商品时，容易接受广告宣传和消费潮流的影响，表现出明显的感情性和冲动性。

（3）求美心理动机。求美心理动机是以追求商品的欣赏价值和艺术价值为主要目的的购买动机，其核心是"装饰""美化"。具有求美心理动机的消费者在购买商品时，较为重视商品本身的造型美、色彩美、艺术美，把商品对人体的装饰、对环境的美化、对其身份的表现等作用放在突出位置上，追求商品的美感所带来的心理享受。

（4）求廉心理动机。是以追求物美价廉为主要目的的购买动机，其核心是"价廉""物美"。具有求廉心理动机的消费者在购买商品时，较为注重商品价格的变动，喜欢选购处理价、优惠价、特价、折价商品，而对其质量、花色、造型、包装等不十分挑剔。

（5）求名心理动机。是以显示个人的地位和名望为主要目的的购买动机，其核心是"显名""夸耀"。具有求名心理动机的消费者在购买商品时，重视商品的社会声誉和象征意义，以达到显示其生活水平、社会地位和个性特征的心理目的。

（6）求信心理动机。求信心理动机是以追求某一商品或商店的信誉和表示信任而经常购买某种商品或光顾某一商店进行以购买为主要目的的购买动机，其核心是"好感""信任"。具有这种心理动机的消费者在购买商品时，从经验和印象出发，因对某种商品、某个厂家、某个商店或某个营业员有特殊好感，从而导致重复购买和长期购买。

(7) 嗜好心理动机。嗜好心理动机是以满足个人特殊偏好为主要目的的购买动机,其核心是"偏好""嗜好"。具有嗜好心理动机的消费者经常重复、持续、稳定地去购买某一类个人偏好的商品。这种心理动机与消费者的生活习惯、业余爱好、专业特长、日常感情趣味有关系,也是生活水平提高、消费向更高层次发展的表现。

(8) 从众心理动机。从众心理动机是以在购买某种商品时要求与别人保持同一步调为主要特征的购买动机,其核心是"仿效""同步"。消费者的这种购买动机是在相关群体和社会风气的影响下产生的。从众心理往往驱使这类消费者购买和使用别人已经拥有的商品。

4. 购买动机的可诱导性

1) 诱导的含义

诱导就是指营销人员针对消费者购买动机的指向,运用各种手段和方法,向消费者提供商品信息资料,对商品进行说明,使消费者购买动机得到强化,对该商品产生喜欢的倾向,进而采取购买行为的过程。

2) 诱导的作用

消费者都是带有一定动机和欲望走进商店,但进店的消费者并没有全部实现购买。据有关调查显示,进店的顾客中只有20%发生购买行为。这是由于消费者的欲望有两种:一是意识的欲望,即有明确购买目标的消费者;二是潜在的欲望,即虽然需求某种商品,却没有明显意识到,因而没有做购买预定的消费者。有潜在欲望的消费者,常常由于外界的刺激,使其由一个看客变为买主。消费者在商店里完成由潜在欲望到意识欲望的转化,是扩大销售、提高效益的关键。可见,导购员的诱导能使消费者的心理倾向于购买。因此,零售企业要想实现更多的销售,就应该努力在诱导顾客购买动机上下功夫。

3) 诱导的方法

(1) 证明性诱导。证明性诱导主要有实证诱导、证据诱导和论证诱导3种类型。

① 实证诱导,即当场提供实物证明的方法。例如,某空调为抢占家电市场,提高产品知名度和市场占有率,曾在所有商场专柜摆着转动的电表,并在上面写上说明:"请你计算一下,从现在开始,连续运转一个小时,耗电量是多少?"实物展示使消费者认识到该空调的高效节能。

② 证据诱导,即向消费者提供间接消费效果证明的方法。有些商品不适合采用实证诱导法,可以采用证据诱导法。

③ 论证诱导,即用口语化的理论说明促进信任的方法。这种方法要求导购员有丰富的商品知识,对出售商品的物理性质、化学成分、生产工艺、质量性能、使用方法非常清楚,同时有表达能力,能简明扼要地向消费者介绍。

(2) 建议性诱导。建议性诱导是指在一次诱导成功后,借机向消费者提出购买建议,达到扩大销售的目的。提购买建议的机会主要包括顾客目光转向其他商品时,顾客询问某种商品在本店是否有售时,顾客提出已购商品的使用、维修问题时,顾客向营业员话别时等。建议性诱导的内容主要包括建议购买高档商品、替代商品、互补商品、大包装商品、新产品等。进行建议性诱导时,导购员要时刻记住顾客有可挖掘的潜力,彻底消除实现一次销售就等于接待完一位顾客的观念。在行为上要表现出提建议的动机是为顾客着想,措辞言简意赅,表情自然。即使销售未成功,也能在顾客中树立良好的商业信誉。

(3) 转化性诱导。当消费者提出的问题,使买卖双方针锋相对,陷入僵局时,就需求通过转化性诱导，缓和气氛，重新引起消费者的兴趣，使无望的购买行为变为现实。常用的转化性诱导有以下几种：

① 先肯定再陈述。先肯定顾客言之有理的意见，使顾客得到心理上的满足，然后再婉转地陈述自己的意见，这样可以取得较好的诱导效果。

② 询问。找出顾客不同意见的原因，以询问的方式转化对方意见。询问中态度要和气，切忌用质问的口气，以免伤害顾客的自尊心。

③ 转移。把顾客不同意见的要点，直接连接到出售商品的特点上去，使顾客心理通过思维的桥梁，集中到销售商品的特点上。

④ 拖延。遇到难以回答顾客所提的问题时，不能急于用不充分的理由去诉说，可以先给顾客看商品说明书，用短暂的时间考虑有说服力的回答。

 案例阅读

高科技词汇诱导消费者

科技时代的到来让更多的"懒女人"追求美丽，各种美容小家电在市场上悄然兴起。还有不少美容产品打出高科技牌，号称运用"纳米技术""离子技术"，各种高科技词汇令人费解，从而诱导消费者掏钱购买。现在很多导购员向顾客推销产品，嘴里都喜欢蹦出"纳米技术""离子技术"这些高科技词汇，在解说过程中说"纳米技术可以达到补水保湿的作用""运用离子技术，通过离子导入和导出功能，加强皮肤的新陈代谢，排出毒素和残留物"。很多人虽然听得一头雾水，但仍是会觉得很高级，就这样被忽悠着结账了。

如今美容化妆品市场的概念营销非常吃香，消费者都喜欢吃这一套，很多商家就是以这些诱人的产品描述，一次又一次成功地将产品销售出去。现在美容仪器在市场上销售非常火热。很多爱美女士认为认为美容小家电非常便利，自己在家做，就能达到美容的效果，消费比去美容院低，而且还可以根据自己的时间灵活使用。其实这些产品都是运用概念营销，抓住消费者不懂的弱点，更容易将产品卖出去。

 单元小结

消费者的个性主要包括气质、性格、能力3种心理特征，书中介绍了相应的气质类型、性格类型和能力构成。

气质主要体现消费行为的情绪色彩，性格主要体现消费行为的内在性质，能力则决定消费行为的质量。这3种个性特征共同影响消费者的行为过程。

在影响消费者的个性心理因素中，需求和动机占有特殊重要的地位。消费者需求具有多样性和差异性、层次性和发展性、伸缩性和周期性、互补性和可替代性等特性。动机产生的根本原因是因为人的需求。动机具有始发、指向、维持、强化、终止等作用。

 课后习题

一、名词解释

气质　性格　能力　消费者需求　购买动机

二、单选题
1. 黄胆汁在体液中占优势的气质类型被称为(　　)。
   A. 胆汁质　　　B. 多血质　　　C. 黏液质　　　D. 抑郁质
2. (　　)不是多血质气质类型的特征。
   A. 乐观亲切　　B. 思维敏捷　　C. 富有朝气　　D. 忍耐力强
3. 性格类型可分为节俭型和享受型，是从(　　)角度进行划分的。
   A. 忠诚性　　　B. 经济性　　　C. 完美性　　　D. 时尚性
4. 对消费心理活动不会产生影响的能力有(　　)。
   A. 感知辨别能力　　　　　　B. 分析评价能力
   C. 使用能力　　　　　　　　D. 语言能力
5. 将需求划分为现实需求和潜在需求，是按需求的(　　)来划分的。
   A. 顺序　　　　B. 形式　　　　C. 实现程度　　D. 对象

三、判断题
1. 气质直接对个体的行为起推动作用，决定行为的发生和方向。(　　)
2. 性格的情绪特征是指意志对人的行为影响的特点。(　　)
3. 能力是保证消费活动取得成功的唯一条件。(　　)
4. 有时消费者并未感到生理或心理体验的缺乏，仍有可能产生对某种商品的需求。(　　)
5. 需求是消费者产生购买行为的原动力，离开需求的动机是不存在的。但并不是所有的需求都能表现为购买动机。(　　)

四、填空题
1. 气质主要表现为心理活动过程的_____、_____、_____、_____和_____等特征。
2. _____是个性中最重要、最显著的心理特征。
3. 在观察能力、记忆能力、思维能力、想象能力中，_____是核心的。
4. 消费者需求的内容主要包括_____、_____、_____、_____和_____。
5. 一般购买动机可细分为_____购买动机和_____购买动机。

五、简答题
1. 简述分析消费者气质的意义。
2. 简述性格的态度特征。
3. 简述能力的基本构成。
4. 简述需求的特征。
5. 简述诱导消费的方法。

案例分析

90后的消费者是一个比较复杂的消费群体，也是商家最爱也最恨的消费群体，他们有时容易受他人和外界的影响；有时又固执，自我得可怕；有时激情飞扬，极富冒险精神；有时又可以几个星期宅在家，面瘫麻木，可以说是身份导向和行动导向型消费者的综合体。

（1）热衷互联网。"没有网络，让我怎么活？"这是90后的宣言。整天挂在网上，甚至几天不出门，宅在家里上网，是众多90后的写照。网络就是90后的生活园地。90后追求自我的同时，又有很强的群体主义意识。他们按照自己的偏好和社交圈子，分为不同的小圈子，小圈子的意见会左右他们的消费观念。于是，QQ圈子、微信圈子、校内网圈子、开心网圈子……大行其道。在这些圈子里，他们乐于分享自己的体验，也乐于接受别人的经验总结，进而作为自己消费行为的依据。90后享受圈子带来的安全感，又不愿受圈子束缚。不会玩网络游戏的90后会被视为异类。90后热衷休闲游戏，如卡丁车、劲乐团、劲舞团等。游戏对于90后有着无穷的魅力。

(2) 见多识广。90后有着自己的消费特征——专家型消费,他们有丰富的信息来源,他们对所关注的品牌和产品的信息了如指掌,甚至比售货员都清楚。这一代人最大特点是由于他们的父母成长在改革开放年代,一切都顺利,没有受到钱的困扰,加上商品的极大丰富,正因为如此,消费上更加追求品牌、奢华,他们的家长们也不惜代价,从奶粉、尿布、童车、学习用品、服装,还是各种电子产品,哪那一样不是名牌,尽力去满足他们。他们可能是我们国家最早具有品牌消费理念的一代。还有一个特点就是家长们对孩子的成长特别是教育的投入真是不惜血本。如今大城市里的几周的早教培训费就达万元,但有的还是报不上名。各种择校费高得惊人,甚至离谱更不在话下。

(3) 自由和直接。90后是独生子女的一代,90后是以自我为中心的一代,90后心中的"好"与"不好"完全是"我的地盘我做主",他们对商品的感性认识要远远超过理性认识。认为好就"赞",认为孬就"喷",是90后感性思维的直接表现。要想获得90后的好感,不用让他们"感动",而要给他们"激动"。90后更注重消费时能够体验到"非常""与众不同"的感觉——让他们参与,让他们"爽",他们高兴就买单。他们更注重消费和使用产品过程中的感受和体验,追求产品或服务与自己情感体验的一致性。90后是注重感受的一代,90后是想要得更多的一代。给与他们视觉、听觉、触觉、味觉、嗅觉五感的综合感受,才更能让他们感觉到酷、有意思、好玩。

(4) 自恋,渴望被尊重和认同。90后表面的不在乎,我行我素,但各种90后无法抵挡的PK型营销,如视频征集等,90后的参与度都非常高,由此可以看出90后还是渴望被认可,被关注。自恋这个特点不仅仅哪一种人有,每个人都多少有一些,但在90后的身上似乎特别明显。由"自拍"的流行可见一斑,现在打开90后的手机相机,默认模式十个里有八个是自拍模式。90后的绝对自恋,让他们乐在互联网上几乎对自己的一切行为加以渲染,甚至在上厕所的时候,也要自拍并把照片传到网上。

问题
请分析90后消费者的个性特征。

实训操作

1. 实训目的
通过本次实训,使学生明确影响消费心理活动的内部因素的构成,掌握各影响因素的特征及应对策略。
2. 实训要求
基于高职院校市场营销专业学生进行"专套本"这一项目,写一份影响消费心理活动的内部因素分析报告,内容要求包括消费者的个性心理特征、消费者需求和动机等基本框架,字数不少于1 000。
3. 实训材料
相关图书、教辅、计算机网络、纸张、笔或打印机等。
4. 实训步骤
(1) 选择"专套本"专业——市场营销。
(2) 调查"专套本"的在校学生,并进行性格、气质、能力等方面的观察与分析。
(3) 调查"专套本"的在校学生,进行学习需求和动机等方面的分析。
(4) 构建高职生选择"专套本"消费心理的内部因素分析的框架。
5. 实训检验
每位学生的成绩由两部分组成:学生实际操作情况(40%)和实训报告撰写情况(60%)。
实际操作主要考查学生按照实训步骤,分析影响高职生选择"专套本"的消费心理活动的内部因素构成的能力;实训报告按考查学生根据影响高职生选择"专套本"的消费心理活动的内部因素特征提出应对的营销策略的合理性。

单元 7

传统消费者购买行为分析

【任务描述】

在某车展上,一位中年男子走入比亚迪汽车的展位,销售顾问小王上前接待。经询问得知,该顾客正在考虑购买一辆家用轿车,这是他第一次来车展考察汽车品牌,比亚迪是他光顾的第一个品牌。小王极力说服顾客选择购买比亚迪 F6 车型,并说此时购买还会享受到优惠。最后,尽管小王已经给出了底价,但顾客表示需要考虑一下便离开了。

下班后,小王遇到了公司的优秀业务员大刘。他向大刘说出自己的困惑:该款汽车有很实在的优惠,顾客看样子也是很想买车,自己也是卖力地在推销,为什么业务没能做成呢?

大刘告诉小王,顾客的购买行为有 5 个步骤,是分先后顺序的,最好不要越过某个步骤而强行把顾客推进到购买阶段;否则,这种违反顺序的销售活动必将以失败而告终。若在顾客没有搜集到足够信息,没有货比三家之前,销售人员就督促顾客决定是否购买,往往会遇到顾客诸多抗拒和异议。顾客第一次进店,而且还是第一家店,基本上处于信息搜集阶段,这时候要想成交是很难的。销售人员应该做的是向顾客提供品牌和车型信息,帮助他建立有利于自身品牌和车型的购买评价标准。例如,如果一款车最大的优点是省油,那就要引导客户认识到在燃油经济性、价格、服务、安全和动力等方面,燃油经济性应放在第一位。虽然销售人员不能跨越到购买阶段,却可以加快这个过程,并向有利于自己的立场来引导顾客购买行为。

小王听了大刘的一番话后恍然大悟,原来还有这么多窍门,看来他要好好补一补课了。他到书店买了一本《消费者行为分析》,打算好好学习一下,看消费者是如何作消费决策,作为销售人员又应如何去影响消费者的购买行为。

任　　务	工 作 要 求	学习重点和难点
分析消费者购买行为模式	(1) 正确理解消费者购买行为理论及消费者购买行为模式 (2) 理解不同类型的消费者购买行为的表现，对不同类型的消费者能采取不同的策略	(1) 四种消费者购买行为理论 (2) 刺激—反应模式 (3) 阿萨尔的消费者购买行为类型
掌握消费者购买行为的一般过程	(1) 理解问题认知的含义，能激发消费者的购车需求 (2) 掌握消费者购车过程中的信息的来源 (3) 理解不同消费者的不同购买标准 (4) 洞察消费者满意和不满意行为的反应，能对消费者的不满意做出积极回应和处理	(1) 问题认知 (2) 不同的信息来源 (3) 确定产品评选标准 (4) 产品的处置形式 (5) 消费者满意和不满意的行为反应
理解消费者心理与消费者购买行为的关系	(1) 理解消费者心理与消费者购买行为的关系 (2) 了解消费者心理是如何影响其购买行为的	(1) 消费者心理和消费者购买行为的含义 (2) 消费者心理和消费者购买行为的关系

【任务实施】

任务7.1　分析消费者购买行为的模式

消费者购买行为是指消费者为满足自身的需要而发生的购买和使用商品的行为活动。消费者在进行消费时，对众多产品会进行选择，这些选择往往是不相同的。每一个消费者进行消费行为决策时，往往会经过理性的思考、分析、比较和判断后才作出决定，但有的时候却是一种随机的决策，其过程则受到很多非理性因素的影响。

7.1.1　消费者购买行为的理论

很多营销人员一直以来都希望能对个体消费者的行为进行有效的预测，以此来制定相应的营销策略。许多学术界的学者也努力探索消费者购买活动的规律，试图从理论上阐述和预测消费者的购买行为，因此形成了许多解释消费者购买行为的理论。

1. 习惯建立理论

习惯建立理论认为，消费者的购买行为实际上是一种习惯的建立过程。消费者在内在需要的激发和外在商品的刺激下，购买该商品并在使用其过程中感觉不错，那么他可能再次购买并使用该商品，如果多次的购买和使用给他带来愉快的经历，那么购买、使用和愉快的多次结合，最终在他身上形成了固定化反应模式，即消费习惯建立。每当产生消费需要时，消费者就会想到这种商品，并随之产生相应的购买行为，如图7.1所示。

习惯建立理论能够解释许多消费行为，特别对那些习惯性消费行为能提供比较满意的解释。在日常生活中每个人都有这样的习惯性购买行为存在，如对牙膏、香皂等有其固定的消

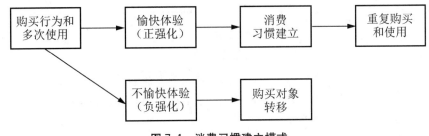

图 7.1 消费习惯建立模式

费偏好，而不会轻易选择新的消费对象。这样可以使人最大限度地节省用于选择而投入的精力，同时又避免了非必要的消费风险的发生。

2. 信息加工理论

信息加工理论不是某一种理论的名称，而是某一类理论的统称。信息加工理论把人看作一个信息处理器，而人的消费行为就是一个信息处理过程，即信息的输入、编码、加工、储存、提取和使用的过程。消费者面对各种大量的商品信息，要对信息进行选择性注意、选择性加工、选择性保持，最后作出购买决定并做出购买行为。这个过程可以用心理学原理来解释，即商品信息引起了消费者的有意或无意注意，那么大脑开始了对其所获得的信息进行加工处理，这个过程包括知觉、记忆、思维和态度，从而产生了购买决定。

需要注意的是，信息加工理论的理论假设前提是人是理性的，而事实上人是理性和非理性的统一体，纯粹的理性状态和非理性状态都是非常态。可以说，信息加工理论揭示了人的一个侧面，能够解释消费行为的某些种类和某些部分。例如那些受过良好教育的消费者，在面临高度介入购买行为和有大量的商品信息可利用时，信息加工理论就能为此时的购买行为提供比较完美的解释。

3. 风险减少理论

风险减少理论认为，消费者购买商品时要面临各种各样的风险，而这种风险和人的心理会影响人的消费行为。所谓风险，就是指消费者在购买商品或服务时，由于无法预测和控制购后的结果是否令自己满意而面临或体验到的不确定性。这种观点认为，消费者的消费行为就是想方设法寻求减少风险的途径。消费者对可能存在和发生的风险的心理预期会影响到其购买行为。风险的大小以消费者的主观感受为指标。

风险减少理论认为，消费者进行消费时面临的风险主要有 6 种类型，即产品功能风险、生理健康风险、经济风险、社会风险、心理风险和时间风险。

风险减少理论认为，消费者为了控制由于购买决策所带来的风险，在作出决策时总是使用一些"风险减少策略"来尽力控制风险的发生，从而达到增加自己决策决心的目的。消费者常用的控制风险的方法包括：尽可能多地搜集产品的相关信息；尽量购买自己熟悉的或使用效果好的产品；通过购买名牌产品来减少风险；通过有信誉的销售渠道购买产品；购买高价产品，认为价高则货好；寻求安全保证。例如，企业提供的退换货制度、权威机构的检测报告、保险公司的质量保险或者免费试用等。

> **案例阅读**

夫妻买车

某夫妇想购买一辆家庭轿车，他们经过与亲朋好友的交流和广泛调查、分析、比较以后，认为某品牌汽车信誉较好，其性能比较稳定，样式、色彩比较适合自己的口味，价格也适合自己的经济能力，会给自己带来无比的享受。

最后他们决定到该地区一家大型汽车专卖店去购买该品牌汽车。虽然比较起来，该专卖店价格并不便宜，但他们认为首先要保证买到放心车，价格高一点还是可以接受的。

4. 边际效用理论

边际效用理论从人的需要和需要满足的角度宏观地解释消费者购买行为。边际效用理论认为，消费者购买商品的目的就是要用既定的钱最大限度地使个体的需要得到满足，即以一定的钱买来尽可能多的商品，从而达到总效用和边际效用的最大化。

效用是指商品满足人的欲望的能力，或者说效用是指消费者在消费商品时所感受到的满足程度。总效用指消费者在一定时间内消费某种商品而获得的效用总量。随着商品消费的增加，总效用将达到一个最大值，此后如果继续增加消费量，其总效用不但不会增加反而会下降。边际效用是指某种物品的消费量每增加一单位所增加的满足程度。边际的含义是增量，指自变量增加所引起的因变量的增加量。

边际效用理论对消费者的消费行为规律进行了深入分析，即消费者在钱的数量一定的条件下，努力寻求总效用和边际效用的最大化。按照边际效用理论的解释，消费者本质上是一个最大限度地追求舒适的理性的"机器"，随时计算如何使自己收益最大化。边际效用理论的最大价值在于对人的复杂消费行为的解释。

> **知识拓展**

边际效用递减规律

在一定时间内，在其他商品的消费数量保持不变的条件下，随着消费者对某种商品消费量的增加，消费者从该商品连续增加的每一消费单位中所得到的效用增量即边际效用是递减的，这就是边际效用递减规律。

通俗来说，当你极度口渴的时候十分需要喝水，你喝下的第一杯水是最解燃眉之急、最畅快的，但随着口渴程度的降低，你对下一杯水的渴望值也不断减少，当你喝到完全不渴的时候即是边际，这时候再喝下去甚至会感到不适，再继续喝下去会越来越感到不适（负效用）。另一种解释方法是，你开了个小作坊，每天可以产出5件商品，那么效率是5件/天。你的生意越做越大，需要帮手，于是现在你雇用了2个员工。人多了，工作时就会出现聊天误工，2个人相互推脱依赖，都希望自己偷偷懒、省省力的现象，于是效率变成了4.5件/天，这样在工资等激励制度不变的情况下，产出效率会越来越小。这就是边际效用递减规律在生活中的两则实例。

7.1.2 消费者购买行为的模式

1. 消费者购买行为模式

一些西方学者在深入研究的基础上,揭示了消费者购买行为中的某些共性或规律,并以模式的方式加以总结描述。前面介绍的消费者行为理论是从宏观、整体上解释消费者为什么要购买商品,而消费者购买行为模式则是从中观的角度探讨消费者实际的购买行为。消费者购买行为模式是指用于表达消费者购买行为过程中的全部,或局部变量之间因果关系的理论描述。

1) 消费者购买行为的一般模式

消费者购买行为是人类社会中最普遍的一种行为活动,它广泛存在于社会生活中,成为人类行为系统中的重要组成部分。心理学家在深入研究的基础上,指出了消费者购买行为中的共性,即消费者购买行为的一般模式:刺激—反应模式(S-O-R模式),如图7.2所示。

图7.2 S-O-R模式

刺激—反应模式(S-O-R模式),即刺激—个体生理、心理—反应模式。该模式表明消费者的购买行为是由刺激所引起的,这种刺激来自于消费者身体内部的生理、心理因素和外部的环境。消费者在各种因素的刺激下产生动机,在动机的驱使下,作出购买商品的决策,实施购买行为,购买后还会对购买的商品及其相关渠道和厂家作出评价,这样就完成了一次完整的购买决策过程。由于这一过程是在消费者内部(消费者心理活动过程)自己完成的,所以心理学家称为"暗箱"或者"黑箱"。

2) 恩格尔—科拉特—布莱克威尔模式

恩格尔—科拉特—布莱克威尔模式(EKB模式)是由学者恩格尔、科拉特和布莱克威尔提出来的。EKB模式强调购买者进行购买决策的过程,这一过程始于问题的确定,终于问题的解决。在这个模式里,消费者心理成为"中央控制器",将外部刺激信息(包括产品的物理特征和诸如社会压力等无形因素)输入"中央控制器";在"中央控制器"中,输入内容与"插入变量"(态度、经验及个性等)相结合,便得出了"中央控制器"的输出结果—购买决定,由此完成一次购买行为。

EKB模式描述了一次完整的消费者购买行为过程:在外界刺激物、社会压力等有形及无形因素的作用下,使某种商品暴露,引起消费者的知觉、注意、记忆,并形成信息及经验储存起来,由此构成消费者对商品的初步认知。在动机、个性及生活方式的参与下,消费者对问题的认识逐渐明朗化,并开始寻找符合自己愿望的购买对象。这种寻找在评价标准、信念、态度及购买意向的支持下向购买结果迈进。经过产品品牌评价,进入备选方案评价阶段,消费者在选择评价的基础上作出决策,进而实施购买并得到输出结果,即商品和服务。最后对购买的结果进行体验,得出满意与否的结论,并开始下一次消费活动过程。

3) 霍华德—谢思模式

霍华德—谢思模式是由学者霍华德与谢思提出来的。他们认为,影响消费者决策程序的主要因素有输入变量、知觉过程、学习过程、输出变量、外因性变量等。模式中的输入变量(刺激因素)包括刺激、象征性刺激和社会刺激。刺激是指物品、商标本身产生的刺激;象征性刺激是指由推销员、广告媒介、商标目录等传播的语言、文字、图片等产生的刺激;社会刺激是指消费者在同他人的交往中产生的刺激,这种刺激一般与提供的有关购买信息相关联。消费者对这些刺激因素有选择地加以接受和反应。

上述因素连续作用的过程表现为:消费者受到外界物体不明朗的刺激后,进行探索,引起注意,产生知觉倾向,进而激发动机。同时,通过选择标准的产生及对商品品牌商标的理解形成一定的购买态度,从而坚定购买意图,促成购买行为。购买的结果将反馈给消费者,消费者对商品的满意状况,又将进一步影响其对商品品牌的理解和态度的变化。

外因性变量不直接参与决策过程,但一些重要的外因性变量,如购买的重要性、消费者个性品质和经济状况的限制及社会阶层的感染、文化及亚文化的作用等,都将给消费者以极大的影响。

  知识拓展

霍华德—谢思模式与 EKB 模式的比较

霍华德—谢思模式与 EKB 模式有许多相似之处,但也有诸多不同点。

霍华德—谢思模式和 EKB 模式尽管较繁杂,各种因素变量较多,但为营销企业了解消费者购买行为的产生、发展趋势及规律性,提供了脉络清楚、思路清晰的参考依据,便于企业在千变万化的消费者购买行为中,准确把握其规律性,作出正确的判断及最佳营销决策。

两个模式的主要差异在于强调的重点不同。EKB 模式强调的是态度的形成与产生购买意向之间的过程,认为信息的收集与评价是非常重要的方面;而霍华德—谢思模式更加强调购买过程的早期情况,即知觉过程、学习过程及态度的形成,同时也指出了影响消费者购买行为的各种因素之间的错综复杂联系,只有把握多种因素之间的相互关系及连接方式,才能揭示出消费者购买行为的一般规律。

2. 消费者购买行为类型

在购买活动中,每个消费者的购买行为各不相同,区分不同类型的消费者的购买行为,找出不同类型购买行为的差异,对企业开展营销活动有重要的参考价值。

对消费者购买行为进行分类的标准很多,每一种分类方法都可以从不同的侧面反映出消费者购买行为的特点。

1) 根据消费者购买时的介入程度和产品品牌的差异程度分类

不同消费者在购买同一种商品,或同一个消费者在购买不同商品时的购买复杂程度不同,究其原因,有很多方面的因素,其中最主要的是购买时的介入程度和品牌的差异程度。西方学者阿萨尔根据购买者在购买过程中参与者的介入程度和品牌间的差异程度,将消费者购买行为分为 4 种类型,见表 7-1。

表 7-1 消费者购买行为类型

介入程度 品牌差异	高度介入	低度介入
品牌差异大	复杂型购买行为	广泛选择型购买行为
品牌差异小	减少失调感的购买行为	习惯型购买行为

（1）习惯型购买行为。对于价格低廉、经常性购买的商品，消费者的购买行为是最简单的。这类商品差别很小，消费者对其也十分熟悉，不需要花太多时间进行选择。例如，购买牙膏、盐之类的商品就是这样。这种简单的购买行为不需要经过搜集信息、评价产品特点，以及最后作出重大决定这种复杂的过程。

（2）广泛选择型购买行为，也称为寻求多样化购买行为。有些商品品牌之间有明显差别，但消费者并不愿花太多的时间选择品牌，也不专注于某一产品，而是经常变换品种。这样做往往不是因为产品不满意，而是为了寻求多样化。例如，购买饼干，上一次买的是巧克力夹心饼干，这一次想购买奶油夹心饼干。

（3）复杂型购买行为。如果消费者选购价格昂贵、购买次数较少、冒风险的和高度自我表现的商品时，则属于高度介入购买；如果消费者属于高度介入，并且了解现有各品牌、品种和规格之间的差异，则会产生复杂的购买行为。复杂的购买行为指消费者需要经历大量的信息收集、全面的产品评估、慎重的购买决策和认真的购后评价等各个阶段。例如，某消费者想购买笔记本，但又不知硬盘、内存、主板等为何物，对于不同品牌之间的性能、质量、价格等无法作出判断，贸然购买就会有极大的风险。为慎重起见，消费者往往需要广泛地收集有关信息，并经过认真的学习，产生对这一产品的概念，形成对品牌的态度，并慎重地作出购买决策。

（4）减少失调感的购买行为。减少失调感的购买行为指消费者并不广泛收集产品信息和精心挑选品牌，购买过程迅速而简单，但在购买以后会认为自己所购买的产品具有某些缺陷或其他同类产品有更多的优点而产生失调感，怀疑原先购买决策的正确性。例如，地毯、房内装饰材料、服装、首饰、家具和某些家用电器等商品的购买大多属于此类购买行为。此类产品价值高，不常购买，消费者看不出或不认为不同品牌的产品有什么差别，他们的注意力更多的是集中在产品价格是否优惠、购买时间、地点是否合适，但购买之后，他们会因使用过程中发现产品的缺陷，或听到其他同类产品的优点而产生失调感。

案例阅读

给顾客创造购买的理由

伴随着医药市场的激烈竞争，消费者的消费心理从稚嫩逐渐走向了成熟，消费行为也从盲动变得越来越理性。对于医药企业而言，意味着除了要有知名度宣传外，还要有功效宣传，要从概念上说服顾客，告诉顾客这些方面很重要，不能像以前那样忽视，这样消费者才会去购买。医药市场的消费者主要有三大类：生病用药、预防用药和保健品。因此，消费者购买的是对他们身体情况有帮助的产品，如糖尿病患者肯定就会对降糖方面的药品感兴趣，他们不可能对减肥药感兴趣，即使减肥药效非常好，他们也不会购买。

送礼也成为消费者购买医药产品的一大理由，不是非自己买，亲戚朋友买，送保健就是送建立的理念已深入人心，成为节假日医药保健品市场的一大特点。

很多医药产品的消费者与产品宣传受众不一定相同，比如针对孩子的产品，消费者是孩子，而宣传受众是父母。针对老年痴呆疾病的产品，消费者是老年痴呆患者，而宣传受众只能是儿女，所以情感也是顾客为亲人购买医药产品的理由。

此外，医药产品不仅仅是卖给顾客就结束了，后期的跟踪服务非常重要，是顾客持续购买和介绍新顾客的理由。可以说，谁的服务做得好，谁就能最终取得成功。

医药企业销售产品，不是采用某一项购买理由就能让产品销售红火，需要有效整合。将顾客的所有购买理由灵活机动的运用，不同时期采用不同的策略，才会使购买理由的效用发挥最大。

2）根据消费者购买态度与要求分类

（1）习惯型购买行为。习惯型购买行为指消费者由于对某种商品或某家商店的信赖、偏爱而产生的经常、反复的购买。由于经常购买和使用，消费者对这些商品十分熟悉，体验较深，再次购买时往往不用再花费时间进行比较选择，注意力稳定、集中。

（2）理智型购买行为。理智型购买行为指消费者在每次购买前对所购买的商品要进行较为仔细的研究比较。购买选择时消费者的感情色彩低，头脑冷静，行为慎重，主观性较强，不轻易相信广告、宣传、承诺、促销方式及售货员的介绍。

（3）经济型购买行为。冲动型购买行为指消费者购买时特别重视价格，对于价格的反应特别灵敏。无论是购买高档商品，还是中低档商品，消费者首选的是价格，并且对低价促销最感兴趣。一般来说，这类消费者与自身的经济状况有关。

（4）冲动型购买行为。冲动型购买行为指消费者容易受商品的外观、包装、商标或其他促销努力的刺激而产生的购买行为。购买时消费者一般都是以直观感觉为主，从个人的兴趣或情绪出发，喜欢新奇、新颖、时尚的产品，购买时不愿意反复地选择比较。

（5）疑虑型购买行为。疑虑型购买行为指消费者具有内倾性的心理特征，购买时小心谨慎和疑虑重重。消费者常常是"三思而后行"，常常会因犹豫不决而中断购买，即使购买后还会疑心是否上当受骗。

任务7.2　掌握消费者购买行为的一般过程

消费者在购买产品或服务的过程中，一般要经历如图7.3所示的5个步骤。

图7.3　消费者购买决策过程

这5个步骤形成了消费者从认识产品和服务需求到评估一项购买行为的总体过程，研究该过程可以帮助人们了解消费者是如何制定购买决策与进行购买行为的。需要指出的是，并不是消费者的所有决策都会按照次序经历这一过程的所有步骤。在有些情况下，消费者可能会跳过或颠倒某些阶段，介入程度较低的购买行为尤其如此。例如，在购买香皂的时候，消费者可能会从问题认知直接进入制定购买决策阶段，而跳过信息收集、方案评价与选择这两个阶段。

7.2.1　问题认知

问题认知是由消费者的理想状态与实际状态之间的差距引起的。当消费者的实际状态或期望状态不平衡时，就会构成一种刺激，促进消费者发现自己的潜在需求，进而产生寻求满足需求的方法、途径的动机。

消费者在意识到某个问题之后，是否采取行动取决于以下因素：

（1）消费物品的缺乏。当缺乏消费的物品时，消费者就会作出惯例性购买决策，选择较为信任而又熟悉的品牌进行购买。

（2）消费者对正在使用的商品或服务不太满意。例如，使用的计算机已过时，运行速度很慢，有些软件根本无法运行，消费者就会因对计算机不满意而进行计算机更新。

（3）产生新的需要。若消费者生活方式或工作状态发生了变化就会产生新的需要。例如，某人的职务升高，就可能会购买较高档的服装以适应工作的变化。同时，收入水平的提高，会使消费者认识到一些新的问题，产生更多的新的需求。随着经济状况的改善，原本受经济限制买不起的商品进入消费者购买选择的范围，成为主导购买动机。

（4）相关配套产品的购买。例如，如若买了电动玩具，就要买电池。

（5）新产品的上市。市场上出现新产品就会引起消费者的注意，诱发消费者产生购买动机。

（6）营销因素。例如，营销商通过改变服装的款式、质地等，使消费者感觉自己的服装落伍了，从而产生购买动机。

消费者会在内外因素的共同作用下产生各种需要，因此，营销者常常通过广告宣传产品的优越之处，并希望这些优点能诱发和唤起消费者对产品的需求和欲望。例如，宝洁公司的很多洗发水电视广告，通过渲染头皮屑给消费者在社交、求职等情境中带来的困扰和挫折，使消费者认识到了"头屑去无踪，秀发更出众"的重要性。除此之外，企业要开发能满足消费者潜在需求的产品，在产品价格和质量等方面满足不同层次消费者的需要，以便吸引更多的消费者。

> **案例阅读**

电商下乡潜力巨大

在电商巨头们继续在一二线城市市场厮杀的同时，眼光也开始投向尚待开发的农村市场。阿里宣布未来投入100亿元发展农村电商，苏宁更是赶在"双十一"前，把各地原有的200家乡镇服务点升级为可提供代客下单、最后1km配送、售后维修、批发销售等服务的新式乡村服务站。京东、阿里都启动了"千县万村"计划，先后与中国邮政合作进入农村市场。根据商务部数据，2013年我国农产品的交易总额在4万亿元左右，其中80%是通过传统市场实现，通过电子商务流通总量并不大，这也预示着还存在万亿级潜在市场。

农村居民主要消费支出集中在日常开支、购买生产资料和子女教育，对日用品、服装、家电等类别商品及购物、社保提缴、资金存汇取、水电煤缴费、快递收发等类别服务存在需求。相对城镇而言，农村基础设施薄弱，缺乏大型超商，而小型便利店商品种类不全，且质量管理滞后，已经难以满足农村市场消费需求，网络购物则可以有效填补这方面的市场需求，提升了农村的消费水平。

7.2.2 信息收集

消费者认清问题之后，就开始了信息的收集工作，目的是最大限度地获取能够解决问题的产品信息。如果消费者需要的目标明确、动机强烈，了解商品的性能、质量、价格及售后服务等信息，对其需要的商品就会形成购买决策，采取购买行动。在大多数情况下，消费者对所需求的商品并不十分了解，需要进一步广泛收集可靠、有效的产品及其相关信息，了解市场上的产品及其特性，才能更好地对各种备选产品作广泛而深入的性价比较。

一般来说,消费者信息来源主要有以下4个方面:

(1) 个人来源。个人来源包括家人、朋友、邻居、熟人、同事及互联网上的网民等。推荐方式在中国远比其他方式更好、更重要。例如,在购买笔记本的时候,超过半数的中国受访者称有亲友在购买之前推荐了产品品牌。

(2) 商业来源。商业来源包括广告、店内信息、产品说明书、宣传招贴、推销员、经销商、包装、展览等。例如,有近半数的受访者表示,在电视上看到产品广告才会考虑购买一种新产品,而且电视的影响力评分仅次于口碑相传。对于奢侈品和消费类电子产品而言,电视广告几乎是进入中国大众市场的必经之路。

另外,随着互联网技术的发展,互联网广告影响力增长迅猛,国内外面向消费者的企业都纷纷对互联网营销大量投资。网络广告一直在以每年20%～30%的速度增长,是印刷媒体增长率的两倍。

(3) 公共来源。公共来源指大众传播媒体(电视、电台、报纸、杂志等)、政府机构、消费者评审组织。大众媒体刊载的有关信息、报道及有关生活常识的介绍对某些产品的购买是非常有帮助的。例如,国家质量监督检验检疫总局定期或不定期地对某些产品进行检测并将结果公之于众,为消费者选择产品提供了有用的信息。

(4) 经验来源。经验来源是指消费者自身通过参观、试用、实际使用、联想、推论等方式所获得的信息。例如,消费者到不同商店比较各种产品的价格,亲自观测产品或试用产品。经验来源获得的信息最直接,也最好被消费者所接受。

这些信息来源对消费者的相对影响程度取决于消费者所要购买的商品类型、消费者自身特点、搜集资料的方式等的区别。一般来说,购物支出占家庭消费支出的比例越大,消费者信息范围也就越大。例如,消费者购买商品房,这是一项在家庭支出中占有较大比例的消费,消费者广泛搜集有关商品房的信息,包括价格、质量、户型、房屋结构、地理位置、交通状况、物业管理水平等。消费者在广泛搜集信息的基础上,对所获得的信息进行适当的筛选、整理、加工,然后探索满足需求的多种方案。消费者信息量越大,所了解的实际情况就会更准确、更真实,所作出的购买决策就会更加合理。市场营销者应对消费者的信息来源加以认真识别,并评价其各自的重要程度。企业可利用这些信息作为目标市场优化的重要依据。

 案例阅读

互联网是消费者购车信息首选

在汽车网络广告爆发的那一年,汽车企业纷纷调整了营销策略,变被动为主动,更积极地投身于网络营销,同时互联网成为汽车企业最重要的营销传播平台。那一年,汽车企业的全年网络广告投放达到19.6亿元。究竟是什么吸引汽车企业把网络当作最重要的营销平台呢?高度重合的用户群、海量的资讯存储、良好的互动和聚合能力、极强的用户黏性及口碑式营销的巨大潜能是企业作出这种选择的主要原因。

7.2.3 方案评价与选择

由于价值观、所处的工作环境、地位、经济状况、个性等因素的差别,不同的消费者对

购买商品有不同的决策方案。例如，经济条件较差的消费者讲究实惠，对商品价格敏感，喜欢购买优惠价、处理价、降价的商品；经济条件好、有地位的消费者追求名牌，一般到高档商场购物，对价格较高的商品感兴趣，认为价格高，质量一定会好。购买同一种商品可能有不同的购买方案，每一种方案各有其优点和不足。根据自己的价值观、经济状况、地位等因素，消费者对每一种方案进行比较和评价，最后优化出可行的购买方案。消费者进行评价时，首先，根据商品满足自己的需要等方面的认识，设定评价标准，并标明各标准的重要程度；其次，综合比较同类商品的优缺点；最后，根据自己的情况和爱好，确定购买对象，选择购买方案。

方案评价与选择过程如图 7.4 所示。

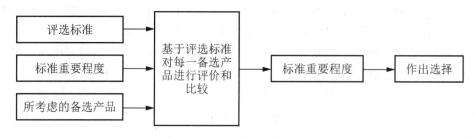

图 7.4 方案评价与选择过程

在消费者进行商品比较分析的过程中，营销人员应尽量向消费者提供或建议评选标准，突出本企业品牌在评选标准上的优点。针对不同消费者的决定性评审标准，设计出投其所好的语言，并对消费者所重视的属性予以强调、以影响其评审决策。通过"比较性广告"，设法改变消费者对竞争产品的信念，或设法改变其"理想产品"的标准，说服消费者接受推荐的产品。

7.2.4 制定购买决策

对于复杂购买或介入程度很高的购买行为，消费者将按照前面介绍的决策程序搜集信息和对备选产品进行评价、比较，并在此基础上形成对某一品牌的购买意向。然而，在形成购买意向后，消费者不一定最终购买。一般来说，在购买意向形成后有 3 种因素影响消费者的最终购买行为。

（1）他人态度。消费者的很多购买行为是在征求他人意见后进行的。朋友、家人、同事等的态度对购买行为能否最终完成有着重要影响。如果他们的否定态度很强烈，而且该人与购买者关系密切，或者他人在所购买产品领域具有丰富的购买知识与经验，那么购买者推迟购买、改变购买意向或终止购买行动的可能性会相应增大。

（2）购买风险。一般来说，购买风险越大，消费者对采取最后购买行动的疑虑就越多，或者对购买就更为谨慎，从而更容易受他人态度和其他外部因素的干扰和影响。

（3）意外因素。意外风险具体分为两个方面：一方面是与消费者及其家庭有关的因素，如收入的变化、例外的开支、工作的变动、身体上的不适；另一方面是与产品或市场营销活动有关的因素，如新产品的出现、产品价格的变动、商品的脱销等。

7.2.5 购后行为

消费者决策过程并不随着购买过程的结束而结束。在使用了产品和服务后，消费者会将其实际表现水平同期望水平进行比较，并体会到满意或不满意，进而影响以后的购买行为。

(1) 购买后满意。消费者在购物后都会体验到一定程度的满意或不满意。近年来，关于顾客满意度的问题得到了越来越多的关注。一般来说，决定消费者满意或不满意的原因主要取决于消费者对产品的期望与所感受的产品绩效间的关系。如果产品的绩效低于期望，消费者就会失望；如果产品的绩效符合期望，消费者就感到满意；如果产品的绩效超过期望，消费者就会高兴。

(2) 购买后的失调。消费者的期望与产品绩效之间的差距越大，消费者购物后产生不满意的体验就越深刻，这种现象称为购买后的失调。

① 影响不协调程度的因素。影响消费者不协调程度的因素包括绩效与期望之间的差距、差距对个人的重要性、差距能够修正的程度及购买的费用。例如，一个购买二手车的人对于车的实际性能的期望比较低，但如果消费者发现这辆车竟是他拥有过的最好的车，那么这个消费者就得到了较高的满足，因为这超出了他原来比较低的期望；相反，如果一个消费者期望他购买的新车的性能很好，但是这辆车的实际性能并不好，他就会非常不满意，因为这没有达到他的高期望值。

价格通常会影响不协调的程度，高的价格会提高人们的期望值。例如，有些消费者购买昂贵的手机，高昂的价格使其对手机有较高的期望值。经过一段时间，若所购买的手机没有达到消费者的期望值，那么他们以后就不会再选择该品牌的产品了。

如果绩效与期望之间的差距较大，而这种差别又很难纠正，消费者的不满意感就会很强烈，或者说产生了严重的不协调。

② 消费者处理不满意的方式。消费者产生了不满意后，会在是否采取行动上作出选择，如图7.5所示。

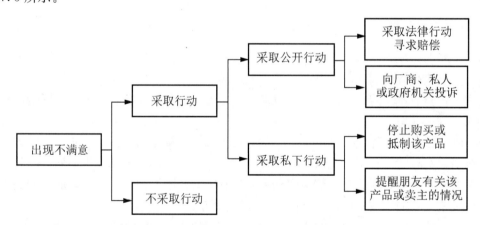

图7.5 消费者处理不满意时所采取的方式

从图7.5中可以看到，消费者在购买商品后，如果在使用商品过程，对该商品产生不满意，那消费者就可能采取行动或不采取行动；如果采取行动，消费者可能采取公开行动或私下行动。私下行动指的是停止购买或抵制该产品，或者提醒朋友有关该产品或卖主的情况。公开行动是指向公司投诉、找律师或向能帮助购买者得到满足的其他组织投诉。

③ 购买后的使用与处置。无论消费者购买后满意与否，他都会对所购买的产品进行使用或处置，使用或处置产品的方式如图7.6所示。

从图 7.6 中可以看到，如果消费者发现产品有新的用途，市场营销人员就可以利用这种新用途来进行广告宣传；如果消费者将产品搁置不用，这表明该产品并不让人十分满意，那么在消费者中的口碑也就不会太好。总之，研究消费者对产品的使用或处置方式，可以帮助营销人员发现可能存在的问题或机会。

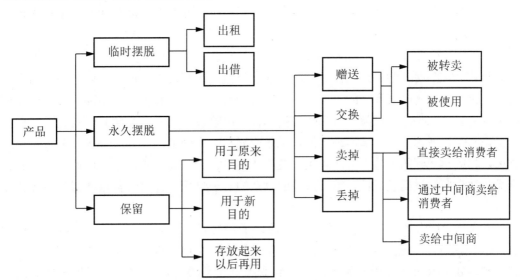

图 7.6　消费者使用或处置产品的方式

任务 7.3　理解消费心理与购买行为的关系

7.3.1　消费者心理

人类的一切行为都是由心理作用支配的，消费心理是消费行为的基础。消费心理是消费者的所思所想，是指消费者购买、使用商品和服务过程中所发生的一系列心理活动。

在经济全球化和信息化的社会中，消费者在消费活动中的行为是通过可支配的收入购买和使用商品并实现其实用价值的。在购买和使用商品的过程中，消费的购买行为受其心理作用的影响和支配。

7.3.2　消费者行为

消费者行为是指人们为了满足需要和欲望而寻找、选择、使用、评价及处置产品和服务所表现出来的行为过程。消费者不但要了解如何获取产品或服务，而且要了解怎样使用或消费产品，同时对使用后的产品作进一步的评价，验证自己的购买决策是否正确，从而得到购后感受。这种感受将影响到其以后的购买行为。

消费者行为具有以下 4 个方面的特征：

（1）消费者行为受动机所驱动，目的是满足需要或欲望。人们形成需要往往必须具备两个前提条件：一是感到不满足，缺少某种东西；二是期望得到某种东西，有追求满足之感。一般来说，人们有什么样的需要就会相应地产生什么样的动机。例如，肚子饿了需要吃东西，如果身上有钱，而商店又有食品出售，那么就会产生购买食品的动机，动机一旦产生就会到商店去买食品充饥。消费者行为是在某种刺激的作用下产生的，这种刺激既可以来自于消费者的生理或心理因素，也可以来自于外界环境。购买动机是直接驱使消费者进行某种购买活动的一种内部动力，是消费者为满足某些需求而采取购买行为的动力。在各种刺激因素的作用下，消费者经过复杂的心理活动，产生购买动机，并在购买动机的驱使下作出购买决策，采取购买行动。

（2）消费者行为是复杂心理活动的产物。由于市场竞争日趋激烈，不同企业提供相同种类的商品众多，消费者购买商品时具有明显的选择性，主要表现为两个方面：一是追求自身利益最大化。消费者购买商品的目的就是要用最少的钱买到最有价值的商品，最大限度地满足顾客的需要。二是逃避风险。每一次消费都存在风险，消费者购买商品时首先要考虑商品的质量，同时要考虑商品质量出现了问题后是否能及时得到上门维修服务等。购买付出的成本越大，相应感受到的风险就可能越大，在采取购买行为时就会越谨慎。因此，消费者在购买商品时往往要经过反复对比、慎重选择的复杂心理过程，经过利益权衡得失后才作出购买决定。

（3）消费者行为具有多样性和复杂性。不同的消费者有不同的需求特点，购买心理和购买行为也有差别。不同顾客在年龄、性别、宗教信仰、生活方式、文化水平、经济条件、个性特征和所处地域的社会环境等方面的主客观条件千差万别，由此形成多种多样的消费需要，即消费行为的多样性和复杂性。不同的消费者在需求、偏好及选择产品的方式等方面各有侧重。消费者的购买行为一般是以个人或家庭为单位进行，具有种类多、数量少、购物频率高的特点，同时消费者普遍存在追求价廉物美、求实从众、求名争胜、求奇立异等购物心理倾向。

（4）消费者行为具有可诱导性。大多数消费者购买商品时，一般是凭感觉和印象进行购买的，他们对商品的了解缺乏专业性知识，属于非专业性购买。一些消费者在购买商品时会出现犹豫不决的情况，有些消费者有时对自己的需要并没有清楚的认识。扩大销售、提高效益的关键是实现这部分消费者的购买行为。除了商店环境、灯光装饰、商品陈列等因素外，更重要的是营业员的仪表、神态、语言、示范，即营业员的诱导。同时，优秀的商品广告、包装、推销方式和服务质量对消费者的购买行为也会产生积极影响，使消费者的心理向购买的方向发展。因此，企业可以制定适当的营销战略并运用各种营销手段，吸引消费者的购买兴趣，有效地引导消费者的购买行为，从而扩大产品的销售量。

7.3.3 消费者心理与购买行为的关系

消费者心理与消费者购买行为具有一定的区别，消费者心理是消费者看不见摸不着的心理活动和思维活动，属于内隐行为，包括消费者购买行为的决策过程及影响决策过程的个人因素。消费者购买行为反映消费者外显的行为举止，是可见的，属于外显行为。从发生的时间上看，消费者心理与消费者购买行为可以同时或不同时发生。

在一般情况下，消费者心理在前，消费者购买行为在后。消费者心理与消费者购买行为又有密不可分的联系，表现为：一方面，消费者心理支配着消费者购买行为，消费者心理是消费者购买行为的基础，支配着消费者购买行为的形成与发展，因此可以根据消费者心理推断消费者购买行为；另一方面，消费者购买行为又反映了消费者心理。消费者购买行为是满足消费者心理需要和实现消费者购买动机的过程，反映出消费者的心理状态的活动过程。

单元小结

本章首先介绍了4个消费者购买行为理论，习惯建立理论、信息加工理论、风险减少理论和边际效用理论。这些理论阐述、预测并解释了消费者的购买行为。

对消费者购买行为进行分类的标准很多，每一种分类方法都可以从不同的侧面反映出消费者购买行为的特点。根据消费者购买时的介入程度和产品品牌的差异程度，消费者购买行为可分为习惯型、广泛选择型、复杂型及减少失调感的购买行为；根据消费者购买态度与要求，消费者购买行为可分为习惯型、理智型、经济型、冲动型和疑虑型购买行为。

消费者的购买行为一般要经过问题认知、信息收集、方案评价与选择、制定购买决策和购后行为5个阶段。

消费者心理与消费者购买行为具有一定的区别，消费者心理是消费者的心理活动和思维活动，而消费者购买行为反映消费者外显的行为举止。消费者心理与消费者购买行为又有密不可分的联系：一方面，消费者心理支配着消费者购买行为，可以根据消费者心理推断消费者行为；另一方面，消费者购买行为又反映了消费者心理。

课后习题

一、名词解释

边际效用　　刺激—反应模式　　复杂型的购买行为　　购买后的失调

二、单选题

1. 信息加工理论的理论假设前提是（　　）。
   A. 经济人假设　　　　　　　　　　B. 被动人假设
   C. 情感人假设　　　　　　　　　　D. 理性人假设
2. 消费者购买行为的一般模式是（　　）。
   A. S-O-R模式　　　　　　　　　　B. 尼科西亚模式
   C. EKB模式　　　　　　　　　　　D. 霍华德—谢思模式
3. 商品品牌之间有明显差别，但消费者不专注于某一产品，而是经常变换品种，这种行为属于（　　）。
   A. 习惯型购买行为　　　　　　　　B. 复杂型购买行为
   C. 广泛选择型购买行为　　　　　　D. 减少失调感的购买行为
4. 消费者在购买牙膏、牙刷等生活必需品时的购买决策主要依据已往的经验和习惯，较少受广告宣传和时尚的影响，在购买过程中也很少受周围气氛、他人意见的影响，这种购买类型属于（　　）。
   A. 习惯型　　　　　　　　　　　　B. 冲动型
   C. 疑虑型　　　　　　　　　　　　D. 理智型

三、判断题

1. 消费者最信赖的信息来源是商业来源。　　　　　　　　　　　　　　　　　　（　　）
2. 消费者行为具有可诱导性。　　　　　　　　　　　　　　　　　　　　　　　（　　）
3. 效用是指商品的功用。　　　　　　　　　　　　　　　　　　　　　　　　　（　　）
4. 地毯、房内装饰材料、服装、首饰、家具和某些家用电器等商品的购买大多属于习惯型购买行为。
   　　　　　　　　　　　　　　　　　　　　　　　　　　　　　　　　　　　（　　）
5. 消费者的所有购买决策都会按次序经历购买决策过程的所有步骤。　　　　　　（　　）

四、填空题

1. 根据消费者购买时的介入程度和产品品牌的差异程度分类，消费者的购买行为可以分为_____、_____、_____和_____。
2. 刺激—反应模式即"刺激—个体生理、心理—反应"模式，该模式表明消费者的购买行为是由_____所引起的。
3. 消费者购买决策需要经过问题认知、_____、_____、_____和_____五个阶段。
4. 消费者信息来源主要有4个方面：个人来源、_____来源、_____来源和_____来源。

五、简答题

1. 简述风险减少理论的主要内容。
2. 消费心理和购买行为有何关系？
3. 简述消费者购买行为受挫后的反应。
4. 消费者在购买手机、教材、感冒药等产品时，用的是哪种信息源？他们在购买时体验到了哪种风险？
5. 一个消费者去商场买冰箱，由于商品的品质、价格、性能尚不完全满足其需要，于是他作出不予购买的决定。请问该消费者的拒绝购买态度为什么类型？营销人员应如何帮助消费者转化拒绝购买态度？

案例分析

给顾客一个理由，可从两方面谈起：一是给顾客一个进店的理由；二是给顾客一个购买的理由。

1. 给顾客一个进店的理由

在卖方时代，一个无理由时代，买东西还要托关系开后门。而在买方时代，商品极大丰富，品牌纷繁庞杂，顾客可挑选的余地大多了，做零售的企业也更多了，办百货的也在被顾客挑选，被顾客喜欢。作为商家要与时俱进，如能在下面4个方面改进，就会是给顾客一个进店的理由。

（1）商品方面的不断变化。好的商品永远是吸引顾客的不二法宝。例如，某百货经过20年的发展，目前营业面积近3万平方米，品类涵盖黄金、珠宝、手表、化妆品、男女鞋包、男女服饰、家居用品、童装童玩、家电通讯等，让顾客能真正体会到一站式购物的乐趣。

（2）环境方面的不断变化。例如，该百货在搞定商品不断丰富变化的同时，也在给顾客积极地营造一个良好的购物氛围，因地制宜地推出了一些好的措施，如解决顾客停车的问题、VIP贵宾室的设立、淘气堡等休息区域的导入等。在各品类的装修风格上也会独具匠心，如儿童区域天花板上的卡通设计、运动户外区开天窗的设计，将裸露在外的水泥横梁风管消防管等进行喷黑处理则更显粗犷。它们每年装修调整也就是为了满足顾客的新鲜感，给顾客一个进店的理由，哪怕是一些小的变化。

（3）价格方面的不断变化。能找到价廉物美的商品是顾客在逛街时能淘到好商品的理想状态，而作为商家尽可能地控制好促销节奏，商品折扣力度，给顾客带去更多的实惠，这才是硬道理。顾客如能买到性价比高的商品，谁不想要。谁会无节制地购买不打折的商品，这种人毕竟是少数。在市场整体疲软的情况下，该百货现在顺应潮流，不再刻意吹捧自己是高档商场，也推出了最低折扣线，要多促销打低折。

（4）服务方面的不断变化。该百货也正是由于在服务方面围绕顾客开展工作，不断地推陈出新。无论是从三声服务到"贴身"服务，还是从有偿服务到"免费"服务；无论是企业从店商服务到电商服务的转型升级，还是企业技改投入进行的WiFi的全覆盖和企业微信的营销等，这都是让顾客喜欢上该百货的理由。

2. 给顾客一个购买的理由

顾客能进店来逛，但是否会在某个品牌驻足购买，这的确需要给顾客一个理由，让顾客心甘情愿地掏腰包，而且还会多次来光顾这个品牌专柜。

（1）开口的细节。在商品陈列面这块做到已经不错的时候，终端导购的招呼声这是吸引顾客的第一有效手段，"您好，欢迎光临"已经显得过时，大声响亮地说出"Hello，×××男装"或"×××男装，全场×××活动"则更直接更能让顾客能记住你。还有一个原因，就是你要当着顾客的面，在他耳边做一遍广告，这种广告效果比电视上、平面上的效果要强很多倍。

(2) 贴身的服务。在做出此项服务之前，商家先要明白，顾客不购买你商品的原因会有哪些？正是因为可能存在一些风险，所以商家就要灵活运用自身的营销手段，在品牌影响力、打折活动、赠品推介、新品上架等方面做好文章，来打消顾客的种种顾虑及各种拒绝的情况发生。在店内顾客穿衣物，进出试衣间照下镜子再正常不过了，可是好多导购就是没重视这一环节而失去了很多成交的机会。当顾客穿着你家的服饰出来，首先你的内心要足够的强大，深深明白顾客愿意试衣就表示认可你家的品牌，今天就想挑选自己合适的衣服带走。

(3) 机会的捕捉。在销售活动中，成交的时机是非常难于把握的，太早了容易引起顾客的反感，造成失败；太晚了，顾客已经失去了购买欲望，之前所有的努力全部付诸东流。那怎么办？当成交时机到来时，顾客会给你一些"信号"，只要你留心观察，就一定可以把握成交时机。一般情况下，顾客的购买兴趣是"逐渐高涨"的，且在购买时机成熟时，顾客心理活动趋向明朗化，并通过各种方式表露出来，也就是向销售者发出各种成交的信号。成交信号是顾客通过语言、行动、情感表露出来的购买意图信息。有些是有意表示的，有些则是无意流露的，后者更需要导购细心观察。

(4) 售后的跟进。顾客买单提袋走人，这其实是下一次成交的开始。售后服务跟进在各品牌营销中运用得也越来越多，锁定顾客激发他身边的人，也已成为增加顾客购买的新亮点。

问题
1. 家纺终端给顾客创造进店购买的理由反映消费者什么样的购买行为？
2. 分析家纺终端可从消费者哪些购买阶段做文章来创造购买的理由？

实训操作

1. 实训目的

通过本次实训，使学生明确消费者的购买模式和类型，掌握消费者购买决策的一般过程，并分析应具备的要素。

2. 实训要求

买牙膏和买房子应属于两种不同类型的决策（习惯型购买和广泛型购买）。消费者买这两种商品的时候就决策的过程来说有什么不同？针对这一问题对五名消费者进行调研，并撰写分析报告。

3. 实训材料

相关图书、教辅、计算机网络、纸张、笔或打印机等。

4. 实训步骤

(1) 调查 5 名消费者，确定他们认知或意识到的 3 个消费者问题，对每一个问题了解以下内容：问题的相对重要性；问题是怎样产生的；引起这一个消费问题的原因；针对意识到的问题，采取了何种行动；为了解决这一问题计划应采取什么行动。

(2) 设计一份合适的问卷，访问上述 5 名消费者：在购买牙膏和房子时，他们使用何种信息源？在信息源的使用上是否存在个体差异？

(3) 调查上述 5 名消费者：在购买牙膏和房子时会采用哪些评价标准？它们的重要性如何？

(4) 通过调查确定 5 名消费者的购物导向（在何种类型商店购买商品，以及消费者对品牌作何选择）。

(5) 设计一份问卷，调查消费者对所购买的商品和服务的满意情况。对于不满意的商品，了解他们为平息不满采取了什么行动？最终结果如何？

5. 实训检验

每位学生的成绩由两部分组成：学生实际操作情况（40%）和实训报告撰写情况（60%）。

实际操作主要考查学生执行实训步骤设计消费者购买行为调查问卷的能力；实训报告主要考查学生根据调查资料分析消费者购买牙膏和房子的行为模式的合理性，可用 6w2H 分析方法进行考查。

单元 8

网络消费者购买行为分析

【任务描述】

小王通过在餐厅实习这段时间的锻炼,深深地意识到,消费者的购买行为是不断地随着环境变化而变化的。最近,有淘点点、美团网等工作人员来邀请他父母的餐厅加入其移动终端平台,可通过这些移动终端来销售餐饮。小王感到很新鲜,还真的有许多消费者通过网络来点餐,而且通过网络平台订餐的消费者越来越多,销量也越来越大。他在想,到底是什么促使这么多的消费者通过网络来订餐?这些网络订餐者与直接来餐厅就餐的消费者又有什么不同呢?对于小王来说,要弄清楚网络环境下消费者的购买行为,就必须了解下表中的任务和要求。

任　　务	工 作 要 求	学习重点和难点
理解网络消费者行为	（1）正确理解网络消费及特征 （2）正确理解网络消费者及特征 （3）运用网络消费心理与行为理论进行分析时，要把握好网络消费心理与行为和电子商务之间的关系	（1）网络消费的内涵及特征 （2）网络消费者的特征
掌握网络消费者行为的一般过程	（1）正确理解网络消费者行为的一般过程及相应的营销策略 （2）正确掌握影响网络消费者行为的因素及应对策略	（1）网络消费者行为的一般过程及相应的营销策略 （2）网络消费者行为的影响因素及应对策略

【任务实施】

任务8.1　理解网络消费者购买行为

8.1.1　网络消费

1. 网络消费及其内涵

随着电子商务不断地发展，互联网络对消费者的心理与行为产生了重大的影响，从而引起了人们对网络消费、网络营销等问题研究的兴趣。所谓网络消费，是指人们以互联网络为工具手段而实现其自身需要的满足过程。该概念包含3个方面的含义：第一，网络消费是借助于互联网络而实现的；第二，网络消费是以满足消费者需要为目的；第三，网络消费是一个动态过程。

根据此概念，再结合国内其他学者的普遍认识，可从两个层面对网络消费进行解释：从广义上说，网络消费是人们借助互联网络而实现其自身需要的满足过程，包括网络教育、在线影视、网络游戏等在内的所有消费形式的总和；从狭义上说，网络消费是指消费者通过互联网络进行购买商品，或服务的行为或过程。消费者和商家凭借互联网进行产品或服务的购买与销售，是传统商品交易的电子化和网络化。网络消费也称为"网络购物""网上购物"，包括B2C和C2C两种形式，本书主要从狭义的角度探讨消费者的网上消费行为。

2. 网络消费的特征

1) 无边际性

网络消费区别于传统消费的特点之一是购买环境上的差异。具体来说，网络消费通常是在由互联网技术所构成的虚拟购物环境中进行的，消费者的购物行为不再受时空限制。通过在线方式，消费者可以在其他国家或地区，甚至传统意义上不存在的商店进行购物，网络消费是一种没有边界限制的购物行为。

> **案例阅读**

跨境电商智慧多

由 3 个大学生创办的杭州"全麦网",网站规模虽不大,但自 2010 年创业以来用 14 种语言向全球 200 多个国家和地区出售服装、箱包等商品,去年销售额已超过 1 亿元人民币。除企业自建网站之外,更多的中小型外贸企业和个人通过电商平台出口,包括 eBay、阿里巴巴、速卖通、亚马逊、敦煌网等。根据阿里小微金融服务集团国际金融部负责人介绍,目前淘宝网平均每天有几千名从事内销的卖家新开通国际业务,尝试网上外贸出口。许多专家认为,跨境电子商务不仅具备电子商务压缩中间环节、化解产能过剩、为中小企业提供发展之道、增加就业机会等传统优势,还具有重塑国际产业链、促进外贸发展方式转变、增强国际竞争力等作用。

2)个人性

网络交往的高度随意性与隐匿性决定了网络主体可以随心所欲地进行消费活动。从一定意义上讲,网络消费使人变得更自由、更富有个性和智慧。有关专家认为,网络经济将表现出"有区别的生产"和"有个性的消费"的新经济特征,个人化、个体化和个人市场等这些观念逐渐地深入人心。当然,对网民而言,能够不被强迫而自由自在地消费是一件相当愉悦和幸福的事情,并且又能促使其提高信息消费能力。

3)直接性

数字化网络所产生的知识经济合力,缩短了生产和消费之间的距离,省却了各种中间环节,使网络消费变得更加直接,更容易使买卖双方能在一种近乎面对面的、休闲的气氛中达成交换的目的。

4)便捷性

网络消费的便捷和快捷是每一个网络消费者共同的体会,也是网上交易最诱人的地方。如果你想在网上购物,只需到相应网站的网页上进行简单的讨价还价,再点击鼠标,就可以做出一桩交易,而且还能享受到送货上门的服务。

8.1.2 电子商务与网络消费的关系

电子商务的出现,促使人们的消费观念、方式等发生变化。一方面,消费行为与媒体、网络的联系日益紧密,多样化的信息渠道给消费者提供了更多的选择机会。在电子商务环境下,消费者面对的是网络系统,可以避免嘈杂的环境和各种影响与诱惑,可以理性地规范自己的消费行为。同时,商品选择的范围也不受时空和其他条件的约束,消费者可以最大限度地满足消费选择心理。另一方面,电子商务对消费者购买行为的影响,改变了消费者购买行为特征。消费者的购买行为是在特定的情境下完成的。在传统的零售商业情况下,消费者购买决策的作出是与销售现场的环境有相当的关系。销售人员的态度、说服工作、销售现场的氛围及销售刺激会对消费者的购买行为产生影响,消费者经常在销售现场就做出购买与否的决定。然而,在互联网上,购物网站难以达到销售现场的刺激效果,也没有推销员的说服,购买商品也没有压力,消费者不必考虑销售人员的感受及情绪,购买行为更趋理性。消费者习惯于在网站与网站之间频繁地转换、浏览,比较和选择的空间增大了,容易放弃或转向其他商家进行购买。

在传统商业模式下,由于信息不对称,即生产经营者总是拥有比消费者更为专业、更为丰富的产品知识，这使得消费者在做出购买选择时，通常会较多地依赖生产经营者传递的信息。传统的大众媒体都是单向信息传播，强制性地在一定区域内发布广告信息，受众只能被动地接受，商家不能及时、准确地获得消费者反馈的信息。而网络具有无比广泛的传播时空、非强迫性和全天候传播等特点。消费者可以随时随地随意地主动阅读网络广告、访问企业站点等。网络广告内容直观、生动、丰富、更新快。消费者还可以通过友情链接或搜索引擎访问竞争者的网站，将产品的相关信息进行对比分析，可以系统全面地了解商品。消费者之间可以通过网络虚拟社区，彼此之间交流思想，传递信息。消费者对商品从无知过渡到有知，从知之甚少到耳熟能详。消费者的购买行为有从"非专家型购买"向"专家型购买"转变的趋势。在消费者的购买行为从感性到理性，从非专家型购买向专家型购买转变的过程中，交易风险减少了，消费者对自己的购买行为更有信心，消费者更强调商品的性价比，对商品品牌的忠诚度也随之降低。

因此，电子商务环境下消费行为的发展趋势主要体现在：第一，消费行为与网络的联系日益密切；第二，消费多元化、个性化的发展趋势更加显著；第三，网络消费者的消费行为使消费者权利行使日益主动；第四，心理引导消费行为日趋成熟；第五，绿色消费、精神感受更为强烈；第六，高品质的服务消费更趋高涨。

8.1.3 网络消费者的特征与类型

结合对网络消费的理解，一般认为网络消费者是以网络为工具，通过互联网在电子商务市场中进行消费和购物活动的消费者人群。

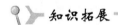

与网络消费者相关的几个概念

（1）网络使用者是一个最为宽泛的概念，即指所有将其终端（包括计算机、移动终端等）连接上互联网进行网络活动的人。

（2）网络受众则强调网络使用者特定类型的网络活动，比如信息查询行为。由于"受众"这个词，是从传统的媒介研究中继承过来的，所以难以磨灭其在传统媒介研究中所继承的单向传播特性和主体被动接受的影响，这造成"网络受众"概念其实并不太符合网络研究的要求，而只能是一个"约定俗成"的概念来使用。

（3）网民一词是人们创造出来的。并非所有"网络使用者"或"网络受众"都够资格被称为网民，只有那些其网络活动"具备一定的特征与特质的网络使用者"才可被称为网民。网民主要是一个从网络使用者的行为效果来阐释的概念，并不是所有利用互联网的人就可以被称为网民，而是必须在个体自我意识上、对使用网络的态度上、网络活动的特征上及网络活动的行为效果上等表现出一定特点的使用者才可以被称为网民。

（4）网络消费者是指通过互联网在电子商务市场中进行消费和购物等活动的消费者人群。网络消费者一定是网民，但网民不一定是网络消费者。因为网民的网络行为多种多样，如网上休闲娱乐、网上学习、网上炒股等，而不限定在网上购物这一单一行为。

1. 网络消费者的特征

1) 网络消费者的主体特征

网络消费者主体特征是指消费者所具有的影响消费者网上购物行为的相关特征，包括消费者人文统计特征、心理特征、网络经验和购物导向等。

（1）人文统计特征。网络消费者人文统计变量主要包括年龄、性别、教育程度和收入。它们能够影响消费者对网上购物有用性、便利性、享乐性的感知。但随着互联网络的普及，人口统计特征的影响将逐渐下降。一般来说，消费者的受教育程度越高，就越容易接受网络购物的观念和方式；越容易接受新事物，网络购物的频率就越高。

（2）心理特征。网络消费者的心理特征主要包括：一是追求文化与品位；二是追求个性化；三是追求自主选择；四是追求展现自我；五是追求方便、快捷；六是追求躲避干扰；七是追求物美价廉；八是追求时尚商品。

（3）网络经验。网络作为一种新型的购物方式，消费者需要具备一定的相关网络知识和技能，如检索信息、了解零售网站的信息、使用计算机、购买程序等。随着消费者网络经验的增加，掌握的网络购物技能及信息资源也随着增加，从而越有可能在网上购物。尽管风险是阻碍消费者网络购物的重要原因，但是大多数的风险感知源自于消费者对这种全新远程购物方式的不熟悉。因此，单纯的网络购物经验、技能可以降低对风险的感知，从而提高购物意向与实际购买。

（4）购物导向。消费者购物导向是个体对购买行为的总体倾向。消费者购物导向可以分为便利型、体验型、娱乐型和价格型。不同的购物导向对网络购物的偏好有所不同。便利是网络购物的最大优势。消费者可以轻易地在任何时空搜索并购买自己需要的产品，避免了实体商店购物的一系列麻烦。因此，对于便利导向的消费者而言，网络购物提供的效用比较大。然而网络购物也存在无法接触商品、缺乏娱乐性等缺陷。对体验导向型消费者而言，在网络购物中，无法真正触摸到、感觉到及使用产品，从而会影响他们对网络购物的参与，其更倾向于传统的购物方式。

2）网络消费者的需求特征

（1）个性消费的回归。在过去相当长的一个历史时期内，工商业都是将消费者作为单独个体进行服务的。在这一时期内，个性消费是主流。只是到了近代，工业化和标准化的生产方式，才使消费者的个性被淹没于大量低成本、单一化的产品洪流之中。然而，没有一个消费者的心理是完全一样的，每一个消费者都是一个细分市场。心理上的认同感已成为消费者作出购买品牌和产品决策的先决条件，个性化消费必将再度成为消费的主流。

（2）消费需求的差异性。不仅消费者的个性化消费使网络消费需求呈现出差异性，而且对于不同的网络消费者因所处的时代、环境不同而产生不同的需求，以及不同的网络消费者在同一需求层次上的需求也会有所不同。因此，从事网络营销的厂商要想取得成功，必须在整个生产过程中，从产品的构思、设计、制造，到产品的包装、运输、销售，认真思考这种差异性，并针对不同消费者的特点，采取有针对性的方法和措施。

（3）对购买方便性的需求与购物乐趣的追求并存。在网上购物，除了能够完成实际的购物需求以外，消费者在进行购物的同时，还能够得到许多信息，并得到各种在传统商店没有的乐趣。另外，网上购物的方便性也会使消费者节省大量的时间和精力。

（4）价格仍然是影响消费心理的重要因素。正常情况下，网上销售的低成本将使经营者有能力降低商品销售的价格，并开展各种促销活动，给消费者带来实惠。例如，亚马逊书店比市场价低15%～30%的书价，是对消费者很大的吸引力。

（5）网络消费仍然具有层次性。网络消费本身是一种高级的消费形式，但就其消费内容来说，仍然可以分为由低级到高级的不同层次。在网络消费的开始阶段，消费者侧重于精神产品的消费，到了网络消费的成熟阶段，消费者在完全掌握了网络消费的规律和操作，并且对网络购物有了一定的信任感后，消费者才会从侧重于精神消费品的购买转向日用消费品的购买。

（6）网络消费者的需求具有交叉性。在网络消费中，各个层次的消费不是相互排斥的，而是具有紧密的联系，需求之间广泛存在交叉的现象。

（7）网络消费需求的超前性和可诱导性。根据相关统计，在网上购物的消费者以经济收入较高的中青年为主，这部分消费者比较喜欢超前和新奇的商品，他们也比较注意和容易被新的消费动向和商品介绍所吸引。

（8）好胜，但缺乏耐心。这些用户以年轻人为主，比较缺乏耐心，当他们搜索信息时，经常比较注重搜索所花费的时间。如果连接、传输的速度比较慢的话，他们一般会马上离开这个站点。

3）网络消费者的行为特征

（1）直接参与生产和流通的全过程。传统的商业流通渠道由生产者、商业机构和消费者组成，其中商业机构起着重要的作用。对生产者来说，所谓市场导向是通过商业机构的订货趋势来反映的；对于消费者来说，所谓选择商品是在商业机构提供的商品范围内进行有限挑选。生产者不能直接了解市场，消费者也不能直接向生产者表达自己的消费需求，而在网络环境下，生产者和消费者在网络支持下直接构成商品流通循环。消费者能够直接参与到生产和流通中来，与生产者直接进行沟通，从而使生产者更容易掌握市场对产品的实际需求，减少了市场的不确定性。

（2）个性化的消费需求。由于工业化和标准化生产方式的发展，使消费者的个性被淹没于大量低成本、单一化的产品洪流之中。而随着信息化时代的到来，消费品市场在网络影响下变得越来越丰富，消费者进行产品选择的范围全球化、产品的设计多样化，消费者开始制定自己的消费准则，个性化消费成为消费的主流。

（3）消费的主动性增强。网络时代的消费者不习惯被动接受，而习惯于主动选择。这种消费主动性的增强一方面来源于以互联网为标志的信息媒体技术的发展；另一方面来源于现代社会不确定性的增加、人类需求心理稳定和平衡的欲望。网络时代信息技术的发展使消费者能够更方便地进行信息的收集、分析并进行双向沟通，从而在商品选择上拥有更大的主动性。同时，在社会化分工日益细化和专业化的趋势下，消费者对消费的风险感随着选择的增多而上升，对单向填鸭式的营销沟通感到厌倦和不信任。在许多大额或高档的消费中，消费者往往会主动通过各种可能的渠道获取与商品有关的信息并进行分析和比较。通过分析比较，消费者能从中得到心理的平衡以减轻风险感，或减少购买后产生的后悔感，增加对产品的信任程度和心理上的满足。

（4）更为理性的消费。首先，网络环境为消费者挑选商品提供了前所未有的广阔选择空间，在这个空间里，消费者可以不必面对嘈杂的环境及各种影响和诱惑，理性地规范自己的消费行为。其次，网站常会设立产品或服务推荐栏目，并出现了一些比较网站、分析模型与评定软件以引导消费者的行为，经常上网的消费者可以充分地利用各种分析工具，更理智地进行购买。最后，对消费者来说，他们也不再会被那些先高价再优惠打折的价格游戏弄得晕头转向，他们会借助自己的计算机充分地利用各种定量化的分析模型进行分析，迅速算出商品的成本价，最后再进行横向比较，做出非常理智的购买决策。

（5）选择范围扩大。在传统的营销环境下，消费者在有限的空间内（如一个城市）选择有限的商品，而在电子商务环境下，由于网络系统强大的信息处理能力，为消费者挑选商品提供了空前的选择余地。对个体消费者来说，他们可以"货比三家"，不受干扰地、大范围地选择品质最好、价格最便宜且适合自身需要的产品和服务，而不会因为信息不对称、地理环境条件所限、商家的热情劝说等原因购买一些，并不喜欢或不需要的商品。随着全球信息技术和物流系统的完善，网络经济将会真正走向全球化，一个网站的访问者可能来自世界各地，所以企业要想取得竞争优势，要做好多语种的网站。

（6）消费行为的信息化和隐秘性。在网络消费时代，B2C 电子商务的迅速发展，很大程度上改变了新兴消费者的信息搜集方式。他们由以往的被动信息接受者转变为积极主动的信息搜索者。尽量能多获取、占有信息，成为新兴消费者行为的重要组成部分。信息占有之所以受到新兴消费者的高度关注，是因为拥有充分信息可以使他们在购物时有更多的选择权，购买决策也更加科学、准确。借助于网络，新兴消费者可以比传统消费者更加便捷、快速、低成本地获取所需信息。在传统商店购物时，总要接触到服务员，有时还会有旁边的顾客，会有人群所带来的压力。但是网上购物是可以不接触到人的，对于购买某些私密性较强的商品和意愿自助的消费者购物提供了一个非常宽松的环境。随着网上商品信息不断地完善，使消费者可以轻松获得商品的各种各样的信息，而不需要其他人的服务。

（7）关注网络的可靠性和安全性。目前，人们认为影响网上购物的主要障碍是网络的可靠性和安全性。网络的可靠性性是指数据存取、通信、操作权限的安全可靠性，以及在异外情况下正常工作的能力。网络的安全性是指有效保护用户个人信息的能力。例如，许多网站缺乏安全隐患意识，许多用户不敢使用信用卡支付，担心他们的账户和密码被盗，以免造成巨大的经济损失。

（8）强调企业形象。企业形象是企业通过外部特征和经营实力表现出来的得到消费者和公众所认同的企业总体形象。企业的知名度、信誉度、美誉度是传统营销模式下的企业资本，在电子商务模式下，企业形象对消费者的行为同样产生了很大的影响，由于消费者无法通过感知判断产品和服务的质量，所以偏向购买传统的企业名牌产品。除此之外，网上信息的真实性、信用制度的建立、法律环境、物流配送体系的完善等，对消费者的网上购买行为都产生影响。

2. 网络消费者的类型

网上购物的消费者大致可以分为简单型、冲浪型、接入型、议价型、定期型和运动型几种类型。

（1）简单型的顾客需要的是方便直接的网上购物。他们每月只花 7 小时上网，但他们进行的网上交易却占了 50％。零售商们必须为这一类型的人提供真正的便利，让他们觉得在网站上购买商品将会节约更多的时间。

（2）冲浪型的顾客占常用网民的 8％，而在网上花费的时间却占了 32％，并且他们访问的网页是其他网民的 4 倍，对常更新、具有创新设计特征的网站很感兴趣。

（3）接入型的网民是刚触网的新手，他们很少购物，而喜欢网上聊天和发送免费问候卡。那些有着著名传统品牌的公司应对这群人保持足够的重视，因为网络新手们更愿意相信生活中他们所熟悉的品牌。

（4）议价者有一种趋向购买便宜商品的本能，如 eBay 网站一半以上的顾客属于这一类型，他们喜欢讨价还价，并有强烈的愿望在交易中获胜。

（5）定期型和运动型的网络使用者通常都是为网站的内容吸引。定期网民常常访问新闻和商务网站，而运动型的网民喜欢运动和娱乐网站。目前，网络商面临的挑战是如何吸引更多的网民，并努力将网站访问者变为消费者。

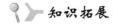

网上购物的类型

专门计划型购物：需要在进入网上商店前已经确定，消费者购买预计的商品。

一般计划型购物：需要在进入网上商店前已经确定，但是购物者在店内根据商品的制造商，确定满意的商品。

提醒购物：网上商店的影响带来了顾客的需要，如网上广告，促销活动带来的消费者的需要。

完全无计划购物：进入网上商店前毫无目的。

8.2 掌握网络消费者购买行为的一般过程

8.2.1 网络消费者的新需求

网络技术的发展使现在的市场变成了网络虚拟市场，但虚拟社会与现实社会毕竟有很大的差别，使得网络消费者的需求动机等比传统市场环境下更广泛。在虚拟社会中，消费者有了一些新需求。

1. 兴趣需要

兴趣需要即人们出于好奇和能获得成功的满足感而对网络活动产生兴趣。这种兴趣主要来源于两种内在驱动力：一种是探索，从各种各样的信息和资讯到千奇百怪的娱乐活动，可以说是包罗万象。人们出于好奇心理探索秘密，驱动自己沿着网络提供的线索不断深入地查询，希望获得更多的信息。另一种内在驱动力是成功，当人们在网络上找到自己需要的资料、软件、游戏，自然会获得一种成功的满足感。随着这种成功的个人满足感不断地加强，人们对网络的接受程度也在不断地增强。

2. 集聚需要

在现代社会，由于人们生活节奏的加快，常常没有整块的时间在一起集聚，而通过网络却能给相似经历的人提供集聚的机会。这种集聚不受时空的限制，并形成富有意义的人际关系。例如，在特定的论坛或社区上，人们可以对共同感兴趣的话题进行交流。在这样一个群体中，所有成员都是平等的，每个成员都有独立发表自己意见的权利，使得在现实社会中经常处于紧张状态的人们在虚拟社会中寻求到解脱。

3. 交流需要

集聚起来的消费者，自然产生一种交流的需要。随着这种信息交流频率的增加，交流的范围也在不断地扩大，从而产生示范效应。带动对某些种类的产品和服务有相同兴趣的成员集聚在一起，形成商品信息交易的网络，即网络商品交易市场。在这个虚拟社会中，参与者大都是有目的的，所谈论的问题集中在商品质量的好坏、价格的高低、库存量的多少、新产品的种类等。他们所交流的是买卖的信息和经验，以便最大限度地占领市场，降低生产成本，提高劳动生产效率。

8.2.2 网络消费者购买行为的过程及对其营销策略

网络购物是指用户为完成购物或与之有关的任务而在网上虚拟的购物环境中浏览、搜索相关信息，从而为购买决策提供所需的信息，并实施决策和购买的过程。

1. 唤起需求

网络购买过程的起点是诱发需求。在网络营销中，消费者需求的产生多源于视觉和听觉的刺激。网络的特性使文字表述、图片统计、声音配置成为诱发消费者购买的直接动因。由于消费者行为具有可诱导性，这阶段的营销策略主要有以下几个方面。

1) 突出网上商店的自身特色，吸引网络消费者注意

在浩如烟海的网络购物环境下，在同一时刻，消费者的选择几乎是没有极限的。大量的网站介绍、广告、图片展示作用于消费者的感觉器官，消费者不可能对这些所有事物做出反应，只会选择性地对某些事物产生清晰的反应。那么消费者会有选择性地注意哪些刺激物呢？有3种情况：第一，是与消费者目前的需要有关的。如近期有购买手机打算的消费者，会直接被与手机相关的产品信息、广告、图片等吸引。第二，是与消费者的兴趣相关的。如对汽车比较感兴趣的消费者，往往会被网站上发布的最新款型的汽车广告所吸引。第三，是变化幅度大于一般的，较为特殊的刺激物。因此，网上商店在站点设计、网页制作方面应注意突出自身站点特色，主体鲜明，在结构和背景上体现出自己独特的一面，体现企业文化和经营理念，避免"千网一面"的现象。同时，提供方便的搜索界面，注意信息的丰富、有趣和及时更新，在网页中将文字、图像、动画、音乐等多种元素融合，提供网站导航支持、站点结构图与其他网站的链接、BBS和娱乐栏目等，使消费者将轻松浏览、角色扮演、顺利购买和消遣娱乐融于一体，以便充分吸引其眼球注意力，诱发消费需要的产生。

2) 产品个性化、独特化

由于目前网络用户多以年轻、高学历用户为主，他们有自己独立的思想、爱好、见解和想法，对自己的判断能力也比较自负，对产品的具体要求越来越独特，而且变化多端，个性化越来越明显。因此，企业开展网络营销时，应充分发挥Internet的优势，根据消费者的不同特征划分不同的目标市场，满足消费行的个性需要，提供定制化服务，使网络产品集个性、独特、新颖、时尚于一身。例如，海尔在我国率先推出的B2C全球定制模式，可以按照不同国家和地区不同的消费特点，进行个性化的产品生产，提供9 000多个基本型号和20 000多个功能模块供消费者选择，在短短一个月时间里，海尔就拿到100多万台定制冰箱的订单。

3) 提高产品的显示效果

网络购物的一个难以避免的弊端是消费者无法见到商品实物，只能通过图片来展示商品，因而使用清晰的图片，动态、三维地表现产品是提高产品展示效果、诱导消费需要的一个重要途径。但是，当大量的Flash、特征放大展示及三维立体模型被添加到网站上去，在切实提高产品效果及浏览人数的同时，访问速度也将随之下降。因此，网络营销者应对网络前沿科技保持高度敏感与关注，力求在不牺牲访问速度的前提下，不断地提高产品的显示效

果。此外,网络营销者对网上商品的文字描述,也是影响网络消费者需求的重要因素。网络营销者对自己产品的描述不充分,语言模棱两可,就不能吸引众多的消费者,且容易使消费者对产品的认识产生歧义。但如果对产品的描述过分夸张,甚至带有虚假的成分,则可能永久地失去顾客。因此,网络购物的商家进行产品描述时,应尽量做到语言描述充分、准确,并减少消费者对产品的误解。

4) 价格因素

一般来说,消费者对于互联网总是有一个免费的价格心理预期,即使网上商品是要花钱的,那价格也应该比传统渠道的价格要低。一方面,是因为互联网的起步和发展都依托了免费策略,因此互联网的免费策略深入人心;另一方面,互联网作为新兴市场,可以减少传统营销中的中间环节费用和一些额外的信息费用,可以大大削减产品的成本和销售费用,这也为网上商品低价销售提供了可能。网络购物之所以具有生命力,很重要的原因之一是网上销售的商品价格普遍低廉。针对网络消费者追求物美价廉的这种心理,网络营销者可以采取以下两种方式诱导消费需求的产生:

(1) "特价热卖"栏目。消费者只要进入专栏,就可以轻松获得各个热销产品的信息和价格,并通过链接快速进入消费者认为适合的网站,完成购物活动。

(2) 折扣策略。折扣定价可让消费者直接了解产品的降价幅度以促使其消费需求的产生。这类价格策略主要用在一些网上商店,它一般按照市面上的流行价格进行折扣定价。

5) 便利因素

购物的便捷性是消费者做出购买选择时首要考虑的因素之一。网络技术的出现使传统营销方式面临着巨大的挑战,直销已成为流行的渠道方式。出于便利的原因使消费者选择网络购物方式常常基于两种情况:第一种是自己购买,产品直接送到购物者手中。在这部分消费者中,有些希望足不出户,得到送货上门的服务;有些则希望得到本地没有的商品。第二种是为他人购买礼品,需要送到第三方手中。消费者通过网络购物网站的一站式服务直接将礼品送到朋友手上,节约了包装、送达等一系列烦琐的过程。当然,要突出网上购物方便快捷的优势,网络营销商还必须注意做好以下两个方面的工作:

(1) 物流配送工作。网络营销商应在物流配送方面做好配套工作,及时将消费者订购的产品准确、完好地送到消费者手中。但是据调查显示,目前我国物流企业专业化程度较低,协调运行能力弱,且缺乏一种对消费者真正负责的态度,物流企业服务质量参差不齐的现象显著,因而极易导致买卖纠纷,对网络营销商的正常经营与运作造成一定程度的影响。

(2) 网站访问的便利性。网站访问的便利性是指网络消费者在访问网站时,认为网站简单、直观和界面友好的程度。消费者可以通过网站方便地获取信息及网站所提供的交易过程进行简单化,这是诱发消费需要并促使其最终购买的重要前提。

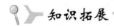

进入网站不畅的原因有哪些?

调查结果表明,在离开网站不购买任何产品的消费者中,有30%是因为在浏览过程中找不到路径。因此,让消费者方便地找到信息,让信息容易获得和可以识别网络营销商获得成功的关键。对消费者而言,网站在使用方面的不方便包括以下几种情况:一是信息没有按照一定的逻辑顺序排列,消费者无从下手;二是信息在网站中藏得太深,导致消费者查找困难;三是信息的展示没有使用有意义的形式；四是网站提供的信息没有任何价值或意义。一般认为，便利的网站应提供短暂的反馈时间，加速交易的实现，最小化消费者所需付出的努力，从而促使其消费需要的产生。

6）促销因素

消费者需求具有可诱导性，即可以通过人为的、有意识地给予外部诱因而促使其产生消费需要。网络营销者应充分发挥自身优势，采用多种促销方法，启发、刺激网络消费者产生新的需求，唤起他们的购物兴趣，诱导其将潜在需求转变为现实需求，主要方法有以下几个方面：

（1）开展灵活多样的促销推广活动。网络营销者利用网络技术向虚拟市场传递有关商品和服务信息，以启发需求，引起消费者购买欲望和购买行为，如网上赠品促销、网上抽奖促销、积分促销等。一般来说，当购物网站推出新产品、产品更新、对抗竞争品牌或开辟新市场的情况下，利用这些推广活动，可以达到较好的促销效果，直接诱导网络消费者消费需要的产生。

（2）体验式销售，鼓励消费者试用。网络购物的安全与否成为影响网上购物发展的重要因素。由于在网上消费，消费者一般需要先付款后送货，这种远程、不见面的交易更容易诱发人们的投机心理，也就使消费者产生一种潜在的不信任，所以体验营销应运而生，人们常说，"百闻不如一见"。在营销中，无论是百闻、百见常常都不如一用。消费者通过消费产品或服务而获得的亲身感受最有说服力，最能诱发购买欲望。体验营销就是营销者诱导消费者消费产品或服务，通过消费体验而推动消费者认知，最终促进产品销售的营销手段。通过体验与使用，可增进网络消费者对产品的了解及其对购物网站的信任，并收到促销销售、提升顾客满意度、培养忠诚顾客群体的效果。

（3）关联策略促进销售。关联策略是网络营销者利用商品种类或名称之间的相互联系，以推荐或相关链接的方式为顾客提供与其密切相关的商品信息，以达到促进顾客购买的目的。例如，卓越网在被亚马逊收购之后，其最大的变化就是商品的种类和数量在急速地增长，"大而全"已经成为网上零售业默认的法则。如何让这些产品尽快卖出去？卓越在最新改版的网站中都添加了智能推荐系统，通过"为您推荐"和"最佳组合"意图提高消费者的单次消费额，可以预见，接下来这种趋势可能从"买过这本书的人也喜欢这本书"延伸到"买这本书的人也喜欢这款香水或这款手机"，产品线丰富的优势将在销售的关联性上得到体现。

案例阅读

红孩子的关联销售

在红孩子主打0~3岁母婴产品的网站可以看到一条可扩展的经营渠道。红孩子认为，用尽量低的成本获得固定的客户才是最重要的，所以在他眼中看到的市场是：0~3岁的婴儿是他们的母婴产品客户，母亲是他们化妆品的客户，而婴儿的爷爷奶奶可能是他们健康产品的客户。他认为这样的模式可以被称作B2F（Business for Family）。其实，类似的这种产品分类并不新鲜，新鲜的是经营者看待市场的角度。

（4）将网络文化与产品广告相融合，借助网络文化的特点来吸引消费者。例如，网络营销商可将自己的产品广告植入网络游戏中，使网络使用者在潜移默化中接受了促销活动。也可以通过组建用户俱乐部吸引大批的网友来交流意见，借助网络文化传播实现促进销售的效果。

（5）利用网络社区聊天的功能开展消费者联谊活动或在线产品展销活动和推广活动。前面关于消费者需要的论述中提到了人有聚集和交流的需要，虚拟社区就可以满足人们的这类需要。基于社区的电子商务将交易功能融合到社区的成员聚集中，使交易成为成员提供服务的过程，不会令客户感受到被强加的推销感，可作为公司与顾客之间一对一联系的渠道。例如一个与电子玩具相关的社区，商家可以通过人们对市面上出售产品的喜好和评价进行定向跟踪、了解、分析，也可以直接对某种玩具的使用情况提问，网上自然会有人热心地回复，企业因此能适时地、主动地推出满足顾客需要的产品或服务。设想一下，当一个消费者刚在社区里四处打听一种最新式的电动狗时，第二天他的信箱里就来了这种商品的订单，他会怎样呢？迅速准确地把握顾客的需要，恰当地使用推销战略，是抓住顾客的有效手段。这是一种调动消费者情感因素，促进情感消费的方式。

（6）有效利用数据库营销。网络营销商可以利用自身所掌握的顾客信息来完成顾客的培养工作。所谓顾客培养，是网络营销商为了在一段时间延伸顾客购买的广度和深度所提供的相关信息和诱因。比较常用的做法是网络营销商通过电子邮件等方式，给顾客提供有用的商品信息，主动争取顾客，劝诱他们购买，这样的做法相对直接而且成本低。例如，亚马逊会根据顾客过去的购买记录为其提供相关的新产品信息。这种不断提供诱因的循环使顾客不断得到有价值的新产品信息，有效降低顾客的搜索时间，促使其消费需求的产生。此外，网络营销商还可以与非竞争性的厂商进行线上促销联盟，通过相互线上资料库联网，增加与潜在消费者接触的机会，这样一方面不会使本企业产品受到冲击，另一方面又拓展了产品的消费层面。

（7）注重网络广告信息内涵，提高有效点击率。虽然网络广告形式多样，但消费者购买行为主要来源于两种原因：第一，现实生活中有需求的消费者，会主动收集相关的信息，同时特别关注网络中相关的广告信息；第二，有某种潜伏需求的消费者，经过广告强有力的引导和激发，最终发掘了潜意识的需求，增强其购买欲望。消费者的购买行为，直接受人的心理活动支配。因此，在网络广告的策划阶段就应该针对消费者的心理特点做足文章，把广告中强有力的信息直接指向具有某种需要的消费者，作为网络广告信息服务的目标定位，以便广告信息有效地传递。只有消费者即广告信息的受众注意到广告所要传递的信息后，对广告中的产品或服务发生了兴趣，才会进一步点击，了解更详细的信息，从而发生在线注册、留言，或在线订购甚至直接在线支付行为。因此，在广告的策划阶段为广告信息的受众做好准确的定位至关重要，要定位好信息的目标是指向哪些群体、哪些阶层、哪些区域等。有了准确的定位，才能确定广告发布的时间，在什么性质的网站发布，以及以什么形式发布和网络广告的费用预算等具体细节。同时，随着消费者网购经验的增加，对网络广告的新鲜感也逐渐减弱。除非是目标顾客，否则多数情况下消费者认为泛滥的在线广告干扰了正常的网购生活，从而产生反感和排斥。

2. 收集信息

消费者信息搜集是指消费者识别和获取可以解决自身问题的相关信息的行为。网上信息搜集的快捷与简便是消费者选择上网的主要原因之一，较之传统模式，网上消费不仅选择范围广泛，而且消费者的主动性可以得到最大限度的发挥。消费者一方面可以根据自己了解的信息通过互联网跟踪查询，另一方面还可以在网上发布自己对某类产品或信息的需求信息，得到其他上网者的帮助。

1）收集信息的方式

（1）浏览。浏览是非正式和机会性的，没有特定的目的，完成任务的效率低，且较大程度依赖外部的信息环境，但能较好地形成关于整个信息空间结构的概貌。此时，用户在网络信息空间的活动就像随意翻阅一份报纸，能大概了解报纸信息包括哪些内容，而能否详细地阅读某一信息就依赖于该信息的版面位置、标题设计等因素。

（2）搜索。搜索是在一定的领域内找到信息。搜索中收集到的信息有助于达到发现新信息的最终目的，搜索时用户要访问众多不同的信息源。搜索活动对路标的依赖性较高，用户在网络信息空间的搜索，就如同根据目录查询报纸获取某一类特定信息一样。

（3）寻找。寻找是在大信息量或信息集中寻找并定位于特定信息的过程。寻找的目的性较强，活动效率最高。例如，用户根据分类目录定位于寻找旅游信息后，就会在众多旅游信息息中进行比较、挑选等活动。

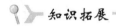知识拓展

信息收集的模式

1. 广泛问题的解决模式

处于这个层次的消费者，尚未建立评判特定商品或特定品牌的标准，也不存在对特定商品或品牌的购买倾向，而是很广泛地收集某种商品的信息，可能是因为好奇、消遣或其他原因而关注自己感兴趣的商品。这个过程收集的信息，会为以后的购买决策提供经验。

2. 有限问题的解决模式

处于有限问题解决模式的消费者，已建立了对特定商品的评判标准，但尚未建立对特定品牌的倾向。这时，消费者有针对性地收集信息。这个层次的信息收集，才能真正而直接地影响消费者的购买决策。

3. 常规问题的解决模式

在这种模式中，消费者对将来购买的商品或品牌已有足够的经验和特定的购买倾向，其购买决策需要的信息较少。

2）影响信息收集范围的因素

（1）顾客对风险的预期。顾客在购买商品时，都会或多或少地感知到风险，而网络购物的特殊性则更加剧了顾客对风险的预期。一般来说，随着对购买风险预期的增加，顾客会扩大收集信息的范围，并考虑更多的可供选择的网络供应商及品牌。此外，对于同一商品来说，由于顾客的个性不同，所感知到的风险也不同，所以会影响到其收集信息的范围与努力程度。与那些风险预期较低的人相比，那些认为风险较高的人，会在信息收集方面付出更多的努力，并参看大量的网络论坛、网友留言等。

（2）顾客对商品或服务的认识。如果顾客对潜在的购买了解很多，就不需要另外收集更多的信息。而且，顾客对商品或服务了解得越多，其收集信息的效率就越高，从而花费的收集时间就越少。另外，一个有信心的顾客不仅对产品有足够的信心，而且对做出正确的决

策，也感到非常自信。而缺乏自信心的顾客甚至在对产品已经了解很多的情况下，也会继续进行信息收集。有先前参与过网络购买或购买某种商品经验的顾客，与没有相关经验的顾客相比，对风险的预期较低，因此他们会减少信息收集的时间。

（3）顾客对商品或服务感兴趣的程度。信息收集的范围与顾客对某种产品感兴趣的程度有相应关系，即对产品很感兴趣的顾客会花更多的时间收集信息。

（4）情境因素。在紧急的情况下买产品时，人们对信息的搜索是有限的。

3）网络营销者的应对策略

（1）注重消费者教育，满足消费者信息需求。消费者行为具有可诱导性，这就意味着消费者教育对于培育消费者市场的重要性。网络营销者可以通过开设网上培训、网上讲座、消费论坛、建立网上虚拟展厅等一系列措施，使消费者全面了解产品各方面的相关信息，满足消费者的信息需求，促进购买行为的产生。

（2）及时修复问题链接，提高网站的链接速度及网页的响应速度。年轻购物者因比较缺乏耐心，当他们搜索信息时，比较注重搜索所花费的时间，如果链接、传输速度比较慢的话，他们一般会马上离开这个站点。网络营销者应监测每一个链接的状态，一旦出现异常就自动开始检测并修复，并随时通过控制面板，或从网络进入后台查看监视器的工作状态，迅速地发现很多潜在的问题。同时，网络营销者也应注意提高网页的响应速度，要求网站对网页语言进行整合。此外，通常静态页面对服务器的负载较小，可以更快地接受客户端的请求，因此，网络营销者要想办法让网页"静"下来。

（3）优化有效搜索引擎。根据有关调查显示，近80%准备网上购物的顾客使用搜索引擎来寻找他们想要的产品。通过搜索引擎的访问者，新用户比例很高，而且所有访问者均具有较强的针对性，具有极高的商业价值。因此，网络营销者应对一些效果好的搜索引擎加大广告投入，并做好搜索引擎的排名工作，以提高被点击的机会。同时，利用网页分析技术优化网站，使从搜索引擎中来的目标顾客更便捷地找到他想要的商品及相关信息，从而增加下单率。站内搜索是一个顾客查找商品的快捷工具，如果站内搜索功能得到正确、有效地执行，就可以避免重复浏览查找商品的过程，缩短购买的时间，从而达到提高转换率的目的。一个功能强大的站内搜索引擎，还能智能识别一个或者多个拼错的关键词，找出最可能符合的商品。

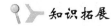
知识拓展

站内搜索引擎应该注意的问题

一个组织有序的搜索引擎应该具备如下要求：①搜索引擎应该出现在主页和商品列表最显眼的上方；②在搜索结果中体现商品的价格信息；③错误的搜索发生时，打开友好的用户界面让消费者进行选择；④在搜索结果中显示商品的小图；⑤在搜索结果中提供"购买此产品"链接；⑥分析搜索结果，查看消费者使用过程中出现的高频搜索关键词；⑦利用分析工具监视哪些消费者的购买来源于搜索结果。

3. 比较选择及应对策略

消费者需要的满足是有条件的，这个条件就是实际支付能力。没有实际支付力的购买欲望只是一种空中楼阁，不可能促使实际购买行为的发生。消费者为了使消费需求与自己的购买能力相匹配，就要在广泛收集信息的基础上，对各种渠道汇集而来的信息进行比较、分析、研究，形成若干备选方案，再根据自己的购物标准、个性心理及产品的功能、可靠性、性能、模式、价格和售后服务，从中选择一种自认为"足够好""满意"的产品。由于评价选择的标准会因消费者价值观念的不同而异，所以对同一方案，不同的消费者会做出不同的评价，其取舍的结果也迥然不同。消费者对多种同类商品的比较和评价，实质上是多种同类商品之间的直接较量，是商品争夺消费者的竞争。值得注意的是，网络消费者在比较选择是否购买某种商品时，一般会综合考虑3个条件：第一，对网络营销商有信任感；第二，对网络营销商提供的支付方案有安全感；第三，对产品有好感。

因此，为了促使消费者购买行为的实现，网络营销商除了要重点抓好产品宣传与推广方面的工作外，还需要在营销商自身的品牌宣传方面下功夫。目前，网站之间的相互抄袭、模仿已屡见不鲜。任何好的创意一旦出现在网站上，就毫无保密可言，后来者完全可以在最短的时间内复制其创意。在这种情况下，竞争就自然而然地集中在品牌上。可以说，网站之间的竞争已经跨过了资金实力、信息丰富程度、交互程度等竞争阶段，而进入品牌竞争的时期，竞争的焦点已日益集中在客户服务的质量、营销环节处理的好坏、广告宣传和网站知名度、信誉度、美誉度、形象树立等方面。在国内互联网C2C模式中的卖家越来越重视商品页模板、店铺整体效果的设计及服务质量和信誉度不断地提高，它们的自有品牌意识已经初步形成并不断地加强，如淘宝网站一直在大力招募国内知名品牌入驻，以此保证产品质量和优质服务。从客户角度来看，商品信誉、品质、服务都越来越有保障，店中店在入驻时都要跟平台签订协议，缴纳保证金，承诺退换货等服务，如淘宝商城在入驻时要缴纳几千元保证金，遇到问题淘宝网就可以对客户先行赔付，这样可以大大增强消费者的购物信心。另外，C2C商城都有专门的服务电话和服务条款，可以提供更专业的服务。

4．制定购买决策

1）网络消费者制定购买决策的原则

（1）预期—满意原则。网络消费者在进行购买决策之前，已经预先形成对某商品价格、质量、款式等方面的心理预期。因此，在对备选方案进行比较选择时，可以直接将备选商品与个人心理预期进行比较，备选商品越接近心理预期就越容易被消费者所接受，最后从中选择与预期标准吻合度最高的作为最终决策方案。这一方案相对于预先期望，能够达到消费者满意程度最大。

（2）多因素关联原则。这一原则是消费者为商品的各种属性规定了一个最低可接受水平，只有当所有的属性都达到预先规定的水平时，该商品才可以被消费者接受，而对于没有达到这一可接受水平的其他商品都不予考虑。运用这一原则，就排除了某些不必要的信息干扰，缩小了消费者处理信息的规模。但是，这种决策所导致的可接受的商品可能不止一个，消费者还需借助另外的方法做进一步的筛选工作。

（3）单因素分离原则。这种方法实质上是多因素关联原则的对立面。这种决策原则是消费者只用一个单一的评估标准来选择商品，做出最终决策。也就是说，消费者以一种属性（当然是对消费者而言最重要的一个属性，例如价格），去评价所有可能的备选方案，并从中选择出评价结果最优者作为最终决策方案。

（4）排除法原则。排除法的核心在于逐步排除以减少备选方案。采用这种方法时，首先，消费者应排除那些不具备所规定的评估标准的最低可接受水平的商品；其次，如果所有备选方案都具有某一评估标准的最低限度要求，那么这一标准也要去掉。因为这种无差别的衡量对选择过程没有用处，这种方法就是不断地以不同的标准去加以衡量，再不断地排除下去，直到剩下一个最终决策方案为止。最后，这个方案所具有的独一无二的特征被称为"独特优势"或"关键属性"。

（5）词典编辑原则。这种方法类似于编辑词典时所用的词条排序法，消费者先将产品的一些属性按照自己认为的重要性程度，从高到低排出顺序；然后再按顺序依次选择最优方案。也就是说，消费者根据排序中第一重要的属性对所有备选方案进行比较，如果在这种比较过程中出现了两个以上的方案，那么消费者还必须根据第二重要的属性，甚至第三重要的属性、第四重要的属性等进行比较，直到剩下一个最终方案为止。

2）影响购买决策的因素及应对策略

在消费者下定决心购买某一产品时，还可能受到许多其他因素的影响，下面就其中两个重要的因素进行阐述。

（1）消费者信息安全。消费者信息安全是消费者考虑的比较多的一个问题。对于通过网络购物来说，消费者的口碑或者说商家的信誉是非常重要的。如果消费者普遍对该网站销售的产品比较满意，消费者会通过网络发表自己的意见，这些意见和建议对其他消费者制定最终的购买决策影响非常大。同时，网络消费者还非常担心自己私人资料的泄露，以及付款方式是否方便和可靠等，如果网上的销售商不能很好地解决这些相关的问题，无疑会影响到消费者的购买决策。因此，对于网上的销售商来说，应在技术上确保消费者的个人信息安全，这样既保护了消费者的权益，也提高了自身的信誉。网上企业同时还要做好与银行的协调工作，确保网上支付的安全可靠，从而使消费者放心地通过银行卡进行网上支付，提高消费者购物效率，也突出了网上购物的优势。

（2）产品质量及售后服务。产品质量及售后服务等方面要求较高的大件商品，例如汽车行业，消费者在了解信息的时候就是在享受服务，网站上的任何信息都有可能是改变其行为的因素，如产品的特性、购后担保服务、维修信息、公司的管理人员等。企业需要根据顾客需要充分展示产品的性能，及时回答顾客的提问，尽量使顾客获得完全的信息，享受到优良的售前服务，进而产生信任，进行购买。要满足顾客需求，就要以顾客为中心。所谓顾客策略，就是把顾客当成自家人，想顾客之所想，不断地使顾客满意。只有树立以顾客为中心的营销思想，从顾客出发，以顾客为中心，把顾客当作自家人，才能生产出他们所需要的产品，才能向顾客提供卓越的价值。对于拥有理智型动机的消费者而言，以顾客为中心显得更加重要。

3）网络购买决策行为

（1）试购。从某种意义上说，网络购物代表着一种新颖、独特、具有时代特征的消费方式。据相关调查显示，经常购物的网民在不断地增加，在这样的一个示范效应下，很多网民开始涉足网络购物。由于此前消费者没有网络购物经验，他们难免心存疑虑。为减少风险，消费者常常会先尝试少量、小额购买，同时往往侧重于精神产品的消费，如通过网络书店购书。待消费者基本掌握了网络购物的规律和操作方法，并且对网络购物有一定的信任感后，他们才会从侧重于从精神消费品的购买转向日常消费品购买。

（2）重复购买。消费者对于曾经购买且产生良好体验的商品和网站会发生重复购买行为，这种重复购买行为会减少因决策不当而带来的购物风险，同时增强消费者对该网站及相关商品的忠诚度。

(3) 仿效购买。当消费者因多种原因难以做出有效决策，或对自身决策缺乏信心时，可能会采取从众行为，仿效他人或大多数人的购买选择，以减轻心理压力和避免不良后果。如在网络购物中，热卖的产品往往可以左右顾客的购买倾向。网络营销商一旦在产品名称中加上最热门、最畅销的关键词，或在产品的描述内容加上以往客户的购买的记录和评价信息等，常常可以激起客户的购买欲望。

 知识拓展

缩短网络购物流程

缩减网络购物的步骤是促成现实购买的当务之急。一般认为，一个有效率的购买流程不应该超过9个步骤，应当使购物者在5min内完成购买行为。对此，网络营销商可以在以下几方面做出改进：①列出必要的购物步骤，尽可能将相关联的信息放在同一个页面上；②提供已选购商品的快速链接，方便顾客再次确认产品的尺寸、颜色等细节；③提供一张已选购商品的小图片，顾客不用浪费时间，再重新回到之前的页面；④简易的"添加、修改、删除"按钮与提醒功能，方便顾客的修改；⑤为熟练的顾客提供快速通道，通过建立顾客信息资料库，进一步简化购物的环节。

5. 事后评价

消费者购买了产品之后，整个购买过程并没有结束，而是进入了购后时期。在这一时期，消费者将会是使用和消费产品，并在使用和消费过程中感知到是否满意。事后评价决定了消费者本人及其他消费者今后的购买动向。在网络环境下，消费者会把自己的网络购物体验在网络上进行反映，网络空间中信息传递的速度与广度无法衡量。如果消费者的评价是好的，可能会令厂商获益匪浅，但若其购后产生不满意，很可能会通过网络将它表达出来，在广大网民心中产生不良影响，打消很多潜在的购买欲望。因此，售后服务对于网上商店来说同样重要，这是提高网上商店信誉的一个重要途径。网上商店应具有完善的售后服务体系，厂商应密切关注消费者的购后感受，充分利用网络在沟通厂商与消费者信息上的便利性，及时采取措施弥补产品或服务中的不足，以最大限度地降低消费者的不满意感。同时，对消费者购后感受的搜集，还可了解其新的需求，及时捕捉市场机会，提高新产品开发的适用性和实效性。

8.2.3 影响网络消费者购买行为的因素

影响网络消费者购买行为的因素很多，虽然网络购物与传统购物有一些差异，但仍有很多相似的地方。在影响网络消费者购买行为的因素分析，重点论述与传统购物影响有差异的因素。

1. 产品因素

1）产品特性

根据网上消费者的特征，网上销售的产品首先要考虑产品的新颖性，因为网上消费者以年轻人为主，他们追求商品的时尚和新颖；其次，要考虑产品购买的参与程度，对消费者要求参与的程度比较高且要求消费者现场购买体验的产品，一般不宜在网上销售，但这类产品可以采用网络营销推广的功能，扩大产品的宣传、辅助传统营销活动。

2）产品的价格

从消费者的角度讲，价格不是决定消费者购买的唯一因素，但却是消费者在购买商品时肯定要考虑的因素，而且是一个非常重要的因素。互联网的出现为建立一个完善的市场机会创造了条件，互联网上的信息具有透明性、完全性和平等性等特点，网上营销的价格对于互联网用户而言是完全公开的，价格的制定要受到同行业、同类产品价格的约束，从而制约了企业通过价格来获得高额垄断利润的可能，使消费者的选择权大大提高，交易过程更加直接。现在越来越多的企业，或通过电子邮件进行议价，或在自己的网站上设立"价格讨论区"，或在网上通过智能化议价系统直接议价，或通过其他平台进行竞价、拍卖等。网络市场与传统营销市场相比，能够减少营销活动中的中间费用和一些额外的信息费用，可以降低产品成本和销售费用，这正是互联网商业应用的巨大潜力所在。

3) 购物的便捷和安全可靠性

购物的方便快捷、安全性、可靠性等也是消费者购物时要考虑的因素之一，前文已有论述，在这里就不再赘述了。

2. 网络文化

网络文化是指与网络时代相关的人们的交往活动、价值观念与生活方式。网络空间与现实生活有许多共性，比如说都有一定的规范，网络空间有现实世界同样的功能等。但是两者相比，网络空间有其自身的特色，如更为自由、信息交流更为多样化等。在网络空间中存在的文化自然也有其不同于现实文化的特征。

1) 网络文化的特征

（1）开放性。传统文化具有条块的特征，也就是说不同的群体有不同的文化；不同的行业有不同的文化；不同的地域有不同的文化。换句话说，就是在获得或者共享某一文化的时候，必须首先具有某一身份。而网络文化对可以上网的人来说没有这样的预设门槛，对所有有条件上网的人来说，网络是完全开放的，没有条块的划分和限制。

（2）平等性。正是因为网络上所有的信息、文化都是开放的，可以共享的，所以网络上所有的人在获取信息的时候就是平等的，不像在现实生活中信息的拥有往往成为权力的来源，成为不平等的原因。平等性已成为网络文化的一个重要特征，在网络上人们之间没有尊卑之分，可以非常平等地交往。

（3）包容性。不同的文化在网上的地位是相同的，对差异的区分和尊重是网络时代的一种文明表达。在这种包容性的发展中，网络文化成为一种全球性的文化。

（4）个人化。网络信息纷繁复杂，每个人都可以在网络上根据自己的需要选择自己感兴趣的信息，个人的自主性空前提高，致使思想认识、价值观念、思维方式的个性化、多元化、复杂化的特征也更加明显。

（5）匿名性。在网络中，相互交往的人往往并不知道对方的真实身份，这种交往具有很强的"虚拟性"。各种虚拟的或电子的共同体可以在网络上自由地发表自己的观点，对社会其他群体和机构产生非常大的影响。网络世界互动关系的虚拟性改变了人们的工作方式和生活方式，增大了人们感性上的隔膜。

2) 网络文化对网络消费者行为的影响

（1）网络文化的发展为人们提供了多彩多姿的生活方式。网络消费者不再只是被动地接受信息，他们可以参与自己感兴趣的生产或生活过程，成为生产者和创造者。消费者可以从远程网上选择最优的教育和医疗服务，也可以通过虚拟社区，享受交友、娱乐、购物的乐趣，这些都极大地改变着人们世世代代延续下来的传统生活方式。

（2）网络文化的发展为人们提供了多种多样的行为方式。网络文化的发展，为网民提供了真正的自由空间，使人们的行为方式也随之发生变化。人们可以将喜爱的信息随心所欲地发布给他人，也可以用各种方式下载自己感兴趣的任何信息，还可以在网上购物、网上投资，甚至网上求职、网上征婚，充分享受网络带来的方便与快捷，避免了现实生活中的往来奔波。互联网的发展，打破了传统行为模式的束缚，为人们提供了多种多样的行为方式。

（3）网络文化催生博客营销。简单来说，博客营销就是利用博客这种网络应用形式开展网络营销。对于整个商业社会及企业而言，博客的意义则远非只是个人话语权力的自由释放那样简单，它所带来的信息传播、话题引导及可能带来潜在的舆论危机，正在深刻改变着商业运行规则。在博客网站上，有价值的博客内容一经发布，会吸引大量的潜在客户浏览，从而达到直接向潜在客户传递营销信息的目的。用这种方式开展网络营销，是博客营销的基本形式，也是博客营销最直接的价值表现。这个营销平台强调的是互动、意图、身份识别和精准，而它的核心内容就是与传统意义上"广泛传播"相对应的"小众传播"。

（4）网络文化易导致网络信任危机。网络信任危机是指在网络环境中人与人之间缺乏必要的信任，人们对网络安全、网络信用体系缺乏足够的信任，从而导致网络人际交往和网络营销发展的困境。由于网络中的大部分行为具有匿名性，网民自我角色意识淡化，良心机制在网民行为中的自我监督作用减弱，使网络行为变得漂浮不定，网民互相之间缺乏足够的信任。消费者担心购买到的商品货不对，担心网上支付出现问题等方面，从而直接制约了网络购买行为的发生。

3. 技术环境

科学技术的发展一日千里，不仅使得网络从深度与广度上更加迅速地将社会、企业、消费者连接在一起，而且也大大地推进了网络营销的发展，使其从一个概念性的营销工具，真正变成一种提升企业竞争力的模式。新技术的应用丰富了网络购物的功能，更加丰富了网络购物的商品列表。在网络购物发展初期，商家推荐产品只能依靠文字及简单的图片，网络消费者无法形成对商品的直观认识，从而严重限制了消费者能够在网络上购买的商品种类，致使图书、音像制品等低价值的商品成为在线购物的主流。随着现代视频技术不断地发展，虚拟现实技术、三维浏览技术、浮动广告技术、Flash技术等先进技术已普遍地应用到了购物平台网站中，极大地丰富了网络购物的直观性和可体验性，从而使网络购物的商品列表也极大地丰富起来。商品种类的丰富，直接推动了网络购物市场规模的持续增长。

4. 物流配送环境

网络营销的模式可以用下式表述：

网络营销＝网上信息传递＋网上交易＋网上支付＋物流配送

没有现代化的物流运作模式支持，没有一个高效的、合理的、畅通的物流系统，网络营销所具有的便捷优势就难以充分发挥。随着网络营销规模不断地扩大与发展，网络营销商对物流的需要越来越高。而作为实体流动的物流活动发展相对滞后，从某种程度来说，物流已成为制约网络营销发展的瓶颈。现有的网络营销商没有自己的物流配送系统，而国内缺乏系统化、专业化的全国性货物配送企业，商品的长途运输、邮递需要巨大的成本及时间上的延迟，导致网络营销商很难满足消费者在等待订购商品发送的时间要求，很大程度上影响了消费者网络购物的积极性。电子商务的迅猛发展相比，即便是发达国家的物流，其发展速度也难以和电子商务的发展速度并驾齐驱。因此，在关注电子商务、网络营销的同时，以更大的精力建设基础物流平台系统和与电子商务配套的配送服务系统，促进网络消费。

5. 网站

1）网络的可靠性和安全性

目前，人们普遍认为影响网上购物的主要因素是网络的可靠性和安全性。网上购物的支付方式主要是银行信用卡，还有一些利用手机支付的。由于目前许多网站的可靠性及安全性较差，容易受到黑客和病毒的攻击，所以消费者一般不敢使用信用卡支付，担心自己的账户或密码被盗。

2）网站进入的方便性和可行性

进入网站的可行性、网页下载的速度等，对消费者的网上购买行为影响很大。如果消费者无法进入你的网站，如何进行购物？网页下载的速度快慢同样会影响消费者光顾网站的次数。这些都影响着消费者的网上购买行为。目前，宽带技术的运用已经大大提高了上网的速度，但这一问题仍然不容忽视。

3）网络企业形象

企业形象是企业通过外部特征和经营实力表现出来的被消费者和公众所认同的企业总体形象。企业的知名度、信誉度是传统营销模式的企业资产，而在网络营销环境中同样如此，它对消费者的购买行为同样产生重要影响。一般来说，消费者比较倾向于购买传统企业的名牌产品，主要是因为消费者认为这些企业的信誉较好。

4）网店设计

网店设计的艺术性也是吸引用户浏览的因素之一。商店气氛通常是指商店用来树立形象和招徕顾客的物质特征。商店在门面外观、店内布局、商品陈列等方面的不同，会营造出不同的气氛，并且会直接影响到消费者的心理感受或情绪，从而促使消费者的行为出现较大的变化。在电子商务市场中，网络零售商店由于没有传统零售商店那样的实体依托，所以很多经营者会忽视商店气氛营造的问题，但实际上这一问题对网络零售商店依然重要，只不过是换了一种新的形式表现出来。例如，传统商店中的销售人员可以为消费者提供参考意见和其他的信息或服务，在网络商店中这一功能就转化为"帮助菜单"和"常见问题解答"列表，如果某一网络商店的网站上没有这两项基本要件，就会使该网络商店缺乏一种"以顾客为上帝"的气氛。

（1）商店界面设计的影响。传统实体商店可以通过门面装潢来展示自己与众不同的形象，从而吸引消费者的光顾。对于网络零售商店来说，由于没有实体建筑物的依托，与网络空间一样，它的存在其实只是一种虚拟的想象中的概念，其于现实中的体现是在网络消费者计算机终端上所显示的万维网页，网页是网络零售商店与网络消费者相互交换信息和执行各种交互活动的媒介，所以称为网络零售商店的界面。由此可见，网络零售商店界面设计的好坏将会对网络消费者的第一印象产生重要作用，很难想象一个界面设计混乱、不协调的电子商务网站会吸引网络消费者的注意或进入浏览、购物。通常，网络零售商店界面设计得优良与否将会使网络消费行产生立刻离开、浏览、浏览并购买等几种行为。一个有效率的网络零售商店的界面设计应当能够促使网络消费者产生后两种行为，网络零售商店的优势就在于完全可以利用现有的信息技术达到这一目的。

（2）商品陈列的影响。传统型商店可以通过不同的商品陈列方式达到展示商品和吸引消费者购买的目的，但是在虚拟的网络空间中没有了店堂和货架的概念，取而代之的则是网页、商品分类目录和店内商品搜索引擎，所列出的也不再是商品的实体，而是有关该商品的说明介绍和图片等，这必然也会影响到网络消费者的行为。在网络零售商店中，商品实体和商品的说明介绍以及其他相关资料是分离的，消费者无法像在传统的商店中那样购物，通过与商品实体的直接接触来了解商品的质量和适用性。例如，在传统的服装商店中，消费者可以通过抚摸来了解服装的质地，通过试穿以了解衣服是否合身等。网络零售商店对单个商品的介绍只能依赖于文字说明和图片信息，这些资料是否详细将会极大地影响网络消费者的购买欲望，一方面文字说明太少，另一方面图片模糊不清的商品是很难激发起消费者的购买欲望的。

（3）信息技术的影响。随着信息技术不断地发展，网络营销者可以利用信息技术提供更多的新功能，例如提供店内商品搜索引擎，甚至允许第三方比较购物代理对本店商品进行搜索和比较，这些新功能也将会使网络消费者的行为出现变化。一般来说，消费者是"认知吝啬"的，即消费者会尽量降低认知的努力程度，因为在认知过程中，信息搜寻、评价比较及决策思考都需要花费时间和精力，也就是说消费者的认知过程是有机会成本的，这一机会成本的高低随着个人条件的不同而不同，消费者购物的总成本是商品价格和其机会成本的总和。

6. 网络消费者个人

1）网络经验

测量消费者网络经验的指标可以细化为计算机使用年限、网络使用年限、平均每周使用网络时间等。通过对消费者网上购物研究发现，感知网络购物容易、感知网络购物有用、消费者网络经验、收入和体验型购物导向，是决定消费者网络购物决策的 5 个关键因素。根据这些结论，网上零售商首先应当重点针对收入较高、网络经验丰富的消费者制定营销策略，其次还应进行资源整合，提高消费者对网络购物有用及容易使用的感知。另外，网上零售商应当致力于降低消费者不能体验产品的不便。例如，提供尽可能详尽的图片说明、赠送试用或者通过某些技术模拟试用产品，或者通过提供社区让消费者交流或提供以往购买者的评价等，以便于消费者对产品质量等方面做出评价，减少体验的要求。

2）使用互联网的熟练程度

网络消费者对互联网的熟悉或使用熟练程度同样也会影响其行为。为了便于分析，此处仅从网络消费者的每周上网时间角度进行分析。当消费者刚刚接触网络时，对互联网的认识还处于比较低的水平，操作应用也不熟练，这时的消费者对互联网充满兴趣和好奇，其行为主要是通过实验和学习力求认识和掌握更多的互联网知识，但是由于对互联网还存在比较高的恐惧心理，所以网络购物行为发生的比率较低。随着消费者每周上网时间的增加，其对互联网也就越来越熟悉，操作应用也会越来越熟练，而其对互联网的恐惧心理，也会逐渐降低，这时的消费者把互联网看成一种日常事物，并开始进行各种各样的网络购物活动。随后网络消费者的行为就开始出现分化，一部分消费者由于刚开始时的新奇和神秘感已逐渐消失，就会逐渐削减每周上网时间直至某一固定水平，只在必要时才会上网，并且形成了固定的浏览网络商店和消费习惯，这里把这部分消费者称为喜新厌旧者；另一部分消费者仍在互联网上花费大量的时间，他们把网络空间看作了现实社会的替代品，在互联网上学习、交流、消费购物、娱乐等，因为他们认为可以在网上找到更多的乐趣而且也更方便。后面这一部分消费者可称为网络黏滞者。

7. 网上购物风险

1）网上购物风险类型

（1）功能风险。功能风险是商品是否具备消费者所期望的性能而存在的风险。在网上购物时，消费者往往并不能确定商品一定具有所宣传的功效。例如，有许多消费者在购买商品后，往往发现商品和网上描述并非完全一致，存在一定功能差异，或者发现网上购买到的商品可能会是假货。虽然在有些情况下，即使商品和网络上宣传的功效一致，但由于消费者无法在购买前亲自试用，使实际购得的商品与期望中可能相差甚远，并不一定能实现消费者所预期的功效，也同样存在一定的功能风险。

（2）财务风险。在网络消费中，由于消费者获得有关商品信息的局限，而使消费者难以对商品的品质、质量、效用进行正面的感知而产生对其价值的客观判断，所以也会面临一定资金风险。同时，由于网上购物过程中资金流与物流多为分开进行，所以当消费者付款购买商品时，往往并不能确定他们是否一定能收到相应货物，即网上销售者的虚拟性使消费者担心，对方不守信用或故意欺诈而造成经济上的损失，因此而形成消费者对网上购物的财务风险感知。此外，在网络消费方式下，还存在另外一种财务风险，也被称作支付风险或付款风险，即人们进行网络消费时采用的货款支付方式可能会给消费者带来的损失，在网络消费中，消费者不但要担心是否款项能如期安全付到指定账户，同时更担心在进行网上支付时所带来的个人信息、账户密码被盗用等风险，这已成为网上购物发展的主要障碍之一。

（3）身体风险。身体风险是产品可能会对自己或他人产生危害的风险。在网络中，由于种种原因，使得目前网络市场上存在很多"三无"产品、假冒伪劣产品，而网上购物方式的特殊性又使消费者很难在事先进行商品的安全检查而存在的风险。

（4）社会风险。社会风险是因购买决策失误而受到家人、朋友或其他人嘲笑的风险。例如，自己的家人和朋友同意这个购买决策与否？其他人是否欣赏这个选择呢？购买的这个产品与周围人使用的产品类似吗？在网上购物时，消费者也会同样感知到这一风险。此外，采用网上购物这种方式进行消费无法满足消费者社交需要，加之有些消费者长期沉溺于网络、缺乏人际交往等情况，而使消费者意识到网上购物会使他们脱离人群而产生一定社会风险。

（5）心理风险。心理风险主要指因决策失误而使消费者的自我情感受到伤害的风险，如购买的产品是否符合消费者自我形象的风险，或做出错误购买行为后对自我能力的怀疑和否定。

（6）时间风险。时间风险是购买的产品不合适而进行调换，或重新购买所造成时间浪费的风险。在网络消费中，双方并非当面交接货物而多采用快递或普通邮寄等方式，因此，从网上下订单到收到货物之间可能要经历一段时间，有时还需要自己到邮寄单位取货，浪费消费者的时间，如果购买的货物存在质量问题而进行退换货或修理时，这一风险就会更大一些。同时，在网上购物过程中，消费者从对货物的搜寻、了解到最后的购买都在网络上进行，网速慢、网站搜索过长等都可能给消费者带来损失，也使消费者产生网上购物时间风险知觉。

（7）服务风险。服务风险是指购买的商品如果出现问题，维修和退换服务所引起的损失的可能性。在网络消费环境中，退换网上选购的商品可能会很麻烦，网上购买的商品如果坏了，修理过程将更为麻烦一些。

（8）隐私风险。隐私风险是指在网上购物可能会出现侵犯消费者隐私的情况，使消费者利益受到损害。在网络消费方式下，除了可能会因为采用网络银行等支付方式引起消费者个人账号、密码等隐私泄露而伤害消费者利益外，消费者在各种零售网站上填写的个人信息，可能会被泄露给其他一些公司或个人；消费者的个人购物经历、习惯可能会被这些网站跟踪和分析；这些网上公司还可能在未经消费者允许的情况下联系其本人，而使消费者感到个人隐私权益受损。

（9）交付风险。交付风险指消费者所感知的产品不能正常交付的风险。在网上购物过程中，商品的传递一般由第三方邮寄单位或快递公司完成，且要经过长途运输，因此，货物可能往运送途中丢失而得不到货物，也可能在送货的过程中造成商品的损坏等会产生交付风险。

（10）信用风险。网络交易对象始终是在虚拟环境下的存在，使买方无法对卖方的信用等各种信息全面了解，甚至可能交易对方根本就是以上网骗钱为目的，从而使消费者在网络消费过程中利益受损。信用风险已成为阻碍网络消费及网络交易发展的一大阻碍因素。

2）减少网上购物风险知觉的方式

（1）消费者减少网上购物风险的方法。

① 可从多种渠道收集所需要的商品信息，并可通过网上论坛、聊天等了解其他消费者购买、使用同类商品的经历、感受和心得，这些信息对消费者减少和降低网上购物风险的知觉很有帮助。网络的迅速发展为消费者提供了搜集各类信息的重要来源，使消费者更容易接近厂家的网站、其他消费者、各种消费者组织和政府机构，其搜集信息的能力由于网络的发展而获得极大增长。消费者掌握的信息越多，对可能后果的预测性越大，风险知觉就越小。

② 加强安全与诚信意识、寻求各种保障。在网上购物中，要注意避免各种不良心态，端正购物观念，加强安全意识。一旦发现网上商品价格和市场价格相比低幅较大，不应一味追求廉价而被其诱惑，而应有所警惕，也要注意不要被网上所谓巨额奖金或奖品所诱惑，以免上当受骗。在网上购物应尽量避免高额大件商品，以避免大的损失。同时，在购买过程中应认真阅读交易规则及附带条款，避免落入不法商家的圈套，并应保留交易的各种有效凭证，包括卖方提供的各种原始清单、电子邮件、收据和寄交商品的相关包装等物件。由于网上交易的电子证据较易修改，所以必要的文件等应打印保存。在网上保存交易记录是消费者自我保护的一种有效方法，可以为自己日后可能进行的维权行动提供有效的法律保证。在网上购物要遵循谨慎和保密的交易原则，要注意个人信息的保密措施，保持充分的警惕和防范，发现任何可疑之处，应立即有所察觉并采取有利方法予以处理。对通过电子邮件、电话和短信方式索要账户密码等行为应有所防备，切实保障自己的交易安全。

③ 谨慎商店和商品品牌的选择。消费者在进行网上购买决策时，应尽量选择在信誉好、形象好、有相关隐私保护政策的网上商店购物，例如在网上购物前认真选择专业购物网站，核实网站是否具有管理部门颁发的经营许可证书等；在和具体交易方进行交易选购自己所需的商品前，认真查看售货者的信用度，例如查看售货公司是否已通过工商登记注册，通过查看交易方的交易次数、个人信用度、网友评价等进行综合考察对方的信用度等。这些方法可以很好地降低消费者所感知的财务风险、隐私风险和心理风险。为降低和减少对网络购买决策可能引起的功能风险，消费者在网上购物时，也应对网络商店有关商品售后服务方面进行考察，尽量选择以保修、包换、包退、包赔等方式，对消费者做出售后服务承诺的网络商店作为交易对象，这样可以将消费的功能风险进行一定转移。同时，在网上购买商品时选择具有一定知名度、美誉度的名牌商品。

④ 选择安全的支付方式。安全的支付方式可以大大减轻消费者对网上购物的疑虑和担心。例如，现在网上流行的支付方式"支付宝"，只有当买方收到货物后，卖方才能得到货款的支付，可以消除网络消费者对网上购物的交付风险的知觉。如不能采用类似支付宝等方式，则应尽量选择货到付款或同城交易来避免出现财务风险。使用网络银行或信用卡网上支

付方式时,要开立专门的信用卡来进行网上支付,实现专卡专用,切忌一卡多用而失去管理;卡内金额以购物付款额为限,不宜多放;网上使用后及时更换密码,防止他人以不法手段盗用;不在网吧或其他公共场合的计算机上使用银行卡在线支付;不轻易打开陌生的电子邮件;尽量不通过超级链接直接访问购物网站和银行网站;尽量不在无名小网站上下载免费软件或音频文件,以免被木马程序偷袭;在计算机上安装杀毒软件和防火墙,并定时杀毒和更新以保证网络系统的安全性。

案例阅读

妻子网购成瘾,丈夫无奈限额

苏太太婚后当起全职太太,网购成了她每天最喜欢做的事情。为了满足她网购的需要,苏先生特地将自己3张信用卡开通了网银功能,并和支付宝挂钩。一开始,苏太太相当克制,每个月花在网购上的费用也就几百元。随着熟悉度提高,她成了不折不扣的网购达人。一年多前,苏太太得知自己怀孕,便迷上了在网上为孩子添置物品。"双十一"的时候,孩子刚满半岁,恰逢网站大规模促销。她早早就打探好要买的东西,从前一天晚上的零点开始守候,足足在计算机前守了一个晚上。而当时,苏先生就听见自己的手机每隔几分钟就"叮"的一声来电提醒。"老婆又买东西了。"就这样,苏太太一晚网购总额达12 000元。

谁料,上次的快递包裹还没收齐,"双十二"促销又开始了。由于妻子网上账号是与苏先生的手机绑定的,这段时间,苏先生的手机上就充斥着各个卖家发来的活动信息。面对妻子一而再再而三地网购,苏先生郑重其事地向其提出,希望能有所收敛,可这对妻子没有任何作用,将网购进行到底成了她接下来最主要的行为。在外资企业工作的苏先生非常担心家中网购成瘾的妻子收不住网络购物之手,于是咨询了银行,然后将自己3张申请网银服务的银行卡限定额度,从原本无限制刷卡,到如今一天只能限定刷500元。这样算下来,即使妻子将3张卡全部刷爆,金额也就在1 500元。

(2) 网络商家降低消费者网上购物风险知觉的方法。

① 增强网络安全技术。网络消费过程中物流、信息流、资金流的分离状况,是消费者对网络消费缺乏安全感的重要原因。因此,为了降低消费者对网上购物风险的知觉,网上购物的各个环节必须加强安全和控制措施,对消费者购物过程的信息传输和个人隐私加以保护,同时将对消费者的隐私保护政策及时公布,使消费者确信自己的个人信息不会受到不公正的使用。网络企业应重视网站及网页的安全性,不断升级的安全措施,努力解决影响网络购物的一些如网络连线速度过慢、网络支付安全缺乏保障等问题,以消除消费者网上购物的不确定性。

② 提高网站网页设计水平。网络零售商可以通过在网站网页上详细、真实地介绍公司的性质、类型、历史、所有者、员工、办公地址、联系电话、网站隐私保护政策等真实可靠的消息,降低消费者的感知风险。另外,互联网零售商应提供方便友好、快捷的交互界面,简便交易流程,使消费者能迅速进入并快速搜索商品,方便地进行交易或取消订单等。

③ 确保交易商品质量。网络商家应向消费者提供高质量的产品,同时向消费者承诺提供各种担保,承诺可以自由退换有缺陷的商品。通过提供技术保证和商品质量保证,激发消费者网上购物的信心,减低购物风险知觉。同时,网络商家通过自己的网站宣传或展示产品,详细、全面地介绍商品的关键信息,客观、真实地展示商品的形象、色彩等图像信息,为消

费者尽可能多地提供相关信息，使消费者在进行购买决策前能更全面地认识商品而减少网上购物风险知觉。

④ 完善售后服务。为了减少消费者所感知的心理风险，网络商家应建立客户服务中心，及时为顾客提供所订商品的信息，充分利用电子邮件等方式与消费者进行交流和沟通，及时提供消费者订单确认、商品配送状况等信息；切实提高售后服务水平和服务质量，降低和消除消费者购买商品的后顾之忧。

⑤ 落实有效配送。作为网络销售方，应努力落实和完善自己的商品配送系统，保证消费者订购的商品能准确、及时、完整地递送到消费者手中，这样才能有效地减少和降低消费者在网上购物过程中对交付风险的知觉，同时提高消费者对网上购物方式的满意度和再次购买的信心。有效的配送系统，不但包括从商家到消费者商品的传递过程，而且也应包括当商品出现配送错误、差错及消费者退换、修理商品的传递过程。

在网络环境下，消费者的购买行为与传统环境下消费者的购买行为存在一定的差异，因此，非常有必要分析网络消费者行为。

本单元首先介绍了网络消费及其特征，并结合消费者介绍了网络消费者及其特征，阐述了网络消费与电子商务的关系。其次，介绍了网络消费者购买行为的一般过程。在购买过程中存在5个环节，并针对这5个环节介绍了应对策略。最后，分析了影响网络消费者购买行为的因素，同样地针对这些因素介绍了相应的应对策略。

一、名词解释

网络消费　　网络消费者　　关联策略　　网络文化　　网络信任危机

二、单选题

1. 网络购买过程的起点是（　　）。
   A. 诱发需求　　B. 搜索信息　　C. 比较选择　　D. 购买决策
2. 消费者需要的满足是有条件的，这个条件就是（　　）。
   A. 购买欲望　　B. 购买动机　　C. 购买心理　　D. 实际支付能力
3. 网络的（　　）是指有效保护用户个人信息的能力。
   A. 交叉性　　B. 安全性　　C. 主动性　　D. 理性
4. 下列（　　）不是网络消费环境下的新需求。
   A. 集聚　　B. 交流　　C. 兴趣　　D. 搜寻
5. 下列搜集信息方式中，（　　）不是网络环境下的搜集信息的方式。
   A. 浏览　　B. 寻找　　C. 访谈　　D. 搜索

三、判断题

1. 网络消费者是一个静态的过程。　　　　　　　　　　　　　　　　　　　　　　　（　　）
2. 网络消费是一种没有边界限制的购物行为。　　　　　　　　　　　　　　　　　　（　　）
3. 追求文化与品位是网络消费者的个体统计特征。　　　　　　　　　　　　　　　　（　　）
4. 体验导向型消费者对网络渠道没有明显的偏好，只有网络渠道比传统渠道具备更低的价格优势，才可引起此类消费者对网络购物的积极参与。　　　　　　　　　　　　　　　　　　　　（　　）

5. 价格仍然是影响消费心理的重要因素。   (   )

四、填空题

1. 网络消费具有_____、_____、_____和_____等特征。
2. 消费者和商家凭借互联网进行产品或服务的购买与销售,是传统商品交易的_____和_____。
3. 网络消费区别于传统消费的特点之一是_____上的差异。
4. 消费者购物导向可以分为_____、_____、_____和_____。
5. 网上购物的消费者大致可以分为_____、_____、_____、_____、_____和_____几种类型。

五、简答题

1. 简述电子商务与网络营销的关系。
2. 简述电子商务环境下消费行为的发展趋势。
3. 简述网络消费者的需求特征。
4. 简述网络消费者制定购买决策的原则。
5. 影响网络消费者购买行为的因素主要有哪些?

在文化与科技融合产品日益盛行的大背景下,小米手机很好地做到产品还没发布,"小米"两个字就已经被广泛传播,形成了自己的一套"粉丝文化"。发布会、微博、网站、媒体都成了小米手机的传播工具。在产品发布后,米粉们自然就成了小米手机最忠实的用户和购买者。同时,小米手机也会随着粉丝们的支持和传播进而自发性不断地推广,这不但省下了大笔的宣传费用,而且还取得了比一般宣传手段更好的效果。而米粉最早是从操作系统MIUI和米聊上诞生,仅MIUI就有30万论坛注册用户。MIUI上线、米聊版本更新、小米手机发布、发售、运营商合约机计划,都是小米粉丝文化形成的重要时间节点。公司核心是产品和服务,粉丝最关心的也是产品和服务,这就是他们的共同诉求,有了这个基础,之后需要做的就是及时完善沟通和互动渠道。

围绕这个目的,小米公司也推出了一套"全民客服体系"。在与用户沟通流程方面,小米公司不同于一般的公司,一般的公司都是走这样的程序:决策层→管理层→研发、服务、营销部门→调研中心→用户,而小米公司则是直接通过论坛、微博等社交工具直接接触用户,使用户更及时、更方便地将用户体验反馈回来,让相关工作人员在第一时间对产品及服务做出相应的改进。这整个过程,是包括决策层在内的几乎全部小米工作人员都参与进来的,它无疑体现了小米人对用户体验及用户感受的重视程度。小米特有的"粉丝文化",就是在这种企业与用户的良好互动中形成的。全民客服体系也是小米公司粉丝文化中最重要的升级版沟通机制。小米的成功,跟其新颖的营销模式是分不开的,其营销手段主要有以下几种方式:

(1) 网络营销。早在小米发售之前,小米公司就在网络宣传方面做足了功夫,而其巧妙之处就在于,它并不是跟其他企业一样,通过投放大量广告而去达到它的效果。小米主要是通过它的忠实的"米粉",自发地在论坛、微博等社交网站上进行宣传和推广,着力打造自己的小米王国,逐步地培养出自己忠实的"米粉",开创出一套小米特有的"粉丝文化"而这也确实收到了很好的效果,也节省了大笔的宣传费用,其宣传效果是惊人的。同时,米粉们也是后续有关小米手机的诸多负面消息的主要阻击者,他们通过米聊、小米论坛等进行社交化的传播,更加强化了消费者对小米的良好印象。

(2) 渠道营销。小米手机在销售渠道方面也是多样化的,它除了采用传统的社会化渠道和电子渠道外,也很好地效仿了华为、苹果等这些近期销售量大增品牌采取的运营商渠道,这样不仅可以大幅度地节约成本、降低价格,形成成本竞争力,还可以借助运营商已形成的网点、渠道,更直接地接近消费者,扩大产品覆盖范围,形成规模效应。小米同时也跟通讯运营商联通公司和电信公司合作,通过联通和电信的平台大、宣传好来推广自己的产品,瞬间走红,销售量得以骤增,大大地增加了自己的用户群,达到双赢的目的,这也为在今后的运营商制定大战上打下夯实基础。

（3）低价营销和差异化营销。小米在硬件和性能方面是无与伦比的，而且还创新了小米特有的技术。在当今竞争如此激烈的手机市场中，小米手机选择了采用高配置低价格的产品定位，抓住了广大消费者的心理。小米手机不仅使用了当前最流行的安卓系统，还配有属于小米独特的 MIUI 系统，可以相互切换。这也是小米手机区别于其他品牌手机的最大特点。低廉的价格、强悍的硬件吸引了无数米粉。同时价格又比现在同等配置的产品要低很多，低廉的价格也是小米吸引消费者的一大亮点。

问题

1. 结合网络文化，分析小米手机的米粉文化对网络消费者行为有哪些影响？
2. 分析小米手机是如何根据网络消费者的心理与行为来制定相应的营销策略？

实训操作

1. 实训目的

通过本次实训，使学生明确网络消费的一般过程及其影响因素，掌握网络消费者行为及应对策略。

2. 实训要求

召集班上有过网络购物经历的同学，举行一次网络购物经验分享交流会，然后撰写一份网络购物过程、影响因素及其对策的分析报告，内容要求包括网络消费者的特征、网络消费者购物过程、影响因素、应对策略等基本框架，字数不少于 2 000。

3. 实训材料

相关图书、教辅、计算机网络、纸张、有购物经历的同学、笔或打印机等。

4. 实训步骤

（1）调查班上有过网上购物经历的同学。
（2）选择适当时间和地点，组织这些同学进行购物经验交流。
（3）对交流实况进行记录，并在会后进行整理分析。
（4）按照网络消费者的购买过程、影响因素及应对策略的顺序进行总结，形成分析报告。

5. 实训检验

每位学生的成绩由两部分组成：学生实际操作情况（40%）和实训报告撰写情况（60%）。

实际操作主要考查学生网络购物的能力；实训报告主要考查学生根据网购的一般讨论及其影响因素提出相应的营销策略的合理性，可用 6W2H 分析方法进行考查。

学习情境三

消费者研究与营销建议

单元 9

消费者行为与产品策略

【任务描述】

小王通过在餐厅一段时间的锻炼,深深地意识到,弄懂影响消费心理与行为的一些因素是不够的,这仅仅是基础工作。接下来的工作任务应该是如何开发满足前来就餐的顾客口味的菜肴,如父母餐厅里主打的菜品是哪些?时令菜品应该是哪些?如何根据顾客口味的需要开发特色菜品?菜谱如何设计和搭配能更好地满足顾客需求等,这就涉及市场营销组合中的产品策略。对于小王来说,要弄清楚产品策略的运用,可从产品开发、产品品种、产品包装、产品生命周期等方面与消费者行为结合起来理解。

任 务	工 作 要 求	学习重点和难点
理解消费者行为与产品开发	（1）正确理解产品整体概念 （2）运用相关消费心理与行为理论进行分析时，要注意把握好消费心理或行为与产品开发之间的关系	（1）产品整体概念 （2）产品开发的原则与步骤
掌握消费者行为与产品品牌	（1）正确理解与品牌相关的概念 （2）运用相关消费心理与行为理论进行分析时，要注意把握好消费心理或行为与产品品牌之间的关系	（1）品牌的特性 （2）品牌的心理分析 （3）品牌策略
理解消费者行为与产品包装	运用相关消费心理与行为理论进行分析时，要注意把握好消费心理或行为与产品包装之间的关系	（1）包装的类型 （2）包装的策略
掌握消费者行为与产品服务	（1）认识服务的重要性 （2）运用相关消费心理与行为理论进行分析时，要注意把握好消费心理或行为与产品服务之间的关系	（1）服务的类型 （2）服务的策略
理解消费者行为与产品生命周期	（1）正确理解产品生命周期 （2）运用相关消费心理与行为理论进行分析时，要注意把握好消费心理或行为与产品生命周期之间的关系	（1）产品生命周期 （2）产品生命周期各个阶段的特点与营销策略

【任务实施】

任务 9.1　理解消费者行为与产品开发

9.1.1　产品的概念

现代市场营销研究者认为，产品整体概念包含核心产品、形式产品、附加产品、期望产品和指示产品 5 个层次。

1. 核心产品

核心产品是指消费者购买某种产品时所追求的基本利益，是顾客真正要买的东西。因此，核心产品在产品整体概念中也是最基本、最主要的部分。消费者购买某种产品并不是为了占有或获得产品本身，而是为了获得能满足某种需要的效用或利益。

2. 形式产品

形式产品是核心产品借以实现的形式，即向市场提供的实体和服务的形象。如果形式产品是实体，则它通常表现为产品型号、质量水平、外观、式样、品牌名称和包装等。产品的基本效用必须通过某些具体的形式才能实现。因此，企业应在满足顾客购买产品时所追求的利益的基础上，去寻求利益实现的形式，并进行产品设计。

3. 附加产品

附加产品是指顾客购买形式产品时所获得的全部附加服务和利益，包括提供信贷咨询、免费送货、质量保证、安装、售后服务等。附加产品的概念来源于对市场需要的深入认识，因为购买者的目的是满足某种需要，所以他们希望得到与满足该项需要相关的一切。

4. 期望产品

期望产品是指购买者购买某种产品通常所希望和默认的一组产品属性和条件。一般情况下，顾客在购买某种产品时，常常会根据以往积累的消费经验和企业的营销宣传，对所要购买的产品形成期望，如宾馆的客人期望的是干净卫生的床、香皂、毛巾、热水、相对安静的环境等。顾客所得到的是购买产品所应该得到的，也是企业在提供产品时应该提供给顾客的。对于顾客来讲，得到这些产品的基本属性时并没有太多的满意和偏好，但是顾客如果没有得到这些，就会非常不满意。

5. 指示产品

指示产品是指一个产品最终可能实现的全部附加部分和新增加的功能。许多企业通过对现有产品的附加和扩展，不断提供指示产品，那么给予顾客的就不仅是满意，而且还能使顾客在获得这些新功能时感到喜悦。因此，指示产品指出了产品可能的演变，也使顾客对于产品的期望越来越高。指示产品要求企业不断寻求满足顾客的新方法，不断将指示产品变成现实的产品，这样能使顾客得到更多的意外惊喜，更好地满足顾客的需要。

> **案例阅读**

民办高等教育的产品整体

民办高等教育服务产品整体概念是在分析消费者需要层次基础上建立的。综观我国当前民办高等教育市场的发展现状，教育消费者对高等教育服务的核心产品需求基本同质，而在主观需要、社会需要、关联需要和潜在需要方面，还有待于进一步挖掘和满足，民办高等教育产品的差异性也主要体现在形式产品、期望产品、附加产品和潜在产品4个层次上，表9-1所列为当前民办高等教育可差异化要素。

表9-1 当前民办高等教育可差异化要素

需要类型	产品层次	可差异化要素	可差异化程度
主观需要	形式产品	开办专业、课程设置、师资力量、教学方法、实践教学、教室、实验室、宿舍、校园、教学设备、实习基地	一般
社会需要	期望产品	优质教学、培养特色、品牌战略、人才特色、学校排名、综合素质较高、就业渠道、就业能力	较高
关联需要	附加产品	校园环境、校园文化、助学方式、相关证书、承诺、联合办学、贷款学习、现代化设施、奖励措施、跟踪服务	高
潜在需要	潜在产品	个性化培养、与国际接轨方式、本硕连读、学制缩短、自选课程、跨校际读书、提供终身学习机会	很高

目前，形式产品中的许多可差异化要素，民办高校已经给教育消费者以较大程度的满足，可差异化程度一般，需要挖掘新的需求，创造新的形式产品；期望产品中的可差异化要素是民办高

校较为重视的，但由于受传统办学模式的影响，差异性并不明显，可差异化程度较高；附加产品层次往往是许多高校忽略的要素，况且资金紧张，构建差异性还有很大的空间，可差异化程度高；而潜在产品的需求强度和需求量有待于提升，对于民办高校成本和风险较大，具有绝对的差异性。从主观需要到潜在需要，不同层次的需求异质性程度不同，人的需要被满足的程度逐级减少，相对应的4个层次的可差异化程度却是依次递增的。

9.1.2 产品开发的原则与步骤

1. 产品开发的一般原则

1）需求导向原则

企业在进行产品开发时应从社会实际情况出发，依靠科技进步，不断地创新，努力生产出适应市场需求的新产品。

2）连续性原则

企业在开发新产品时，既要多样化，又要保持前后衔接，使企业能持续地向目标市场提供新颖、适销对路的产品。

3）规模化顾客定制原则

企业在进行产品开发时，应提高产品开发的通用化、标准化和系列化水平，这既能减少设计、制造的费用，加速新产品开发和制造的进程，又能满足顾客的个性化需求，也便于产品的使用、维护和保养，从而降低开发制造和使用过程的成本。

4）合法性原则

企业在开发产品时，如果不注意相关的法规，会使付出巨大人力和财力开发出的新产品因不符合国家的能源、环保、安全卫生、技术等方面的规定而夭折，使企业遭受难以弥补的损失。

2. 产品开发的步骤

1）制订新产品开发计划

企业要进行新产品的开发，首先应对所要达到的目标有一个清晰的表述。在广泛收集企业内外部信息的基础上，制订出符合本行业和企业发展的新产品开发计划，这对新产品开发具有至关重要的作用。新产品开发计划先要为企业的新产品开发活动规定总体范围，再设定目标，最后制定为实现目标应采取的总体政策。这些综合起来便构成企业的产品开发大纲，为产品开发人员提供一种方向的指引。

2）新产品构思

新产品构思是整个新产品开发过程的出发点，主要是对将要开发的新产品提出最初概念。它可以由企业的营销、设计、生产和其他对新产品开发感兴趣的部门提出。这种概念可以是新产品的具体形式，也可以是可能的技术应用或者用户的需要。提出新产品概念后，就需要进行初步评价，通过概念测试，使其得到扩大和提炼以接受全面的筛选。

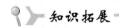
知识拓展

构思产生的来源与方法

（1）顾客。顾客的需求和欲望是新产品构思最丰富的来源，也是企业寻求新产品构思的起点。

顾客在使用企业产品的过程中，直接感受到产品的优点与不足之处，并针对这些不足产生关于产品改进或进行相关产品系列扩展的需求。

（2）企业研发部门。一个企业研发部门的主要任务是有计划地进行产品开发过程中的基础研究、应用研究及开发研究，并不断地产生各种新的产品构思。

（3）竞争对手。了解竞争对手的产品和服务特性，并找出其中需要完善或更新的部分，从而得到构思。

（4）中间商。由于中间商处于市场的前沿，能够敏捷地了解市场需求的变化趋势，在经营过程中也了解竞争者的动态，所以中间商往往会提供较新的想法。

新产品构思的产生方法也很多。

（1）属性分析。在审视已有产品的过程中产生新的产品概念。

（2）需求分析。通过考察一种产品的用户产生新构思。

（3）关联分析。以一种新的独特方式去看待事物，在看来毫无关系的事物之间寻求联系。

（4）全体创造力分析。依靠集体的智慧，由一人提出一种想法，另一人对此作出反应，其他人再对上述反应作出反应。这种方法主要是在头脑风暴法的基础上发展起来的。

3）新产品筛选

经过扩充和提炼的产品概念要接受全面而严格的筛选。筛选时，要根据一定的标准对各种产品的设计方案逐项进行审核。审核的程序可以是严密组织和详细规定的，也可以是随机的。

4）制定规划

如果新产品的概念可以接受，企业就需要按产品制定规划。规划的长短取决于该产品开发所需基础研究的多少。如果该产品概念属于高新技术产品，且目前该领域的研究成果很少或没有，企业就需要制定该产品开发的长远规划；如果该产品概念所需基础研究很少，本行业、本地区已有相关的理论可供借鉴，则企业只须制定短期产品规划。

5）开发

这一阶段主要涉及技术、评价和营销计划3种类型的活动。在每一种类型活动中，从事这些工作的人员起初都是流于一般的、模糊的概念认识。随着开发的不断深入，开发工作才逐渐趋于某一具体的目标。在开发过程中，这3种类型活动是相互关联，相互一致，共同作用于新产品开发。

6）投放市场

新产品的实际营销活动要紧随开发过程的顺利完成而开始，而且要与其他活动紧密联系。在新产品的开发过程中，投放市场的准备活动就已经开始了。技术人员要从事生产线的扩大或产品的进一步改进；营销人员要考虑周详，反复修订，制订出合适的新产品营销计划来应对各种可能的市场变化；评价人员要对技术和营销活动进行实时跟踪，对市场预测的关键变量作出准确估计，对出现的偏差进行及时修正，以确保产品上市成功。

9.1.3 消费者行为与产品开发策略

1. 新产品购买者的心理分析

当新产品投放市场后，消费者的反应是不一样的，有些会立即购买，有些呈观望状态，而有些则根本就不会购买，这主要是由于消费者心理需求、个性特点及所处环境的差异造成的消费者对新产品的感知和接受程度的不同而形成的。新产品购买者心理活动过程分为5个阶段。

1）认识

在此阶段，消费者受个人、社会和沟通行为等因素的影响，逐步认识到新产品，了解其新的功能。研究表明，较早意识到新产品的消费者有着较高的文化水平和社会地位，广泛地参与社交活动，能够及时、迅速地收集有关新产品的信息资料。

2）说服

有时，消费者尽管认识到了新产品并知道如何使用，但一直没有产生喜爱和占有该种产品的愿望，而一旦产生这种愿望，决策行为就进入了说服阶段。在说服阶段，消费者常常要亲自操作新产品，以避免购买风险。不过即使如此，也并不能使消费者立即购买，除非营销部门能让消费者充分认识到新产品的特性。新产品的特性主要有相对优越性、适用性、复杂性、可试性和明确性等。

3）决策

通过对产品特性的分析和认识，消费者开始决策，即决定采用还是拒绝采用该种新产品。

4）实施

当消费者开始使用新产品时，就进入了实施阶段。在决策阶段，消费者只是在考虑究竟是使用该产品还是仅仅试用一下，并没有完全确定。但到了实施阶段，消费者就会考虑其怎样使用该产品，如何解决操作难题等问题，作为营销人员就要积极主动地向消费者进行介绍和示范，并提出自己的建议。

5）证实

人类行为的一个显著特征就是人在作出某项重要决策之后，总是要寻找额外的信息来证明自己决策的正确性。消费者购买决策也不例外。在证实阶段，主要有决策后满意、决策后后悔和决策后不满意减弱 3 种情况。消费者往往会告诉朋友们自己采用新产品的明智之处，倘若消费者无法说明采用决策是正确的，那么就可能中断采用。此时，营销人员要加强推销攻势。

采用这种过程分析的方法，可以启发新产品营销人员如何使消费者通过这些阶段，成为本公司的顾客。例如，一个新的美容品制造商发现许多消费者停留在认识阶段，她们不购买是因为担心新产品的效果或费用，这时生产商可以采取说服方式来打消消费者的疑虑。

 知识拓展

新产品购买者的类型

1. 最早购买者

最早购买者也称为创新购买者，是指新产品上市之初就购买的顾客，约占全部潜在顾客的 2.5%。这部分购买者求新、求奇、求美的心理需求强烈，富有冒险精神；收入水平、社会地位和受教育程度较高；大多数为年轻人，交际广泛且信息灵通。

2. 早期购买者

早期购买者也称为早期采用者，是指在新产品上市之初，继最早购买者购买之后马上进行购买的顾客，约占全部潜在顾客的 13.5%。这部分顾客大多在某个群体中具有很高的威信，受到其他成员的爱戴、追随，他们对新生事物比较感兴趣，对新产品有比较强烈的欲望，是购买新产品的积极分子。

3. 较早购买者

经过最早购买者和早期购买者对产品特点、性能、用途的证实后，继而实施购买行为的消费者称为较早购买者，约占全部潜在顾客的 34%。这部分消费者在消费中具有明显的同步仿效心理，乐于接受新事物，但一般小心谨慎。这部分消费者的购买量较大，他们是促使新产品在市场上走向成熟的主要力量。

4. 晚期购买者

晚期购买者是指接受并使用新产品后才开始购买新产品的顾客，这部分购买者约占全部潜在顾客的 34%。这部分消费者较谨慎，对新生事物的接受比较慢。当购买新产品的人越来越多，产品的特性已被证实并产生消费趋势后，这部分消费者才开始购买。这部分消费者对新产品在市场上达到成熟饱和状态的作用重大。

5. 守旧者

守旧者也称为落后采用者，是指最后购买和最终拒绝购买新产品的顾客。这部分消费者约占全部潜在顾客的 16%。这类消费者心理保守，受传统观念、文化水平和所处环境的束缚，倾向于传统的消费模式，社会地位和收入水平一般较低。

2. 产品开发与设计的心理策略

产品开发与设计是企业适应市场需求、保持竞争力的本质要求。但是，如果企业开发出来的产品没有考虑顾客的需求、不为市场所接受，那么，即使产品开发能力再强，设计出来的产品再新颖，也无法取得预期的效果。

1）为满足消费者基本需求的设计与开发策略

随着消费者收入水平的提高，消费者对物质生活水平和精神生活水平的需要会有更高的要求，企业可以使用优化、性能提高、功能多样化等策略来设计与开发新产品，如在洗衣机的基础上增加甩干、烘干等功能来满足消费者基本需求。

2）针对消费者个性心理特征的设计与开发策略

消费者个性心理特征很多，如能力、性格等，但每个消费者个性心理是有很大差异的。因此，企业可以通过效用细分、地位显示、个性标榜、情感寄托和目标追求等策略来设计与开发新产品，如计算机防辐射装置、绿色食品、家里安装的警报器等。

3）参照时代发展变化的设计与开发策略

消费者的需求层次不是一成不变的，而是随着社会的不断发展变化而发展变化的。因此，企业应采取适应未来消费模式、适应未来消费心理、适应未来消费决策模式等策略来设计与开发新产品。例如，网络购物将成为人们的主要购物方式，企业应不断去设计与开发适合网络消费的产品。

任务 9.2　掌握消费者行为与产品品牌

9.2.1　品牌的概念

品牌是一个名字、词语、符号、设计图案或及其组合。品牌是消费者对产品或服务甚至公司的总体概念，这种概念是通过消费者使用该产品或服务而获得的，它是一种心理上的感受。

品牌主要包括品牌名称和品牌标志两部分。品牌名称是指品牌中可以用语言称谓的部分，也称为品名；品牌标志也称为品标，是指品牌中可以被认出、易于记忆但不能用语言称谓的部分，通常由图案、符号或特殊颜色等构成。产品是品牌的基础，没有好的产品，这个用于识别产品来源的品牌就不存在；品牌以产品为载体，品牌是产品与消费者之间的纽带。

> **知识拓展**
>
> ### 品牌与商标的区别
>
> 品牌是一个集合概念，主要包括品牌名称、品牌标志、商标和品牌角色4个部分。品牌名称是指品牌中可以用语言称谓的部分——词语、字母、数字或词组等的组合，也称品名；品牌标志是指品牌中可以被认出、易于记忆但不能用语言称谓的部分——包括符号、图案或明显的色彩或字体，也称为品标；商标是经注册后受法律保障其专用权的整个品牌、品牌标志、品牌角色或者各要素的组合；品牌角色是用人或拟人化的标志来代表品牌的方式。
>
> 商标是指文字、图形、字母、数字、三维标志和颜色组合，以及上述要素组合的生产者、经营者把自己的商品或服务区别于别的商品或服务的商品标记。当商标使用时，要用"R"或"注"明示，标为注册商标。
>
> 品牌与商标的不同之处在于商标能够得到法律保护，而未经过注册获得商标专用权的品牌不受法律保护。因此，商标是经过注册获得商标专用权从而受到法律保护的品牌。品牌与商标都是用以识别不同生产经营者的不同种类、不同品质产品的商业名称及其标志。商标不仅只是一种标志或标记，更多的时候它也包括名称或称谓部分，在品牌注册形成商标的过程中，这两部分常常是一起注册，共同受到法律的保护。在企业的营销实践中，品牌与商标都是为了区别商品来源，便于消费者识别商品，以利于竞争。可见，品牌与商标都是传播的基本元素。

9.2.2 消费心理与品牌策略

1. 提高品牌认知的策略

品牌认知心理是指在消费者记忆系统中建立品牌名称与相应产品双向联系的心理活动。这种心理主要表现为消费者对某种品牌名称，及其产品类别对应的再认或回忆。例如，提到"美的"，消费者会想到冰箱、空调等家电产品。对于大多数消费者而言，品牌认知就是选择品牌产品进行消费的基础。提高品牌认知的策略主要有以下5种。

1）品牌命名要有鲜明的个性

企业若希望消费者能够轻易将自己的产品与其他企业的产品区别开来，就必须避免品牌名称的雷同，以免混淆视听，如"森达"皮鞋、"天堂"雨伞等。

2）品牌的表现形式要简单

为了便于消费者识别和记忆，企业应该使自己的品牌以简明的形式呈现在消费者面前，如"海飞丝""飘柔"等。

3）品牌传播要广泛持久

要想使自己的品牌从众多的产品品牌中脱颖而出，广为消费者所熟识，企业在经营品牌的过程中，必须要像"可口可乐"和"百事可乐"那样坚持长期通过多渠道的广告宣传广泛影响消费者市场，同时也要像"农夫山泉"和"鲁花"那样经常参与一些吸引公众视线的社会公益活动。

4）产品陈列要显著醒目

产品陈列是另一种能够让人乐于接受的广告形式。研究表明，将商品摆在显眼的地方，让消费者在不经意间看到品牌，也是提高品牌知名度的有效手段。

5）增加消费者试用产品的机会

对于某些刚刚推向市场的新品牌产品来说，如化妆品、食品等，可以在卖场向消费者提供免费的试用品、试吃品，也可以主动登门向消费者提供小包装的赠品，同时征求消费者对产品的意见。

2. 加强品牌联想的策略

品牌联想是指消费者在品牌认知的基础上，通过对与品牌相关内容的想象，在头脑中形成品牌综合印象的心理活动。例如，由"蒙牛"这个品牌名称，消费者会想到乳业产品，想到其良好的社会形象等。通过反复联想，消费者会不断加深其对品牌内涵的理解，逐步在头脑中树立对品牌的良好印象。加强品牌联想的策略主要有以下 4 种。

1）品牌命名要有相关暗示性

当品牌的名称能够暗示产品的属性时，消费者就会产生对相应产品及其属性的联想，加强品牌与产品的联系，如"蒙牛"——来自内蒙古大草原的鲜奶等。

2）品牌命名要有美好的寓意

如果品牌的名称能够包含美好的寓意，那么消费者就更容易对品牌及其产品产生好感，进而乐于消费这样的产品，如"爽歪歪"——能够让孩子快乐的食品等。

3）品牌的广告语要有启发性

通过广告语更容易直接、通俗地宣传品牌及其产品的特征，使消费者更容易联想到品牌所能给他们带来的利益和价值，准确把握品牌产品的市场定位，如"金利来，男人的世界"等。

4）聘请名人做品牌的形象代言人

聘请公众形象好的社会名人来宣传品牌，能够使品牌在提高知名度的同时，快速增加美誉度。

3. 培养品牌忠诚的策略

品牌忠诚是指消费者对品牌产生信任、偏爱及重复性购买意向的心理活动。品牌忠诚能反映顾客从一个品牌转向另一个品牌的可能程度。顾客在某一时期忠诚于某品牌，并不意味着其会永远对这个品牌忠诚，而不转向其他品牌。因此，企业必须采取方法培养消费者对品牌的忠诚，主要方法有以下 4 种。

1）明确品牌的市场定位

社会大众的消费需求具有个性化的差异，不同的人群往往只对某一特定定位的商品感兴趣，尤其在与时尚、身份、地位相关的商品领域，明确而稳定的品牌定位对培养消费者的品牌忠诚心理和行为有着巨大的影响，如"加多宝"定位于中国大众化的保健型茶饮料等。

2）强化广告的情感诉求

如果广告能够传达品牌所蕴含的社会责任感等情感元素，就很容易唤起消费者的情感共鸣，赢得消费者的喜爱。

3）提供额外的赠品或服务

如果企业向购买者提供额外的赠品或服务，就会增大顾客让渡价值，提高其消费的满意度，强化其重复消费的动机，如顾客购买一瓶"Boss"香水，能够获赠一盒巧克力。

4）妥善解决品牌危机

随着企业经营环境的复杂多变，企业发生品牌危机是在所难免的。如果企业不能妥善处理好品牌危机，将会从根本上动摇消费者对品牌的信任，从而导致消费者抵制对危机产品的购买。因此，企业应采取承担责任、真诚沟通、速度第一、系统运行、权威证实等原则来应对品牌危机。

9.2.3 品牌命名的心理分析

品牌名称是消费者认识特定产品的一种重要的知觉线索。一旦品牌名称与产品之间建立起某种条件联系，就可能取代产品信息而仅凭品牌名称选择产品。因此，需要对品牌命名进行认真分析，使品牌名称符合消费者的购买行为。

1. 品牌命名的心理需求

为了使品牌名称更有效地被消费大众所接受，企业在对品牌进行命名时，应注意便于消费者记忆，有利于与其他品牌名称相区别，能展现产品特性，符合社会基本文化与亚文化的特点，从而在消费者心理产生积极的效应。

2. 品牌命名的策略

1）根据产品的主要效用命名

根据产品的主要效用命名是品牌命名的最主要方法，如"感冒灵""泻立停"等。这种命名方法常用于日用工业品和医药用品，它能直接反映产品的主要性能和用途，使消费者一目了然，容易理解，同时也便于记忆。

2）根据产品的主要成分命名

根据产品的主要成分命名也相当普遍，如"五粮液""八宝粥"等。这种命名方法既能使产品明显区别于其他同类产品，又能突出产品本身的特色和价值。这种命名方法主要应用在营养食品、化妆品和医药用品等方面。

3）根据产品的产地命名

根据产品的产地命名，如"茅台酒""龙井茶"等。这种命名方法多用于土特产产品，以突出其独特地方风味和悠久的历史。

4）根据人名或制作方法命名

根据人名命名的品牌有北京的"王麻子菜刀"、四川的"麻婆豆腐"、河南的"杜康酒"、南京的"叫化鸡"及"中山装"，根据制作方法命名的品牌有北京的"二锅头""景泰蓝"。这种命名方法或者将特定的人物与特定的产品联系起来，或者突出某种独特的加工过程。以这种方法命名的产品，给人以货真价实、质量可靠、工艺精良、历史悠久的印象，有传统品牌的感觉。

5）根据外文译音或外来词命名

根据外文译音或外来词命名的方法，一类是简单地将产品原有的外文名称依照发音翻译成同音的汉字，不强调字义，如"阿司匹林""三明治"；另一类是根据外文发音，选择谐音且寓意良好或与产品本身功能、特点相符的汉字构成产品的中文名称，如"可口可乐""维他命"；还有的则基本上脱离了原名的发音，只是根据其意义译成中文，如"七喜""随身听"。这种命名方法可以使消费者感受到一种新奇、陌生而又神秘的异国风味，唤起消费者高品位的联想，满足消费者求新、求变、求异的心理。

6）根据美好的寓意命名

根据美好的寓意命名的方法主要是通过褒义词语或适当的文学夸张、比喻来暗示产品的性能和质量，如"美加净""万家乐"。用这种方法命名产品，可以借助吉祥如意的良言美语宣传产品，激发消费者积极的心理感受，使之乐于接受。

9.2.4 商标设计的心理分析

不同的消费者对于不同的商标存在的感知是不同的，这使消费者对于某些商标的印象较好，进而会购买该商标的产品。因此，商标的设计应考虑消费者的心理效应。

1. 简洁优美

商标不仅应具有明确的标志效应，而且应追求美学效果。优美的商标往往能使消费者记忆深刻。所以在设计商标时，语言要简洁，图案要简单大方，以满足消费者的审美要求。

2. 富有特色

商标构思要创新，新颖别致、风格独特的设计给顾客以强烈的、美的享受和刺激。例如，宝洁公司根据对产品的不同定位进行商标设计，"飘柔"洗发液体现了柔软秀发的性能特点，"海飞丝"洗发液体现了去头屑的性能特点。

3. 符合目标市场的文化环境

根据不同国家、不同民族的文化特色，设计出符合其价值观、审美观的商标是企业本地化的一个基本要求。许多国家有忌讳的图案、文字、符号、色彩等，因此，商标设计时要注意避免出现这些内容。

4. 合法性

商标设计以合法性为原则，不能和竞争产品的商标故意混淆。此外，我国商标法规定不许以地名作为注册商标。

任务 9.3　理解消费者行为与产品包装

9.3.1　包装的概念

包装是指在商品流通过程中，为保护商品、方便储运、促进销售，按一定的技术方法而采用的容器、材料及辅助物等的总体名称。它起到提供便利、吸引注意、识别商品、提升商品价值、促进销售等作用。因此，商品包装在设计上应满足方便、适应性、安全感、美感、诱发联想等要求。

包装可以根据层次、产品性质和形状来分类。

1）根据包装的层次分类

根据包装的层次划分，包装可分为 3 个层次：第一层次是主要包装，即离产品最近的容器或包装物；第二层次是次要包装，即在使用产品时脱离产品的包装；第三层次是运输包装，即以储存、运输或辨别为目的的外层包装。

2）按产品性质分类

根据产品性质划分，包装可分为销售包装和储运包装。销售包装也称为商业包装，可分为内销包装、外销包装、礼品包装、经济包装等。销售包装是直接面向消费的，因此在设计包装时，要有一个准确的定位，即包装要符合商品的诉求对象，力求简洁大方，方便实用，而又能体现商品性。储运包装是以商品的储存或运输为目的的包装。它主要在厂家与分销商、卖场之间流通，便于产品的搬运与计数。在设计此类包装时，外观并不是重点，只要注明产品的数量、发货与到货日期、时间与地点等即可。

3）根据形状分类

根据形状划分，包装可分为个包装、中包装和大包装。个包装也称为内包装或小包装，它是与产品接触最亲密的包装，是产品走向市场的第一道保护层。个包装一般都陈列在商场或超市的货架上，最终连产品一起卖给消费者，在设计此类包装时更要体现商品性，以吸引消费者。中包装主要是为了增强对商品的保护、便于计数而对商品进行的组装或套装，如一箱啤酒是六瓶，一捆是十瓶等。大包装也称为外包装、运输包装。它的主要作用也是增加商品在运输中的安全性，而且又便于产品的装卸与计数。一般在设计此类包装时，仅需要标明产品的型号、规格、尺寸、颜色、数量、出厂日期及一些视觉符号如小心轻放、防潮、防火、堆压极限、有毒等。

9.3.2 基于行为的包装策略

1. 针对不同消费水平的消费者的包装策略

1）等级包装策略

在现实生活中，不同收入水平的消费者，其在购物地点、购买的产品等方面也有很大的差异，因此，企业可将同类产品划分为高、中、低三档，然后从材料选用、设计风格、制作工艺等方面设计不同档次的包装。

2）复用包装策略

许多消费者在使用产品时，并不希望包装仅仅只能盛装产品废弃物，而且能作其他的用途，如作为玩具、容器、工艺品等来使用。因此，企业可以采用复用包装策略，即按照两种或两种以上用途设计产品包装，以满足消费者心理与行为的要求。

3）特殊包装策略

特殊包装需要特殊的策略，消费者在购买特别的商品时，如珍稀艺术品、古董字画等，希望能显示其特别的价值。因此，生产这些特别商品的企业应针对产品的特殊性，选用名贵木材、金属、锦缎等上乘材料，对这些特殊产品进行包装装潢，使包装本身成为一件货真价实的艺术品。

4）礼品包装策略

消费者有时购买商品并不是自己使用，而是作为礼品送给他人。为了突出热烈欢快的喜庆气氛，充分显示送礼人的情谊，并为接受礼品者所喜爱，对用于礼品的包装应设计得色彩鲜艳、装饰华丽。

5）简易包装策略

俗话说，"简单才是真"，对于家庭日用消费品的包装，应在保证包装基本功能的前提下，尽量采用价格低廉的包装材料，设计结构简单的包装。

6) 赠品包装策略

有些消费者，特别是一些少年儿童及女性消费者有一种求利的行为，即花同样多的钱能得到更多。因此，企业可以在包装物内放上一两件免费赠送的小礼品，如玩具、图片、化妆品、小摆设等，不仅可以较好地适应消费者的需求，而且对产品还有一定的促销作用。

2. 针对不同消费习惯的消费者的包装策略

1) 惯用包装策略

对于消费者长期使用、已形成固定形式的产品包装，如鱼、肉罐头用铁盒包装等，应当坚持原有包装，便于消费者确认，也易于使消费者产生信赖感。

2) 分量包装策略

有些消费者在购买商品时，希望包装的分量适当，既能吃到新鲜的食物，也能减少浪费。因此，企业可以采用一次使用量来设计包装，如快餐食品的一人用、两人用、三人用等规范化的包装。

3) 配套包装策略

有些商品需要将具有相同用途的不同种类的产品组合在一起才能发挥作用，如牙膏和牙刷的配套包装等。恰当、合理的配套包装能较好地适应消费者的购买和使用产品的行为。

4) 类似包装策略

有些消费者在购买商品时，有一种非常"专情"意识，如买家电产品都买"海尔"品牌。为了更好地培养企业与顾客之间的感情，企业在生产或销售的产品时，可采用完全相同或非常相似的包装。

5) 纪念品包装策略

消费者在进行服务消费时，服务的不可储存性往往使得消费者产生一种需要进行珍惜的情感，如旅游、参观等。对于这些为在旅游地点等销售的纪念品进行特殊包装设计时，其包装一般应制作精良，突出地方特色，并便于携带。

3. 针对不同性别、年龄的消费者的包装策略

1) 男式包装策略

一般来说，男性消费者使用的产品包装应以黑、灰色等厚重颜色为基调，包装造型要刚劲、挺拔、粗犷，装饰应力求简洁，线条要粗重，以体现成年男人的成熟与稳健。

2) 女式包装策略

女性消费者具有较强的求美、求新和追求时尚的心理。因此，女性用品的包装应造型精巧，线条柔和，色彩明快，包装要美观漂亮，并且体现时代特色。

3) 老年包装策略

对于主要针对老年消费者购买与使用的产品，包装设计要适应老年人求实、求便的心理和传统消费习惯，包装造型结构宜简单，要避免过多的装饰，尽量采用传统风格的色彩与图案，有关的文字说明要全面、详细、真实。

4) 青年包装策略

青年人求新、求变、求奇的心理比较普遍。因此，青年用品包装要注重科学性与时代感，要注意运用科技新成果，在包装材料、包装方式、制作方法等方面都要力求先进，以吸引青年人的注意与喜爱。

5）儿童包装策略

儿童具有强烈的好奇心与求知欲，模仿能力强但辨别能力弱。儿童用品包装设计要将知识性、科学性、趣味性、美观性有机地结合在一起，使他们在使用产品过程中增长知识、陶冶情操。

任务 9.4　掌握消费者行为与产品服务

9.4.1　服务的概念

一般来说，服务是一种事务，是用于出售或连同产品一起出售的活动、利益或效用感。可以从功能、过程和关系3个不同的角度来理解服务。

（1）从功能的角度来讲，服务由供应者拥有，能够达到某些特定目的或进行特定操作，能满足需求者按某种约定执行或使用。

（2）从过程的角度来讲，服务是需求得到满足的过程。它是发生在相互独立的行为主体间的一种互动，其行为主体至少可分为供应者与需求者，其目的首先是满足需求者的特定目标。无论一个完整的服务过程是多么复杂，总是从需求者的请求开始，供应者检查确认请求，并执行特定的功能或任务，按照预定的方式结束。

（3）从关系的角度讲，服务是两个或两个以上独立行为主体间的契约关系，它是有特定目的、非对等的。

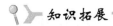

服务的状态

营销大师菲利普·科特勒认为，按照服务与有形物质交融的程度不同，市场上的服务可以分成以下5种状态：

（1）纯粹的有形产品，如油、盐、酱等产品中几乎没有附加任何服务的成分。

（2）附加部分服务的有形产品，为了促使消费者乐意购买该产品而提供部分服务，如购买空调提供安装服务。

（3）混合物，其中服务与有形物质各占一半，如在餐馆就餐，往往是服务与食品并举的。

（4）主要服务产品附带少量的有形产品和其他服务，如旅客乘坐飞机购买的是运输服务，他们到达终点后没有得到任何有形产品，不过在旅途中，航空公司会提供一些食品、饮料和杂志等。

（5）纯粹的服务产品，其中几乎不会附加任何有形物品，如照看婴儿、心理咨询等服务。

9.4.2　基于行为的产品服务策略

为产品提供支持服务已成为取得竞争优势的重要手段，一个聪明的购买者往往是在考虑产品的服务因素后才开始购买的。因此，企业必须识别顾客最重视的各项服务及其相对重要性，然后按先后次序规划其产品服务组合决策。

1. 信息提供

消费者都希望自己对所购商品有一个全面的认识和深入的了解，并以此比较各厂家的产品，并为其选择提供依据。因此，对企业来说，企业必须通过有效的手段和方式，方便快捷、详尽地传递企业和产品的信息。企业可提供的信息主要有产品外观和产品包装、使用说明书、产品宣传手册、产品广告、产品展示会、POP广告、橱窗广告、互联网和邮寄产品介绍等。

2. 购买咨询

消费者在了解产品的相关信息基础上，继续对产品进行咨询，说明其对产品产生了兴趣，需要进一步了解产品的功能、效果等来确定是否购买。因此，针对消费者的咨询，企业营销人员应在提供信息、建议和释疑的同时，主动引导消费者的购买动机，引发其购买欲望。

3. 售后服务

公司必须决定如何向顾客提供售后服务，如维修服务、培训服务等。许多公司的客户服务部门提供的服务质量存在很大差距，比较好的服务应该是热心地听取顾客的要求、建议，甚至投诉，并且处理问题及时、迅速；而较差的服务则是简单地把电话转到相关人或部门，由他们处理，并不追踪该顾客是否得到满意答复。

4. 反馈机制

顾客在使用购买的产品后，如果不满意，大部分顾客选择今后不再购买这种产品，而不会去向制造商反映。据相关报告指出，购买者在时间上的不满约占25％，但是只有5％的人投诉，其他的95％认为不值得投诉或不知怎样投诉及向谁投诉，而在这5％的投诉顾客中有大约50％的投诉得到圆满解决。顾客的投诉得到满意的解决是非常重要的，一个对该产品感到满意的顾客会向3个人介绍产品的优点，而一个对该产品感到不满意的顾客会向11个人抱怨该产品。可见，建立一个完善的反馈机制是非常必要的。

任务9.5　掌握消费者行为与产品生命周期

9.5.1　产品生命周期各阶段的特点

产品生命周期就是指产品从进入市场销售到最后被淘汰的全过程，即产品的市场生命周期，主要包括导入期、成长期、成熟期、衰退期4个阶段。在整个产品生命周期中，各阶段呈现出以下一些特点。

1. 导入期的特点

在产品刚刚进入市场阶段时，消费者对该产品不了解，大部分消费者不愿放弃或改变自己以往的消费行为，因此产品的销售量小，而单位产品成本相应较高；企业尚未建立理想的营销渠道和高效率的分配模式，消费者购买不便；价格决策难以确立，高价可能限制购买，低价则可能难以收回成本；广告费用和其他营销费用开支较大，但消费者可能仍无动于衷；产品的技术、性能还不够完善，只有少量不怕风险的消费者在使用。

2. 成长期的特点

企业在导入期的营销努力使得消费者对新产品已经熟悉，产品的销售量增长很快；在有利可图的情况下，大批竞争者加入，市场竞争加剧，消费者选择的空间更大；产品已定型，技术工艺比较成熟，消费者购买信心增强；建立了比较理想的营销渠道，消费者购买很方便；市场价格趋于下降，能使更多消费者有能力购买；为了适应竞争和市场扩张的需要，企业的促销费用水平基本稳定或略有提高，但占销售额的比率下降；由于促销费用分摊到更多销量上，单位生产成本迅速下降，企业利润迅速上升。

3. 成熟期的特点

随着产品进入成熟期，大部分消费者已经购买该产品，产品的销售量增长缓慢，逐步达到最高峰，然后缓慢下降；市场竞争十分激烈，消费者对产品价格有了更多的认知，使得竞争者之间的产品价格趋向一致；各种品牌、各种款式的同类产品不断出现，消费者选择比较的空间更大，品牌忠诚度可能会下降，在成熟期的后期，消费者的兴趣已开始转移。

4. 衰退期的特点

产品进入衰退期，购买此产品就是更新换代的一些消费者，产品的销售量由缓慢下降变为迅速下降，消费者对该产品已经不感兴趣；多数企业无利可图，纷纷退出市场；但仍有部分消费者在使用原有产品，使得部分企业还留在市场上，企业通常采取削减促销费用、简化分销渠道、调低价格、处理存货等措施，以维持微利或保本经营。

9.5.2 基于行为导向的产品生命周期营销策略

1. 导入期的营销策略

这个阶段市场竞争者较少，企业若建立有效的营销系统，一般有下列 4 种可供选择的策略进入市场发展。

1）快速撇取策略

快速撇取策略以高价格和高促销费用推出新产品。实行高价格是为了在每一单位销售额中获取最大的利润，高促销费用是为了引起目标市场的注意，加快市场渗透。成功地实施这一策略，可以赚取较大的利润，尽快收回新产品开发的投资。实施该策略的市场条件是：市场上有较大的需求潜力；目标顾客具有求新心理，急于购买新产品，并愿意为此付出高价格；企业面临潜在竞争者的威胁，需要及早树立名牌。

2）缓慢撇取策略

缓慢撇取策略以高价格、低促销费用将新产品推入市场。高价格和低促销费用结合可以使企业获得更多利润。实施该策略的市场条件是：市场规模相对较小，竞争威胁不大；市场上大多数用户对该产品没有过多疑虑；适当的高价格能被市场接受。

3）快速渗透策略

快速渗透策略以低价格和高促销费用推出新产品。这种策略的目的在于先发制人，以最快的速度打入市场。该策略可以给企业带来最快的市场渗透率和最高的市场占有率。实施这一策略的条件是：产品市场容量很大；潜在消费者对产品不了解，且对价格十分敏感；潜在竞争比较激烈；产品的单位制造成本可随生产规模和销售量的扩大迅速下降。

4）缓慢渗透策略

缓慢渗透策略以低价格和低促销费用推出新产品。低价是为了促使市场迅速地接受新产品，低促销费用则可以实现更多的净利润。企业坚信该市场需求价格弹性较高，而促销弹性较小。实施这一策略的基本条件是：市场容量较大；潜在顾客易于或已经了解此项新产品且对价格十分敏感；有相当的潜在竞争者准备加入竞争行列。

2. 成长期的营销策略

在成长期，消费者已对产品有所了解，许多消费者开始购买该产品，企业生产规模扩大，利润上升，同时吸引一些竞争者进入市场，引起市场激烈竞争。企业为了尽可能长时间地维持市场份额的增加，需采取的策略有：一是根据用户需求和其他市场信息，不断提高产品质量，努力发展产品的新款式、新型号，增加产品的新用途；二是加强促销环节，树立强有力的产品形象，并且促销策略的重心应从建立产品知名度转移到树立产品形象，其主要目标是建立品牌偏好，争取新的顾客；三是重新评价渠道、选择决策，巩固原有渠道，增加新的销售渠道，开拓新的市场；四是选择适当的时机调整价格，以争取更多顾客。

企业如采用上述部分或全部市场扩张策略，会加强产品的竞争能力，但也会相应地加大营销成本。因此，在成长期，企业面临着高市场占有率或高利润率的选择。一般来说，实施市场扩张策略会减少眼前利润，但加强了企业的市场地位和竞争能力，有利于维持和扩大企业的市场占有率，从长期利润观点看，也更有利于企业发展。

3. 成熟期的营销策略

成熟期是产品生命周期中最长的时期。对于成熟期的产品，企业宜采取主动出击策略，使成熟期延长，或使产品生命周期出现再循环，一般可以采取以下3种策略。

1）市场改良策略

市场改良策略也称为市场多元化策略，这种策略不需要改变产品本身，即开发新市场，寻求新用户。这种策略通常有以下3种形式：

（1）寻找新的细分市场，使产品进入尚未试用过的市场。

（2）刺激现有顾客，提高使用率。

（3）重新树立产品形象，寻找新的买主。

2）产品改良策略

产品改良策略也称为产品再推出，是指改进产品的品质或服务后再投放市场。这种策略是通过产品本身的改变来满足消费者的不同需要。产品整体概念的任何一个层次的改良都可视为产品再推出，包括提高产品质量，改变产品的款式和特色，为顾客提供新的服务等。

3）营销组合改良策略

营销组合改良策略即通过改变定价、分销渠道及促销方式来延长产品的成熟期。营销策略是营销因素组合的巧妙运用，可以通过改变一个因素或改变几个因素的搭配关系来刺激和扩大消费者购买。例如，产品质量不变，降低价格就可以扩大销售；通过增加分销渠道，增加销售网点等来促进销售。

4. 衰退期的营销策略

产品进入衰退期后，销售量开始急剧下降，利润基本为零，大部分竞争者退出该市场，企业需要进行认真的研究分析，然后决定是继续留在市场还是退出市场。在衰退期可采取的营销策略主要有以下4个方面。

1）集中策略

集中策略即企业把资源集中使用在最有利的细分市场、最有效的销售渠道和最易销售的品种、款式上。简单来说，缩短战线是以缩短产品退出市场的时间，以最有利的市场赢得尽可能多的利润。

2）维持策略

维持策略即保持原有的细分市场和营销组合策略。仍然保持原来的细分市场，使用相同的分销渠道、定价和促销方式，把销售维持在一个低水平上，待到适当时机便停止该产品的经营，退出市场。

3）榨取策略

榨取策略即大幅度降低销售费用，如广告费用削减为零、大幅度精简推销人员等，这样可能导致产品在市场上的衰退加速，但可以争取产品被淘汰前的最后一部分利润。

4）转移策略

这种策略一般有两种方式：一是立即转移企业停止生产经营的衰退期的产品，出卖、转让产品商标及存货，处理好善后事宜，将企业的资源转向新的经营项目；二是逐步转移，即企业及早开发出新产品，对处于衰退期的产品逐步停产，有序地完成新老产品的更替，以尽量减少停产、转产给企业带来的损失。

企业如果决定停止经营衰退期的产品，应在立即停产还是逐步停产问题上慎重决策，并应处理好善后事宜，使企业有秩序地转向新产品的经营。

单元小结

产品策略是市场营销策略中最为重要的因素。企业在产品开发与设计中需要依据顾客的心理与行为因素，采取相应的策略。产品开发与设计，首先应掌握新产品采用者心理过程的 5 个阶段，其次可从满足消费者基本需求、个性心理特征等需求出发，确定产品开发与设计的心理策略。

产品品牌是消费者对产品或服务甚至公司的总体概念，是一种心理上的感受。品牌以产品为载体，成功的品牌总是能将产品的实质与感性特点联系在一起，从而打造成一个具有独特个性与整体风格的品牌形象。品牌具有一系列的心理功能，在给品牌命名的过程中必须认真考虑，要采用恰当的品牌命名心理策略，使品牌名称符合消费者的心理需求。

包装是产品策略中不可或缺的一部分。包装的心理策略主要有针对不同消费水平的消费者的包装策略、针对不同消费习惯的消费者的包装策略和针对不同性别、年龄的消费者的包装策略。

为产品提供支持服务已经成为企业取得竞争优势的重要手段，企业必须认识到顾客最重视的各项服务，然后做好产品服务设计和服务组合决策。

产品是一个有限的生命，企业必须掌握产品生命周期各阶段的消费者心理与行为的特点，在不同的阶段制定不同的营销策略。

课后习题

一、名词解释

核心产品　　品牌　　包装　　服务　　产品生命周期

二、单选题

1. 房地产开发商为住房购买者提供分期付款业务，这属于（   ）。
   A. 核心产品   B. 形式产品   C. 附加产品   D. 期望产品
2. 针对消费者个性心理特征的设计与开发的产品策略有（   ）。
   A. 优化   B. 性能提高   C. 功能多样化   D. 个性标榜
3. （   ）是指消费者对品牌产生信任、偏爱以及重复性购买意向的心理活动。
   A. 品牌忠诚   B. 品牌认知   C. 品牌联想   D. 品牌满意
4. （   ）一般都陈列在商场或超市的货架上，最终连产品一起卖给消费者。
   A. 中包装   B. 个包装   C. 大包装   D. 运输包装
5. （   ）是属于附加部分服务的有形产品。
   A. 碘盐   B. 空调器安装服务   C. 心理咨询   D. 空中旅行

三、判断题

1. 企业要进行新产品开发，首先应对所要达到的目标有一个清晰的表述。（   ）
2. 品牌与商标本质上是同一个概念，没有什么区别。（   ）
3. "白沙香烟"是根据产品的产地命名的。（   ）
4. 分量包装策略是针对不同消费习惯的消费者的包装策略。（   ）
5. 空调器厂家提供空调安装服务，这种服务是一种混合物状态。（   ）

四、填空题

1. 现代市场营销研究者认为，产品整体概念包含_____、_____、_____、_____和_____5个层次。
2. 新产品购买者心理活动过程分为_____、_____、_____、_____和_____5个阶段。
3. 品牌主要包括_____和_____两部分。
4. 根据包装的层次划分，包装可分为_____、_____和_____3个层次。
5. 产品生命周期主要包括_____、_____、_____和_____4个阶段。

五、简答题

1. 简述产品开发的一般原则。
2. 简述加强品牌联想的策略。
3. 简述针对不同消费水平的消费者的包装策略。
4. 简述基于行为的产品服务策略。
5. 简述基于行为导向的生命周期营销策略。

案例分析

布莱克·戴克尔公司拥有一条中度成功的电动工业产品线，该产品线使用布莱克·戴克尔这一品牌，价格相对便宜。公司开发了一条高档产品线，面向专业市场，并启用"戴沃特"这一品牌。最初的消费者调查表明，那些真正勤于自己动手的人，希望购买较高品质的电动工具，但他们中只有很少一部分人愿意为此支付高价。公司首先确定了50位拥有6件以上电动工具的户主，然后询问他们对其所使用的工具的看法，以及为什么选定某一或某几个特定品牌。调查人跟随被访者一同进入商店，观察他们如何购买和选择产品，并在购买使用过程中提出各种各样的问题。公司试图了解这些消费者对特定产品或品牌的看法，他们在使用这些产品时的感觉，在使用这些产品完成某项工作任务时，或清洗这些工具时会遇到什么样的问题等。公司也试图了解消费者自己动手完成某项"工程"时的情绪状态，并询问诸如以下一类问题：你使用电动工具从事什么样的"项目"？当你自己动手完成这一项目时感受如何？

布莱克·戴克尔公司了解到，在工作期间，当工具的电力耗尽时，最令人沮丧。消费者对电动锯在关闭电源时，锯口仍在不停地旋转表示担忧。完成工作后，清洗锯齿的灰尘是一项令人厌烦的事情。虽然大多数消费者对自己的能力充满自信，但在如何正确使用工具，以及如何应付一项"工程"中的棘手问题等方面仍然希望获得专家的建议与指导。根据这些调查结果，布莱克·戴克尔公司开发出功率更强的"量子"牌电动工具和"量子"牌电动锯。这种电动锯拥有更安全的开关，并有自动除尘装置。同时，公司还开通了免费咨询热线，由专家向用户提供咨询。布莱克·戴克尔公司对消费者的调查并没有单纯局限于产品特征这一层面，对工具采用何种颜色也做了周密调查。黑色被排除在外，原因是它几乎是低价的代名词。调查发现，公司在艺园用产品上所使用的深绿色与品质和耐用性相联系。"量子"这一品牌名也是建立在消费者调查的基础上。调查过程中排除了"Excell""Caliber""Excaliber"等众多候选名字。被调查的消费者认为"量子"一词发音简捷而且隐含"超越他人一步"的意思。公司名字没有出现在"戴沃持"产品或包装上，原因是专业的项目承包商认为布莱克·戴克尔公司不可能生产性能复杂的工具。然而在"自己动手工具用品"市场，布莱克·戴克尔这一名字具有较高的声望，所以在"量子"产品或包装上，公司名字被置于显赫位置。"量子"产品线导入市场，公司雇用了200余名员工从事这一产品的生产、营销。营销人员主要通过电话与2 500余位买主保持联络，一方面保证他们购买后放心满意；另一方面从中获得数据以便对产品进一步改进、完善。正如一位分析家所说："布莱克·戴克尔公司在从竞争对手那里寻找市场份额方面一直做得十分出色，原因是它真正了解客户。"

问题

1. 分析该公司是如何根据消费者的心理和行为来开发"量子"牌电动产品的？
2. 分析该公司给电动工具命名"量子"牌遵循了什么样的消费心理？

实训操作

1. 实训目的

通过本次实训，使学生明确消费心理与行为和产品策略之间的关系，能掌握根据消费者心理与行为来开发有效产品组合的技能。

2. 实训要求

基于高职院校学生进行"专套本"这一项目，写一份产品开发策略报告，内容要求包括产品类型、产品品牌、产品服务、产品生命周期策略等基本框架，字数不少于2 000。

3. 实训材料

相关图书、教辅、计算机网络、纸张、笔或打印机等。

4. 实训步骤

(1) 选择某高职院校，分析其拥有的专业。
(2) 调查当前在校生对所学专业的认识及就业形势。
(3) 调查学生的兴趣及其职业生涯规划。
(4) 调查当前"专套本"的专业及相关状况。
(5) 构架基于高职生"专套本"消费行为的产品开发报告的框架。

5. 实训检验

每位学生的成绩由两部分组成：学生实际操作情况(40%)和实训报告撰写情况(60%)。

实际操作主要考查学生按照实训步骤提供适应高职生需要的"专套本"专业开发与设计的能力；实训报告主要考查学生根据"专套本"高职生的心理与行为制定相应的产品策略的合理性及实训报告结构的合理性。

单元 10

消费者行为与价格策略

【任务描述】

小王通过对消费者行为与产品策略的分析,弄清楚了如何根据消费者的消费心理与行为的不同设计菜品。同时他深深意识到,一个适合消费者口味的菜谱不是餐厅取得成功的唯一因素,还应有其他的因素。例如,不同的菜品如何定价?价格定在什么水平上顾客可以接受,同时又具有竞争力?为什么泡菜可以免费赠送给顾客食用等。接下来,小王需要弄清楚消费者的消费行为与产品价格之间的关系。

对于小王来说,要弄清楚价格策略的运用,可从价值心理、价格策略、价格调调整等方面与消费者行为结合起来理解。

任 务	工 作 要 求	学习重点和难点
理解消费者行为与价格心理	（1）正确理解价格心理及其特征 （2）运用相关消费心理与行为理论进行分析时，要注意把握好消费心理或行为与产品价格之间的关系	（1）消费者的价格心理 （2）消费者的价格判断
掌握消费者行为与价格策略	运用相关消费心理与行为理论进行分析时，要注意把握好消费心理或行为与产品生命周期各阶段、一般商品定价策略之间的关系	（1）产品生命周期各阶段的价格心理策略 （2）一般商品的价格心理策略 （3）价格折扣的心理策略
理解消费者行为与价格调整	（1）对调价的心理分析计划要详细周密、客观、科学与系统 （2）选择调价策略时，要与消费者对调价的心理反应相适应	（1）消费者对调价的心理反应 （2）价格调整的心理策略

【任务实施】

任务 10.1 理解消费者行为与价格心理

10.1.1 消费者的价格心理

消费者的价格心理是指消费者在购买商品过程中对商品价格刺激的各种心理反应及其表现。它是由消费者自身的个性心理特征和对价格的知觉判断共同构成。消费者对价格的判断不仅受心理因素的影响，而且也受销售场地、周围环境和产品等客观因素的影响。消费者的价格心理是影响消费者购买行为的重要因素。

1. 价格心理的类型

1）价格预期心理

价格预期心理是指在经济运行过程中，消费者对未来一定时期价格水平变动趋势和变动幅度的一种心理估测。它通常是以现有社会经济状况和价格水平为前提的推断和臆想。如果形成一种消费者的价格预期心理趋势，就会较大地影响商品现期价格和预期价格的变动水平。

2）价格攀比心理

价格攀比心理常表现为不同消费者之间的攀比。消费者之间的攀比心理会导致抢购、超前消费等现象，成为推动商品价格上涨的重要因素。例如，拍卖市场中的竞相抬价就是价格攀比心理的突出表现。

3）价格观望心理

价格观望心理是指消费者对商品价格水平变动趋势和变动量的观察等待，当其达到自己期望的价格水平时才采取购买行动，从而取得较为理想的对比效益。价格观望心理是价格预期心理的一种表现形式，是以主观臆断为基础的心理活动。它一般产生于市场行为比较活跃的时期。消费者往往根据自己的生活经验和自我判断及社会群体的行为表现来确定等待、观望的时间。消费者的观望心理对企业乃至社会造成很大的压力,可表现出社会性的购买高潮和社会性的拒绝购买两种极端行为。

4) 倾斜与补偿心理

倾斜心理反映了某种心理状态的不平衡,补偿心理则反映了掩盖某种不足的一种心理预防机制。在日常生活中,许多人都有"价格两面人"的现象:对营销者而言,总希望自己商品的价格越高越好,而他人商品的价格越低越好,购入商品价格越低越好,而销售商品价格则越高越好;对消费者而言,总希望自己的收入越多越好,商品价格越低越好。这种心理状态将会导致商品价格决策中的心理矛盾和选择错误。如果在法制不健全的社会情况下,这种心理矛盾将演变为市场上的假冒伪劣、低质高价、以次充好、短斤少两等不正当行为,扰乱消费者心目中的价格心理标准,使消费者失去对商品价格质量的信任感。

2. 价格心理的特征

1) 习惯性

消费者对商品价格的习惯认识,一般是消费者在长期反复的购买活动中,通过对某些商品价格的反复感知形成。消费者对商品价格所形成的习惯认识,往往要维持一段相当长的时间,习惯价格一旦形成便很难改变。特别是一些日常消费品,由于经常购买在消费者心目中形成了习惯性价格心理,所以当商品价格变动时,往往需要消费者改变自己对价格的习惯认识。

2) 敏感性

商品价格的变动会给消费者的生活带来较大的影响,因而消费者对商品价格的变动非常敏感。敏感的程度受制于一定的客观因素,如商品购买频率的高低、消费者收入水平、消费者积累的消费经验等。消费者对那些消耗性日常生活用品,如蛋、油、盐、酱油、醋、粮等的价格变动异常敏感,而对那些耐用型消费品,如彩色电视机、冰箱、音响等的价格变动比较迟钝。

3) 对比性

一般来说,消费者对商品价格高低的判断常常通过与市场同类商品价格的比较,与同一销售现场不同种类商品价格的比较,或对商品本身的品质衡量3种方式来实现。

4) 倾向性

消费者在购买过程中对商品价格的选择带有倾向性。一般来说,经济状况较好,并怀有强烈求名显贵动机的消费者在同类产品中倾向选择高档次产品;经济状况一般,具有求实求惠动机的消费者在同类产品中倾向选择低档次产品。在处理特价商品卖场前,有些人流露出不屑一顾的神情,有些人则喜形于色,这种差别说明了消费者对商品价格的选择带有明显的倾向性。

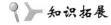

房地产的价格心理

一般来说,房地产产品从进入市场的最初期开始,发展商及策划者们对于楼盘价格竞争的特殊性就会有一个清醒的认识。首先,房地产的价格与区域概念是紧密相连的,不同地理区域除了有实际价格的差异外,在心理价格上往往也有较大差异;其次,房地产属于特殊的高价商品,只有在大幅度调整价格的情形下,价格才可能成为销售过程中决定性的"杀手锏";最后,个体购买过程中往往存在一个"比较价格"的问题,即消费者对于楼盘的价格,除了会拿来和自己原有的心理价格做比较外,还会与同区域其他楼盘的价格做比较。如果一个楼盘希望在价格上做文章,只低于"比较价格"是不够的,最好是远低于心理价格。实际价格与心理价格两者之间差距拉得越大,就越有可能创造更大的势能,释放出来后引起势不可当的销售风暴。

10.1.2 商品价格与消费者行为的关系

1. 价格是消费者衡量商品品质的直接标准

消费者在对产品品质、性能知识了解甚少的情况下,主要通过商品价格来判断商品品质。许多消费者认为价格高说明产品质量好,价格低则说明产品品质差,这种心理认识与成本导向定价方法及价格构成相一致。因此,便宜的价格不一定能促进消费者购买,相反可能会使消费者产生对商品品质、性能的怀疑;适中的价格可以使消费者对商品品质、性能有放心感。

2. 价格是消费者社会经济地位的象征

一些消费者往往将某些高档商品同人们的社会地位、经济收入和文化修养等联系在一起。购买高价格的商品,可以彰显消费者优越的社会地位、丰厚的经济收入和高雅的文化修养,可以得到别人的羡慕和尊敬,并以此获得心理满足;相反地,使用价格便宜的产品,则显示消费者低下的社会地位、微薄的经济收入和低俗的文化修养,难以得到别人的尊敬,从而产生一些自卑的心理。

3. 价格直接影响消费者的需求量

一般来说,商品的价格与需求量是呈反向变动的。价格上升会引起需求量下降,抑制消费;价格下降会增加需求量,刺激消费。但也有相反的情况,各种产品价格普遍上升时,会使消费者产生价格预期心理,即商品的未来价格将继续上升,增加即期需求量;反之,预期未来价格将继续下降,减少即期需求量,产生"买涨不买落"的心理。造成这种消费行为的原因是消费者的生活经验、经济状况、个性心理特征等方面存在不同程度的差异,使得消费者对价格的认识及心理反应千差万别。

10.1.3 消费者的价格判断

1. 消费者价格判断的方法

(1) 与市场上同类产品的价格进行比较,这是普遍使用的、最简单的判断产品价格高低的方法。

(2) 与同一售货区中的不同产品价格进行比较,消费者在考虑产品价格时往往会受到销售区附近商品价格的影响而产生一种错觉,如液晶电视机和普通电视机摆放在一起,液晶电视机价位明显高出许多,消费者通过比较会认为普通电视机便宜。

(3) 通过商品的品牌、外观、产地、包装、使用特点和使用说明进行比较,如商品外观是否新潮,品牌知名度是否很高,产自何地,品质是否精良,是否易于使用,各个附件是否完备等。

(4) 通过消费者自身的感受来判断，消费者在接受服务上多使用这种判断方法。通过接受服务过程中的心理体验来衡量服务的价格，这些体验还来自服务设施、服务设备、服务人员服务水平、场所布局等一切可传达服务特色的有形展示。

2. 影响消费者价格判断的因素

1）经济状况

消费者的经济状况是影响价格判断的主要因素。例如，同样一款标价为10万元的汽车，年薪60万元的消费者和年薪6万元的消费者对价格的感受和判断是完全不同的，前者会认为价格并不高，而后者则相反。

2）价格心理

习惯性价格心理、敏感性价格心理、倾向性价格心理及感受性价格心理都会影响消费者在购买产品时的价格判断。

3）产地和出售场地

同类商品由于产地不同，消费者对价格的判断也不尽相同。消费者一般认为原产地生产的商品是正宗的，所定价格高是合理的，而对其他产地商品的高价则难以接受。同理，同样的商品以相同价格分别在高档商场和超市里销售，消费者往往感到后者的价格过高。因为在一般情况下，消费者对超市销售的商品价格判断标准较低，而对高档商场的判断标准则较高。

4）商品的类别

同一种商品因不同的用途可归入不同的商品类别。消费者对不同类别的商品评价标准是不同的，因而对产品价格的感受也不一样。

5）消费需求的紧迫程度

当消费者急需某种商品而无替代品时，价格即使高一些，消费者的感受和判断也会接受。例如，有的冲印店提供快速冲印服务，若要半小时内取到冲印的照片需收加急费，价格一般比普通冲印贵20%左右。即使如此，对于那些急等照片的消费者而言，这个价格也是可以接受的。

6）购买的时间

在一些特定的时间里购买某些商品，价格可能高，也可能低。例如，对于换季打折的衣服，消费者认为低价是应该的；而对于具有节假日意义的象征性的产品，消费者即使要承受比平时高许多的价格也会接受，如在情人节时，玫瑰花价格比平时贵好几倍，但仍然卖得很快。对于一些刚处于产品生命周期的引入期的产品，厂商为了支付大量促销费，弥补研发费，商品价格会定得高一些，而随着商品逐渐进入成长期、成熟期，价格会有所下降。

案例阅读

卡特匹勒公司的定价

卡特匹勒公司为其拖拉机定价为10万美元，尽管其竞争对手同类的拖拉机售价只有9万美元，但卡特匹勒公司的销售量仍然超过了其竞争者。一位潜在顾客问卡特匹勒公司的经销商，买卡特匹勒的拖拉机为什么要多付1万美元，经销商回答说："9万美元是拖拉机的价格；与竞争者的拖拉机价格相比，加7 000美元是最佳耐用性的价格，加6 000美元是最佳可用性的价格，加5 000美元是最佳服务的价格，加2 000美元是零件较长保用期的价格，而11万美元是拖拉机总价值的价格；然后再减去 1 万美元折扣。因此，10 万美元是卡特匹勒公司拖拉机的最终价格。"

顾客惊奇地发现，尽管从表面上看他购买卡特匹勒公司的拖拉机需多付 1 万美元，但实际上他却得到了 1 万美元的折扣。结果，他选择了卡特匹勒公司的拖拉机，因为他相信卡特匹勒拖拉机的全部使用寿命操作成本更低。

任务 10.2　掌握消费者行为与价格策略

10.2.1　产品生命周期各阶段的价格策略

1. 导入期的价格策略

（1）撇脂定价策略。根据导入期消费者的心理与行为的特点，企业可通过制定较高的价格以提高产品身份，创造高价、优质、名牌的印象。一般来说，对于全新产品和受专利保护的产品、需求的价格弹性小的产品、流行产品和未来市场形势难以测定的产品等，可采用撇脂定价策略，将价格定得较高，可在短期内获取厚利。尽快收回投资，减少投资风险是使用撇脂定价策略的优势所在，但是撇脂定价策略毕竟是一种追求短期利润最大化的定价策略，若处置不当，则会影响企业的长期发展。

（2）渗透定价策略。渗透定价策略是与撇脂定价策略相反的一种定价策略，即在新产品上市之初，将价格定得较低，以吸引大量的早期消费者，提高市场占有率。利用渗透定价策略的前提条件有两个：一是新产品的需求价格弹性较大；二是新产品存在规模经济效益。采用渗透价格的企业无疑只能获取微利，这是渗透定价的薄弱之处。但由于低价，会产生两个优势：一是低价可以使产品尽快为市场所接受，并借助大批量销售来降低成本，获得长期稳定的市场地位；二是微利阻止了竞争者的进入，增强了自身的市场竞争力。

（3）适中定价策略。适中定价策略也称为平价销售策略，是介于撇脂定价策略和渗透定价策略之间的一种定价策略。由于撇脂定价策略定价过高，对消费者不利，既容易引起竞争，又可能遇到消费者拒绝，所以具有一定风险。但渗透定价策略定价过低，对消费者有利，对企业最初收入不利，资金的回收期也较长，若企业实力不强将很难承受，而采取适中定价策略，基本上能够做到供求双方都比较满意。

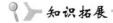

撇脂定价策略与渗透定价策略的区别见表 10-1。

表 10-1　撇脂定价策略与渗透定价策略的区别

	撇脂定价策略	渗透定价策略
优　点	（1）迅速回笼资金，方便扩大再生产 （2）容易形成高价、优质的品牌形象 （3）拥有较大的调价空间	（1）新产品能迅速占领市场 （2）微利阻止了竞争者进入，可增强企业的市场竞争能力

续表

	撇脂定价策略	渗透定价策略
缺点	(1) 高价产品的需求规模有限 (2) 容易引起竞争，仿制品、替代品会大量出现 (3) 在某种程度上损害消费者权益	(1) 利润微薄 (2) 降低企业优质产品的形象
适用条件	(1) 市场有足够的购买者，其需求缺乏弹性 (2) 高价所造成的产销量减少 (3) 独家经营，无竞争者 (4) 高价给人高档产品的印象	(1) 市场对价格敏感 (2) 生产经营费用随经验的增加而降低 (3) 低价不会引起竞争

案例阅读

锤子手机定价

进入2014年以来，随着4G牌照的发放，手机新品集中爆发的态势更加明显。中兴、华为、酷派、OPPO、努比亚……众多厂商在上半年接连推出新机，而2014年5月20日罗永浩旗下锤子科技携Smartisan T1的亮相，又再度让业界反响强烈。

锤子发布的这款手机之所以引起业界广泛关注，除了罗永浩本身作为互联网公众人物的话题性，恐怕更重要的是触碰了国内手机行业一直以来需要思考的一个问题：国产手机，到底应该卖多少钱？

对于锤子科技这样一个全新的品牌而言，自然是一开始就得面对的问题。但事实上，对于大部分国内手机厂商而言，这也是近年来一直在探索的问题。特别是，国内厂商传统依赖的运营商定制低价手机难以带来持续盈利，国内厂商也都希望在中高端市场有所作为，提升品牌价值，真正在市场竞争中获取利润，而不仅仅是销量。锤子手机是一个全新的品牌，但它的模式事实上相当具有典型性。这款手机选择由苹果前工业设计总监创办的机构提供的工业设计，并且采用了高通、索尼、富士通、康宁等供应商提供的硬件解决方案。锤子的核心创新点，在于Smartisan OS，官方对其定义是"七年一遇的美观、易用和人性化"。这种描述或许有些夸张，不过在软件方面的创新，成为这款手机的核心竞争力。

在智能手机时代，随着行业门槛降低，加上国产手机不断努力进步和国际品牌的产品在设计、性能、体验等诸方面的差距已经缩小，某些方面甚至已经超越国际品牌手机。在这样的情况下，国产手机并非只能卖低价。事实上，很多国内品牌已经在2 000元价位站稳脚跟，并且开始进一步向2 500元、3 000元甚至更高价位的市场迈进。但这也绝不意味着，国产手机可以盲目卖高价。目前来看，国内品牌超过2 000元的产品中，有过不错销量的，往往都是在某些方面有过人之处的产品，并且比起国际品牌的同档次产品，依然有着明显的价格优势。锤子手机根据手机的内存大小不同定制了相应的价格，如手机内存为16GB，价格为3 000元，手机内存为32GB，价格为3 150元。2014年5月份，锤子手机发布会不久，罗永浩高调晒出锤子手机订单，目前已经下单的用户超过6万，需要注意的是，锤子手机预订是要交300元定金的。此外，罗永浩还强调，6万多订单中有3 251人是索性付了3 000元全款的。

2. 成长期的价格策略

在成长期，加入购买行列的消费者大大增加。一般采用目标价格策略获取目标利润。因为产品进入成长期后，销量迅速增加，成本不断下降，产品质量提高，竞争者相对减少，这时是经营者实现目标利润的最佳时期。

3. 成熟期的价格策略

在成熟期，一般采用降低价格，或者维持原价的策略。当产品进入成熟期后，消费者对于产品的选择能力增强，同时由于生产能力过剩，市场竞争激烈，市场份额趋于下降，所以采取低价或原价不动的策略为宜。

4. 衰退期的价格策略

在衰退期，一般采用接近成本的价格。当产品进入衰退期后，大部分消费者已经失去对原有产品的新鲜感，购买人数日益减少。激烈的市场竞争已迫使市场价格接近成本，此时只要有剩余经营能力，就应把变动成本作为价格的最低限度。如果价格高于变动成本，就表示通过这种产品销售可为经营者带来利益，弥补一部分固定成本。有时为维持经营者的生存，或尽快地把多余库存材料用完，也可直接采用变动成本定价的策略。

10.2.2 一般商品的价格策略

1. 尾数定价策略

尾数定价策略适合于价格低廉的日常生活消费品的定价。企业在定价时取尾数而不取整数，为进入市场的产品制定一个带有零头数结尾的非整数价格，让消费者感觉价格是经过精细核算制定的，是非常合理的。这样既能增强消费者的信任感，又能使消费者产生价格非常便宜的错觉而刺激其购买。

2. 整数定价策略

整数定价策略适用于某些价格特别高或特别低的商品。它是指企业有意识地将商品价格的尾数去掉，定为整数。该定价策略的特点是当其用于高档商品时，整数报价给消费者以尊贵的感觉，更加符合产品形象，也更加符合消费者的购买心理。

3. 习惯定价策略

习惯定价策略适合于消费者广泛接受的、销售量大的商品，如日常生活中的饮料、食品。因为这类商品在消费者心目中已经形成了某种习惯的价格，价格若有变动，消费者就非常敏感，甚至产生不满。厂家宁可在商品的内容、包装和分量进行调整，也要保持习惯的价格。

4. 折让价格策略

折让价格策略包括商品销售过程中的折价和让价，这是商品销售者在一定条件下用低于原定价格的优惠价格来争取消费者的一种定价策略。

5. 声望定价策略

声望定价策略适用名牌商品或高级消费品。它是根据消费者对某些商品的信任心理或求名心理而制定的高价策略。企业可利用名牌的威望，制定出能使消费者在精神上得到高度满足的价格，满足消费者的虚荣心理。

6. 分档定价策略

分档定价策略是把某一类商品的不同品牌、不同规格、不同型号划分成若干个档次，对每一个档次的商品制定一个价格。

7. 招徕定价策略

招徕定价策略适用于终端销售市场，而且降价商品应是消费者常用的日常消费品。它是指多品种经营的企业利用消费者的求廉心理将一种或几种商品的价格定得特别低或特别高，以招徕消费者，目的在于吸引消费者在购买招徕商品时，也购买其他商品，从而带动其他商品的销售。

> **案例阅读**

贵的就是好的

以前日本电视台曾推出一个节目，其中一项是报告厂牌来购买的测验，结果把同样价格的手帕排列出好几件，有的挂上瑞士名牌厂的商标，标上令人咋舌的高价；有些挂上名不见经传的厂牌，然后请几位妇女观众对这些手帕进行评价，选出其中较优者。结果她们众口一词地说价格比日本手帕贵得多的瑞士手帕好。

问她们理由，这些妇女有的说布料比较好，有的说花样很不错，也有的说外表及质感确比日本货好。接下来，主持人又拿出一大堆真正瑞士制手帕，不过早就换成了日本小厂的商标，价格也都写得很便宜，又请妇女观众进行评价。结果，妇女们不约而同地说，这些手帕外表不好看，洗了会褪色，线缝得不好，反正到处都是缺点。

这一实验充分反映了很多消费者"贵的就是好的"的消费心理。正是因为消费者有这样的心理，一些厂家就在新产品刚推出时，定高价来促销。

10.2.3 价格折扣的策略

折扣定价是指在商品正式价格的基础上进行适当的打折的定价策略，其目的是通过让利于消费者来鼓励购买。价格折扣主要包括数量折扣，现金折扣，功能折扣，季节折扣，回扣、折让和津贴。

1. 数量折扣的策略

数量折扣也称为批量作价，是指企业根据消费者购买量的不同而给予相应的价格折扣。一般情况是购买量越多，折扣越大，以鼓励购买者增加购买量。数量折扣又可分为累计数量折扣和一次性数量折扣两种形式。

（1）累计数量折扣。累计数量折扣是指在一定时期内累计购买超过一定数量或金额时，就能享受相应的折扣优惠。例如，规定购买量累计达到 100 件，价格折扣 6%；达到 200 件，折扣 8%；超过 300 件，折扣 10%。如果某商家第一批购货 100 件，企业给予其 6% 的折扣，第二批又购货 190 件，那么企业就应该按累计量 290 件标准，给予其 8% 的折扣。累计数量折扣的目的在于鼓励消费者与企业建立长期稳定的产业关系，减少企业的经营风险。这种折扣适用于长期交易的、大批量销售的，以及需求相对稳定的产品。

(2) 一次性数量折扣。一次性数量折扣也称为非累计数量折扣,是对一次性购买或订货达到一定数量或金额时给予的折扣优惠。与累计数量折扣不同的是,这种方法只考虑当次购买量,而不管累计购买量。一次性数量折扣比较适用于短期交易的产品、季节性产品、零星交易的产品,以及过时、滞销、易腐、易损产品。这种折扣方式的目的是鼓励顾客大批购买,促进产品多销、快销。

2. 现金折扣的策略

现金折扣也称为付款折扣,是指企业根据消费者支付货款的期限给予一定的价格折扣的策略,其主要目的是鼓励买主在规定的期限内早日付款,尽早回收资金。这种折扣方式一般在生产厂家与中间商之间使用,折扣的大小一般根据付款期间的利息和风险成本等因素确定。

3. 功能折扣的策略

功能折扣也称为交易折扣,是指生产企业根据中间商在产品分销过程中所承担的功能、责任和风险的不同而给予不同的折扣。功能折扣的比例主要考虑中间商在分销渠道中的地位、对企业产品销售的重要性、购买批量、完成的促销功能、承担的风险、服务水平、承担的商业责任,以及产品在流通领域中所经历的环节数量和产品在市场上的最终售价等因素。通常给批发商的折扣较大,给零售商的折扣较小,而承担功能多的中间商的折扣最多。功能折扣的目的是鼓励中间商大批量订货、扩大销售、争取顾客,并与生产企业建立长期、稳定、良好的合作关系。

4. 季节折扣的策略

季节折扣是指对一些季节时令性较强的产品,给予那些在淡季购买的顾客一定的价格折扣。例如,服装生产经营企业,对不合时令的服装,给予季节折扣,以鼓励中间商和用户提前购买、多购买;民航、旅游饭店为了调节淡旺季客源,也在非节假日实行季节折扣。

5. 回扣、折让和津贴的策略

在现实社会经济活动中,回扣、折让和津贴的运用也非常普遍。

(1) 回扣是企业按照一定的标准,从货款中返还一部分给顾客的折扣定价方法。例如,企业规定达到一定的购货量或购货额,企业按5%的回扣标准将货款返还给顾客。

(2) 折让通常是指直接减少目录价格的数额。例如,产品标价120元,去掉15元,顾客只需支付105元。此外,如以旧换新的家电产品,将旧货折算成一定的价格,在新产品的价格中扣除,顾客只支付余额,也是一种折让方式。

(3) 津贴是指企业因为特殊的目的对特殊顾客以特定形式所给予的价格补贴或其他补贴。例如,中间商为企业产品做了广告,企业为表示酬谢而给予其一定数额的资助和补贴,或者分担一部分广告费用,这实际上也相当于对产品价格打了折扣。

任务 10.3 理解消费者行为与价格调整

10.3.1 价格调整的消费心理反应

在市场经济中,产品价格的调整是经常发生的。价格调整的原因除了企业自身条件变化以外，还受市场供求状况、产品价值、产品属性、竞争对手的价格政策、市场货币价格与货币流通量、国际市场价格波动和消费趋向变化等多方面因素的影响。企业进行产品价格调整主要有两种情况：一种是降低价格；另一种是提高价格。无论企业怎样调整价格都会影响到消费者的利益，当然，由于消费者对不同的产品价格的敏感度不同，有些产品调价会引起消费者的剧烈反应而有些则不会。此外，由于市场信息的不对称性，消费者对企业调整价格的动机、目的的理解程度不同，也会做出不同的心理和行为反应。

1. 消费者对价格调整的一般心理反应

商品价格的变化必然会影响到消费者的切身利益，促使消费者对商品价格的变化给予关注，也会引起消费者心理与行为上的反应。通常，某种商品价格上涨时，消费者会减少该种商品购买的数量与频率。如果此类商品是生活中必不可少的，消费者则会减少另一种类商品的购买数量，或者购买同类商品中价格较低的商品，或者购买可替代的商品。如果商品价格下调，则消费者可能增加该类商品的购买数量。当该类商品是生活必需品，购买量有伸缩性时，这种情况就更显著。

2. 消费者对价格调整的非常规心理反应

1）消费者对降价的非常规心理反应

企业对产品进行降价，消费者对于企业的某种产品的降价可能会有以下理解：

（1）这种产品的样式老了，将被新型产品所代替，企业可能不再对老产品提供良好的售后服务。

（2）这种产品有某些缺点，销售不畅。

（3）企业财务困难，难以继续经营下去，产品质量难以保证。

（4）价格还要进一步下跌，等待下一轮的降价。

（5）这种产品的质量下降了，产生心理的不安。

降价本应带来销售增加，但在上述情况下往往是适得其反，产生"持币待购"等现象。

2）消费者对提价的非常规心理反应

企业提价通常会影响销售，但是消费者对企业的某种产品提价也可能会有以下理解：

（1）这种产品很畅销，不赶快买就买不到了。

（2）这种产品很有价值，应该赶快购买。

（3）这种产品提价可能是限量发行，具有升值潜力，购买回来可囤积以待增值。

（4）这种产品供不应求导致提价，应尽早购买。

一般来说，消费者对于价值高低不同的产品价格的反应有所不同。消费者对于那些价值高、经常购买的产品的价格变动较敏感，而对于那些价值低、不经常购买的小商品，即使单位价格较高，购买者也不大注意。此外，消费者虽然关心产品价格变动，但是通常更为关心取得、使用和维修产品的总费用。

案例阅读

定价策略及时调整

苹果 iPod 在最初采取撇脂定价法取得成功后，就根据外部环境的变化，而主动改变了原来的定价方法。苹果推出了 iPod shuffle，这是一款大众化产品，价格降低到 99 美元一台。之所以在这个时候提出大众化产品：一方面市场容量已经很大，占据低端市场也能获得大量利润；另一方面，竞争对手也推出了类似产品，苹果急需推出低价格产品来抗衡，但是原来的高价格产品并没有退出市场，而是略微降低了价格而已。

苹果公司只是在产品线的结构上形成了"高低搭配"的良好结构，改变了原来只有高端产品的格局。苹果的 iPod 产品在几年中的价格变化是撇脂定价和渗透式定价交互运用的典范。调整撇脂定价的方法，不是简单地把价格降下来，而是要与推出的新产品相结合，通过丰富产品结构、推出更高性价比的产品的方式积极调整撇脂定价法，或者把产品和服务打包，在整体上降低客户的购买成本，而不是直接诉诸于低价，以保护自己的盈利能力。

10.3.2 价格调整的心理策略

1. 产品降价的心理策略

企业对产品进行降价调整时，如果想达到预期的降价目的，需要注意以下 3 个方面：

(1) 降价产品应与消费者心理反应要求相适应。

(2) 要准确地选择降价时机，降价时机选择得好，在很大程度上会刺激消费者的购买欲望；选择得不好，就算是产品降价的幅度不小，也会失去降价的吸引力。根据市场营销活动的实际，降价时机要视具体产品和企业的具体情况而定。

需要注意的是，产品降价不能过于频繁，否则会造成消费者对降价不切实际的心理预期，或对产品的正常价格产生不信任的负面效应。

(3) 把握降价的幅度。降价幅度要适宜，如果降幅过小，不能引起消费者的注意和兴趣，起不到降价的效果；如果降幅过大，会引起消费者对商品质量的疑虑，也同样达不到降价的目的。

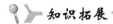
知识拓展

企业产品为何降价

(1) 企业生产能力过剩，因而需要扩大销售，但又无法通过产品改进和加强销售工作来达到。在这种情况下，企业就须考虑降价。

(2) 在强大竞争者的压力之下，产品的市场占有率下降。例如，美国的汽车、电子产品、照相机、钟表等行业，由于日本竞争者的产品质量较高，价格较低，已经丧失了一些市场阵地。在这种情况下，美国一些公司不得不削价竞销。

(3) 企业的成本费用比竞争者低，企业通过降价来掌握市场或提高市场占有率，从而扩大生产和销售量，降低成本费用。在这种情况下，企业也往往主动降价。

2. 产品提价的心理策略

产品提价对消费者来说会产生一种不愉快的心理反应。然而，现实中有许多因素的影响，迫使企业不得不提价，如通货膨胀、物价上涨、原料供应价格相应上涨，导致产品成本上升，企业不得不涨价；产品供不应求，市场需求强劲，提价是一种市场调节手段等。不过，企业在提价时，应注意策略的选择：

(1) 对于那些因产品价值增加而造成的产品提价，企业要尽量降低提价的幅度，同时要努力改善经营管理，减少费用开支，尽量让利于消费者。

（2）对于那些因国家政策需要而造成的产品提价，企业要多做宣传工作。

（3）对于那些因进货渠道、进货环节而造成的商品提价，企业要积极说明原因，并热情周到地做好销售服务工作。

（4）对于那些因企业为获取利益而造成的产品提价，企业也必须做好销售服务，努力改善经营环境，增加服务项目，在保证良好销售情况的基础上适当提价，以求得消费者的谅解和支持，提高消费者信心，刺激需求和购买行动。

（5）帮助顾客寻找节约途径，组织替代品的销售等。

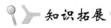知识拓展

企业产品为何提价

虽然提价会引起消费者、经销商和企业推销人员的不满，但是一个成功的提价措施可以使企业的利润大大增加。引起企业提价的主要原因有：一是由于通货膨胀，物价上涨，企业的成本费用提高，因此许多企业不得不提高产品价格；二是企业的产品供不应求，不能满足其所有的顾客的需要。在这种情况下，企业就必须提价。

提价方式包括取消价格折扣，在产品大类中增加价格较高的项目，或者开始提价。为了减少顾客不满，企业提价时应向顾客说明提价的原因，并帮助顾客寻找节约途径。

单元小结

价格心理是指消费者在购买商品过程中对商品价格刺激的各种心理反应及其表现，它是由消费者自身的个性心理特征和对价格的知觉判断共同构成。消费者对价格的判断不仅受心理因素的影响，同时也受销售场地、周围环境和产品等客观因素的影响。消费者的价格心理是影响消费者购买行为的重要因素。消费者具有习惯性、敏感性、对比性和倾向性等价格心理特征。

价格是消费者衡量产品品质的直接标准，是消费者社会经济地位的象征，直接影响消费者的需求量。因此，成功定价的一个关键点在于迎合消费者的价格心理。企业必须掌握产品生命周期各阶段的消费者心理行为，并据此制定价格的心理策略。

产品价格的调整是经常发生的，企业应该正确把握消费者对价格调整的心理反应，并制定相应的价格调整的心理策略。

课后习题

一、名词解释

价格心理　　价格观望心理　　撇脂定价策略　　渗透定价策略　　功能折扣

二、单选题

1.（　　）是指在经济运行过程中，消费者对未来一定时期价格水平变动趋势和变动幅度的一种心理估测。

　　A. 价格预期心理　　B. 价格攀比心理　　C. 价格观望心理　　D. 倾斜与补偿心理

2.（　　）不是消费者价格判断的方法。

　　A. 与同类商品的价格进行比较

　　B. 与同一售货区中的不同产品价格进行比较

C. 通过物价指数进行比较
D. 通过商品的品牌、外观、包装等进行比较

3. （　　）是产品进入成长期的消费者心理行为的特点。
A. 求新、求异　　　　　　　B. 好胜、追赶时尚
C. 随和、从众　　　　　　　D. 落伍、甘于守旧

4. （　　）是指产品销售以稳定价格和预期销售额的稳定增长为目标，力求将价格定在一个适中水平上。
A. 撇脂定价策略　B. 渗透定价策略　C. 折扣定价策略　D. 适中定价策略

5. （　　）也称为付款折扣，是指企业根据消费者支付货款的期限给予一定的价格折扣的策略。
A. 数量折扣　　　B. 现金折扣　　　C. 功能折扣　　　D. 季节折扣

三、判断题

1. 消费者的价格心理是影响消费者购买行为的唯一因素。（　　）
2. 价格观望心理是价格预期心理的一种表现形式，是以客观事实为基础的心理活动。（　　）
3. 便宜的价格不一定能促进消费者购买，相反可能会使消费者产生对商品品质、性能的怀疑。适中的价格，可以使消费者对商品品质、性能有放心感。（　　）
4. 产品进入成熟期后，购买人数会大大增加，已购买者及准备购买者信息交流相对较多，消费者获得产品信息也相对容易，了解产品的兴趣及愿望更加强烈。（　　）
5. 一般来说，对于全新产品和受专利保护的产品、需求的价格弹性小的产品、流行产品和未来市场形势难以测定的产品等，可采用撇脂定价策略。（　　）

四、填空题

1. 消费者的价格心理特征有＿＿＿＿、＿＿＿＿、＿＿＿＿和＿＿＿＿。
2. 价格是消费者衡量＿＿＿＿的直接标准。
3. 利用渗透定价策略的前提条件：一是新产品的需求价格弹性较大；二是新产品存在＿＿＿＿。
4. ＿＿＿＿适合于价格低廉的日常生活消费品的定价。
5. 数量折扣又可分为＿＿＿＿和＿＿＿＿两种。

五、简答题

1. 简述消费者的价格心理类型。
2. 简述影响消费者价格判断的因素。
3. 简述一般商品的价格策略。
4. 简述价格调整的消费心理反应。
5. 简述产品提价的心理策略。

案例分析

Uber是一个商业平台，每个司机都是作为一个可独立运转的个体接入的。平台上的司机自营出租车业务，或者为某出租车公司工作。Uber没有雇用任何一个司机经营此业务。所以是否使用Uber的决定权完全在司机自己手里。他们有很多选择，除了Uber还有其他App可选，也可以将Uber上之前服务过的用户进行线下联系约车。

Uber位于波士顿的研究组发现，每到周五和周六凌晨1点左右，会出现大量的"未满足需求"。导致这种现象的原因是，在这个时段大部分司机登出Uber系统，准备收工回家，而恰恰这会儿在Party上嗨完的人刚刚准备回家。这就造成了瞬间的供需不平衡，在最需要用车的时候却叫不到车，用户的抱怨与日俱增。于是他们有一个方案，在高峰期（午夜到凌晨3点）适当提高每次乘坐的单价，看是否有司机响应。仅仅两周后，他们就得到了非常好的反馈，在该时段的提价，使得出租车的供应量增加了70%～80%，几乎满足了2/3的"未满足需求"，绝对是一个重大突破。看来在该领域，供应量的弹性非常大，在市场价格调高后，司机确实更有动力守候在午夜时分。这个调查成功地开启了Uber动态定价的先头，随后便正式应用在

任何高峰时段。动态定价的算法也十分智能,在用户等待时间有个比较陡峭的上升趋势时,便会触发该算法。

在之前很多行业都比较成熟地在使用动态定价,如酒店、机票和租车行,高峰期也和Uber类似,如节假日。酒店在新年夜的价格往往比平时或周末要高出一两倍,在无法提高供给的时候,提高价格也是被大众所接受的举措。唯一不大一样的是,像酒店和机票似的供给是固定的无法提高,而Uber不是。对酒店来说,供给是刚性的,无法临时造所房子出来,而Uber的司机供给弹性则大得多,可以收工回家,也可以继续服务。

关于Uber的定价媒体舆论也吵得沸沸扬扬,使得Uber不得不重新考虑其加价条款。越来越多的用户抱怨在很多地方都无车可用,丝毫不实用,也无可靠性。最差的一种体验就是刚打开Uber,如果就提示无车可用。有人说,至少应该在没车可用时保持平价,好站在用户这一方,抚慰这些没打到车的人。其实事实不是用户想象的那样,在高峰期,任何一种交通工具都是超负荷运转的。地铁、公交都是这样,都无法给你提供可靠的服务。这时Uber更倾向于让更多的用户能够叫到车先。与其让用户无车可用,让部分用户对定价持有异议似乎更容易接受。其实,司机和乘客一样,在人的本性方面是相同的。试问又有谁愿意在周五、周六夜里仍然疯狂工作呢?假日和新年也愿意出来加班吗?我们在和亲人团聚的时候,他们难道不想吗?他们牺牲掉自己的需求来为我们提供一点方便,我们支付更多的酬劳也是合理的。正是动态定价在市场上如此广泛地应用,奠定了Uber的信心。最大化用户的利益,最优化市场资源的配置,只能通过动态定价来实现,即使有时要用部分用户的不理解作为代价。

问题
1. 动态定价是基于什么样的消费行为而制定的?
2. 你是如何看待动态定价引起消费者的争论?

实训操作

1. 实训目的

通过本次实训,使学生明确消费者心理行为与价格策略的关系,能根据消费者的心理与行为制定相应的价格策略。

2. 实训要求

基于高职院校学生进行"专套本"这一项目,写一份消费者心理价格策略报告,内容要求包括价格心理分析、不同产品价格构成、不同专业价格策略等基本框架,字数不少于1 000。

3. 实训材料

相关图书、教辅、计算机网络、纸张、笔或打印机等。

4. 实训步骤

(1) 调查"专套本"各专业的学费及构成。
(2) 调查学费对学生进行"专套本"项目决策的影响。
(3) 分析选择"专套本"专业人数等不同因素对专业定价的影响。
(4) 针对不同影响因素进行相应价格策略的制定。
(5) 构建高职生选择"专套本"消费的心理价格策略报告的框架。

5. 实训检验

每位学生的成绩由两部分组成:学生实际操作情况(40%)和实训报告撰写情况(60%)。

实际操作主要考查学生按照实训步骤提供适应高职生需要的"专套本"项目收费设计与实施的能力;实训报告主要考查学生根据"专套本"高职生的心理与行为制定相应的价格策略的合理性及实训报告结构的合理性。

单元 11

消费者行为与分销渠道策略

【任务描述】

小王通过对消费者行为与产品策略、价格策略的分析,弄清楚了如何根据消费者的消费心理与行为的不同设计菜品、进行菜品定价。但他意识到,父母的餐厅要取得成功,除了有适合消费者口味的佳肴、合适的定价外,还应有其他的因素。例如,如何使餐厅的店招牌更醒目,能吸引顾客的注意?如何让消费者就餐的环境更好、更舒服?如果餐厅经营成功后,为了更好地服务于更多消费者,应怎样扩大规模?如何实施连锁经营等。接下来,小王需要弄清楚消费者的消费行为与分销策略之间的关系。

对于小王来说,要弄清楚分销策略的运用,可从分销渠道结构、分销渠道成员选择等方面与消费者行为结合起来理解。

任 务	工 作 要 求	学习重点和难点
理解消费者行为与分销渠道结构	(1) 正确理解与分销渠道相关的一些概念 (2) 运用相关消费心理与行为理论进行分析时,要注意把握好消费心理与行为和分销渠道管理内容的关系	(1) 消费者行为与分销渠道销售点选择 (2) 分销渠道的结构
掌握消费者行为与分销渠道成员选择	(1) 选择分销渠道具有代表性的成员 (2) 所收集消费者心理与行为信息具有代表性	(1) 消费者行为与批发商 (2) 消费者行为与零售商 (3) 消费者行为与网络经销商

【任务实施】

任务 11.1 理解消费者行为与分销渠道结构

11.1.1 消费者行为与分销渠道

1. 决定分销渠道的消费行为因素

1) 顾客购买批量大小

购买批量是指分销渠道许可顾客购买的最小单位。顾客如果每次购买较多的产品,就可以得到数量折扣和商家给予的更优惠的服务,因而购买单位商品的价格相对较低,符合消费者求廉、求便的心理。因此,顾客购买批量大,多采用直接渠道;购买批量小,除通过自设门市部出售外,多采用间接渠道。

2) 消费者的分布

某些商品消费者分布比较集中,适合采取密集型直接分销渠道,提高顾客购买的空间便利,减少他们购物的等待时间;反之,适合采用间接渠道。在工业品销售中,本地的生产者和客户联系很方便,生产者可采用直接渠道;而外地客户与本地客户相比,较为分散,生产者采用间接渠道就比较合适。

3) 潜在顾客的数量

若消费者的潜在需求多,市场范围大,需要中间商提供服务来满足消费者的需求,宜选择间接的长而宽的分销渠道;若消费者的潜在需求少,市场范围小,生产商可才采用窄渠道的直接渠道。

4) 消费者的购买习惯

有的消费者喜欢到厂家直销点购买商品,有安全感。有的消费者喜欢选择空间大,将购物看作一种娱乐享受,一般到百货商店、超市等卖场进行购买商品。因此,生产商应既采用直接渠道,也采用间接渠道,这样不仅能满足不同消费者的需求,而且还能够增加产品的销售量。

2. 选择终端销售点的原理

1)明确目标顾客

进入市场之前,首先要进行市场细分,选择目标市场,即目标顾客,这是市场营销者首先必须明确的。只有决定了谁是目标顾客,才能弄清楚目标顾客会有什么需求,才能弄清楚目标顾客需要什么商品,进而才能弄清楚在何时、何地向目标顾客销售其所需要的商品。在商品分销活动中,也必须坚持目标顾客原则。坚持这一原则,就是要根据目标顾客的需要提供正确的商品;根据目标顾客需要的时间,在正确的时间销售商品;根据目标顾客需要发生的地点,来决定在哪里销售商品。

2)选择终端销售点

选择终端销售点,就是根据目标顾客原则来组织商品分销的一种计划活动,要打破过去那种漫无目标的销售方式,把商品送到消费者最愿意光顾、最容易购买的地方去销售,让顾客能够及时、方便地购买。正确选择终端销售点,对于扩大商品销售具有重要的意义。通常消费者的需要具有明显的时效性,只有在需要发生的时候,人们才有强烈的购买欲望。如果有关商品能够就近、方便地购买,消费者的需要就能够及时予以满足。由于消费者需求的个性化、多样化,所以终端销售点的选择也要考虑消费者的购物心理。对终端销售点的选择主要取决于4个方面:一是顾客对最方便购买的地点的要求,是便利店或是专卖店或是超市;二是顾客最乐意光顾并购买的场所的要求,虽然便利店很方便,但销售的商品档次低,选择余地小,没有购物气氛,顾客又不愿去;三是商品最充分展现、让更多人认知的地点要求,如购买汽车就到4S店;四是树立商品形象的地点要求等。这些要求具体反映在终端销售点的选择中,要求生产商根据目标市场的特征及竞争状况、企业自身的经济实力、产品特点、公关环境、市场基础等特点,以及企业外部的市场环境、竞争对手状况、市场购买力水平等因素,经过综合权衡选择出直接面向顾客的销售点。

3. 选择终端销售点的依据

1)根据消费者收入和购买力等来选择

购买力是市场的重要构成要素之一。如果消费者的购买力高,不仅对某种商品购买量大,购买的商品档次高,愿意出高价购买质量高的名牌商品,而且愿意到规模较大、装潢漂亮、声誉较高的商店购买,即使那里商品比别的商店贵一些,也不在意。如果消费者购买力较低,不仅商品的档次上不去,而且档次低的商品的销售量也很有限。消费者的购买力来自个人收入,也可以说收入水平的高低是指导企业认识商品购买者、指导企业选择终端销售点的重要依据,不同收入水平的消费者对商品购买的地点的选择和要求是不一样的。因此,企业在选择终端销售点时,必须考虑到不同地方的个人可支配收入,以及个人可任意支配收入的水平。在竞争者数量不变的情况下,如果该地区的收入水平较高,则企业进入该地区设立销售点的必要性和可能性就大;反之,如果该地区的收入水平不高,消费者购买力弱,则宜谨慎。

当然,在考虑收入水平对终端销售点选择的约束时,企业还要注意到自身所经营产品的特点。如果是一般的大众消费品,而市场的进入难度又不是很大的话,则可以考虑在不同的收入水平地区广泛设立销售点;反之,如果是较高档次的非生活必须消费品,则一般应考虑在那些收入水平较高的地区设立销售点。

2)根据目标顾客出现的位置来选择

消费者一旦发生消费需求就能够方便地购买到所需的商品,这意味着"商品必须跟踪消费者"，而不管消费者出现在哪里。这就要认真研究消费者可能的活动范围，在每个地方消费者可能产生的需要和购买欲望是什么。一般来说，目标顾客经常出现的地点有居民区、商业街、学校、医院门口、游乐场、交通干线、休闲处和工作场所边缘等。

3）根据顾客的购买心理来选择

不同顾客的购买兴趣、关注因素、购物期望等心理特征是不同的，顾客的购买心理直接影响到其购买行为。因此，如果不考虑顾客在一定条件、时间和地点下的购买心理，盲目选择销售点，往往会产生不理想的效果。顾客购买心理主要有重质量心理、重品牌心理、重价格心理、重便利心理、重服务心理、防风险心理、从众心理心理和逆反心理等，具有不同购买心理的消费者，其选择的购物地点是不一样的。例如，重品牌心理的消费者一般去专卖店或大型购物广场的店中购物，重价格心理的消费者一般去便利店或超市购物等。

11.1.2 分销渠道结构的类型

1. 分销渠道的长度结构

分销渠道的长度是指从生产商到最终消费者之间所经历的渠道层次的数目。

1）按照中间商的数量多少划分

（1）零级渠道。零级渠道是指制造商直接将商品销售给最终用户，中间不经过任何环节，也称为直接渠道。它是分销渠道中最短的、最直接的渠道结构，主要形式有上门推销、邮寄、电话推销、电视直销及网上销售等。

（2）一级渠道。一级渠道是指制造商在开展商品的分销过程中引入且仅引入一个中间商。对于生活消费类产品而言，其中间商通常就是零售商；对于生产资料类产品而言，其中间商通常是代理商或者经销商。随着分销渠道的扁平化，以前只在生产资料流通中被采用的一级渠道日益受到重视，在消费品的渠道设计中也往往被采用，如服饰、餐饮、文化等领域。

（3）二级渠道。二级渠道包括两级中间商的渠道，这两级中间商大多由批发商和零售商组成。这种渠道形式在日常消费品的流通中被使用得更为广泛。例如，洗发水制造商在某个区域市场选定一家批发商，由批发商向零售商分销，再由零售商销售给最终用户。

（4）三级渠道。三级渠道是指包含三级中间商的渠道。一些消费面宽的日用品，如肉类食品及包装小食品，需要大量零售机构分销，其中许多小型零售商通常不是大型批发商的服务对象。对此，需要在批发商和零售商之间增加一级专业性经销商，为小型零售商服务。

对于制造商来说，渠道级数越多，越难控制，获得最终消费者的信息也越困难；对于消费者来说，渠道级数越多，获得的渠道服务水平也越高，商品的价格也就越高。

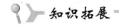
知识拓展

长渠道与短渠道的区别

为分析和决策的方便，有些学者将零级渠道与一级渠道定义为短渠道，而将二级渠道、三级渠道和三级以上渠道定义为长渠道。很显然，短渠道比较适合于在小区域市场范围销售产品或服务；长渠道比较适合于在较大区域市场范围和更多的细分市场销售产品或服务。长渠道与短渠道的优、缺点的比较见表11-1。

表 11-1　长渠道与短渠道的优、缺点比较

渠道类型	优点及适用范围	缺点及基本要求
长渠道	市场覆盖面广，厂家可以将中间商的优势转化为自己的优势，一般消费品销售较为适宜，减轻厂家费用压力	厂家对渠道的控制程度较低，增加了服务水平的差异性，加大了对中间商进行协调的工作量
短渠道	厂家对渠道的控制程度较高，专用品、时尚品及顾客密度大的市场区域较为适宜	厂家要承担大部分或者全部渠道功能，必须具备足够的资源方可，但市场覆盖面较窄

2）按照是否有中间环节划分

（1）直接渠道。直接渠道是指没有中间商参与，产品由生产商直接销售给终端用户的渠道结构。采用直接渠道的情形有以下几个方面：

① 一些大型、专用、技术复杂、需要提供专门服务的产品最适合采用直接渠道。
② 需要直接向消费者介绍产品的性能、特点和使用方法的产品比较适合采用直接渠道。
③ 需要对渠道成员有较高程度的控制时，宜采用直接渠道。
④ 需要降低产品流通费用，掌握价格的主动权，积极参与竞争时，宜采用直接渠道。

案例阅读

"伊人净"的分销渠道设计

以某公司生产的"伊人净"在上海地区销售渠道为例，结合上述分销渠道设计的影响因素分析。

1. "伊人净"的产品特性

"伊人净"是泡沫型妇科护理产品，剂型新颖，使用方便，但与传统的洗液类护理产品不同，首次使用需要适当指导，因此最好采用柜台销售的方式。并且，产品诉求为解决女性妇科问题，渠道因尽量考虑其专业性，如药店和医院。

2. 上海地区健康相关产品的渠道分析

统称为健康相关产品的药品、食品、保健品和消毒制品，目前主要的销售渠道为药店、商场、超市（含大卖场）和便利店。其中，药店多为柜台销售且营业员有一定的医学知识，而且目前药店仍然是以国营体制为主，资信好，进入成本低，分布面广。商场、超市和大卖场近几年来蓬勃发展，在零售中处于主导地位，销量大。但是进入成本高，结款困难，且多为自选式销售，无法与消费者进行良好的沟通。便利店因营业面积小而以成熟产品为主。

3. 未来两年渠道变化趋势分析

目前各大上市公司和外资对中国医药零售业十分看好，医药零售企业也在不断地做变革，加之医保改革使大量的药店成为医保药房，药店在健康相关产品的零售地位将会不断提高，其进入门槛也会越来越高，比起日渐成熟的超市大卖场而言发展潜力巨大。

4. "伊人净"的营销目标

随着上海经济的快速发展，人们收入的不断提高，人们的观念也在不断地更新，对新产品更

易于接受。伊人公司希望产品能够快速进入市场，成为女性日用生活的必需品，像感冒药一样随处可购买，从而改变中国女性传统的清水清洗和洗液清洗的习惯。最终，像卫生巾取代卫生纸一样成为女性妇科护理市场的主导产品。这个过程需要很大的广告投入进行引导和时间积累，而在公司成立初期大量的广告费和经营费意味着高度的风险。相关人员的口碑传播可能比较慢，但却是一种更安全和低投入的方式。努力使相关人员如营业员推荐和介绍本产品是优先考虑的方式。

5. "伊人净"上海地区的渠道结构及评价

根据以上分析，"伊人净"在上海建立了如下的渠道策略：分步完善渠道结构，优先发展传统国营医药渠道，在有限的广告中指定仅在药店销售，保证经销商的合理利润，在产品成熟后再发展常规渠道。因第一年度在渠道选择上的指定性，使得现有渠道对公司产品有良好的印象，从而有利于后继产品的快速上市。医药在价格上的稳定性，也使公司在产品价格上易于控制，保证其他区域的招商的顺利进行。虽然起初的销量未能达到最大化，在零售终端的陈列上也不够活跃，但考虑公司的成本控制和长远发展和公司在成长性渠道上的良好印象，本方案仍不失为成功的渠道策略。

（2）间接渠道。间接渠道是有中间商参与，公司和中间商共同承担渠道任务。采用间接渠道的情形有以下几个方面：

① 日常生活用品、快速消费品、少数应用广泛的工业品最适合采用间接渠道。

② 企业需要扩大产品流通范围和产品销售，提高市场覆盖面和占有率时，宜采用间接渠道。

③ 制造商资金有限、需要将精力用于生产，对渠道控制程度不高时，宜采用间接渠道。

2. 分销渠道的宽度结构

分销渠道的宽度是指分销渠道每一层级中使用同种类型中间商数目的多少。

1）独家型分销渠道

独家型分销渠道是指生产商在某一地区市场仅选择一家批发商或零售商经销商品而形成的渠道。采用独家型分销渠道的生产商要与被选中的独家分销商签订独家经销合同，约定独家经销商只能经销该生产商提供的产品，不得经销其他生产商与该生产商相同的或类似的商品。在消费者分布比较分散时，可以采用这种渠道结构。

2）密集型分销渠道

密集型分销渠道是指制造商通过尽可能多的批发商、零售商经销其商品所形成的渠道。密集型分销渠道通常能扩大市场覆盖面，或使某产品快速进入新市场，使众多消费者或用户能够随时随地都能买到这些产品。消费品中的便利品（如方便食品、饮料、牙膏、牙刷等）和工业品中的作业品（如办公用品等），通常使用密集型分销渠道。

3）选择型分销渠道

选择型分销渠道是指生产商按一定条件选择两个或两个以上同类中间商经销其商品而形成的渠道。与密集型分销渠道相比，选择型分销渠道通常由实力较强的中间商组成，可以集中使用生产商的资源，节省一定的费用。同时，选择型分销渠道也有利于生产商管理和控制分销渠道，能较有效地维护制造商品牌信誉，建立稳定的市场和竞争优势。这类渠道多适用于消费品中的选购品和特殊品、工业品中的零配件等。

> **知识拓展**
>
> ### 窄渠道与宽渠道
>
> 为分析和决策的方便，有些学者将独家型分销渠道定义为窄渠道，而将密集型分销渠道和选择型分销渠道定义为宽渠道。
>
> 窄渠道的适用情形有以下几种：在市场竞争格局比较稳定的情况下，较适合采用窄渠道；需要维持市场的稳定性、提高产品身价、提高销售效率时，宜采用窄渠道；产品本身技术性强，使用复杂而独特，需要一系列的售后服务和特殊的推销措施相配套时，宜采用窄渠道；需要控制渠道行为，且产品的覆盖面太小、市场风险较大时，宜采用窄渠道。
>
> 宽渠道的适用情形有以下几种：目标顾客密集、分布广泛、消费量大且产品差异小、附加值小的商品，最适合采用宽渠道；消费品中的选购品、特殊品、便利品及专业性强，用户比较固定，对售后服务有一定要求的工业产品，宜采用宽渠道；企业资金紧张、需要节省渠道费用开支、提高分销的效率时，宜采用宽渠道；当企业缺乏网络营销、国际市场分销等经验时，宜采用宽渠道。

3. 分销渠道的系统结构

按照渠道成员相互联系的紧密程度，分销渠道系统可以分为传统渠道系统、垂直渠道系统、水平渠道系统和复合渠道系统。

1) 传统渠道系统

传统渠道系统是指由独立的生产商、批发商、零售商和消费者组成的分销渠道。渠道成员之间各自都为追求自身利益最大化而激烈竞争，甚至不惜牺牲整个渠道系统的利益，最终使整个分销渠道效率低下，使得消费者的利益受到损害。

2) 垂直渠道系统

垂直渠道系统指由制造商、批发商和零售商纵向整合组成的统一的联合体。在垂直渠道系统中，每个成员把自己视为渠道系统中的一分子，关注整个系统的成功。

3) 水平渠道系统

水平渠道系统是指由两家或两家以上的企业相互联合在一起，共同开发新的营销机会的分销渠道系统，发挥各自优势，实现渠道系统有效、快速运行，它实际是一种横向联合经营。

4) 复合渠道系统

复合渠道系统也称为多渠道系统，是指企业同时利用多个渠道销售其产品的系统，即多种流通模式并存，既有直营也有间接分销。企业采用复合渠道系统的主要原因有4个方面：一是随着消费者细分程度的提高及零售业态的丰富，单一的流通模式不足以覆盖所有的或大部分的消费群及零售卖场、网点；二是厂家在分销渠道变革的过程中，原有的渠道体系和新导入的渠道体系同时存在，从整个渠道体系的横截面看，渠道系统呈现出"多元、复合"的特征；三是市场研究结果表明，高端消费者愿意通过多渠道购物的趋势十分明显，对采用复合渠道系统的企业具有较高的满意度和忠诚度；四是网络销售等新兴渠道的快速发展，使企业复合渠道成为可能。

任务 11.2 掌握消费者行为与分销渠道选择

11.2.1 消费者行为与批发商

批发是指供转售、进一步加工或更换商业用途而进行批量销售商品的商业行为。批发商是指从制造商购进产品，然后转售给其他批发商、零售商或各种非营利性组织，一般不直接向个人消费者销售的商业机构。批发商处在分销起点和终点之间，一方面它向制造商购买商品；另一方面它又向零售商批销商品，并且是按批发价格经营大宗商品。其业务活动结束后，商品一般不进入生活消费领域，而是仍处于流通领域中。

1. 批发商的消费行为

由于批发商的消费行为具有购买规模较大、购买对象比较稳定、购买频率比较均衡、购买理智性较强等特点，从而导致批发商具有下列消费心理行为。

1）零风险心理

由于批发商拥有商品的所有权，购买规模较大，对商品进行自主经营，承担的风险也很大，所以批发商在心理上会尽量规避风险。具体表现在其对交易方式的选择上，批发商对销售前景看好的商品，愿意采取经销方式。当某种商品有巨大的市场销售潜力时，批发商则希望获得该商品的总经销权，以获取该商品向其他经销商转批的垄断权；而批发商如果对自己销售产品缺乏信心，则希望采取代理的方式，既不承担经营风险，也不会占用资金。为此，生产商需根据批发商追求零风险的心理，采取合适的分销渠道交易方式。

2）高质量心理

商品的质量高低对其销售情况的好坏有着直接的影响，因此，批发商经营的商品的质量必须是有保证的，否则批发商将会遭受其他分销商的退换货，甚至会引起冲突。批发商不仅要求生产商的商品质量达标，而且要保持稳定。批发商是一般从其经手的环节对商品的质量加以控制，如要求商品包装用材合理，坚固耐磨，在商品多次运输、装卸、保管过程中能真正保护商品。为此，生产商可为批发商提供高质量的包装，同时严控商品质量关，取得批发商的支持和信任。

3）低价格心理

批发商主要通过走量来获取利润，其经营商品的利润率一般在一定程度以下。批发商有时为了赢得重要客户，甚至会减少某些产品的毛利，从而使得其向生产商要求更低的供应价格，而如果生产商适当降低其供应价格，对批发商的吸引力是相当大的。

4）名牌商品心理

名牌意味着高质量、高服务、高知名度和高影响力。批发商经营名牌商品是对其自身形象的提升，因此，他们会关注商品广告等促销活动对提升品牌影响力的一些措施。生产商如果能制定一系列促销方案，在广告、推广等方面投入资金来树立企业的良好形象和商品的品牌，则会受到批发商的欢迎。

5）货源稳定心理

批发商的交易量大、次数少，为保证正常的经营运转，他们还非常注重供应商的供货能力是否能满足其数量、时机、供货的运输方式等方面的要求，以及是否有稳定的货物供应。因为缺货会使客户转向竞争产品的采购，从而给企业的声誉造成不良的影响。

2. 批发商的功能

1）组织货源

随着生产与消费的高度分离，满足消费者需要的商品生产地距离其消费地已经越来越远，以至于消费地的渠道成员难以直接从生产地获得某些重要商品，而需要批发商从生产地采购商品。批发商根据市场需求选购产品，并将各种不同的商品进行搭配来组织货源，为零售商或其他的批发商节约商品采购与搭配的时间。

2）仓储与运输

商品的生产与零售在时间与空间上是分离的，这就需要批发商进行商品的储备。批发商一般拥有自己的仓储设施，可以将商品储存较长的时间，满足其下级客户在不同时间与空间上的需求。同时，批发商一般拥有自己的运输工具，承担着商品从制造商到批发商或批发商到零售商的运输，这样可以降低供应商和零售商在运输工具上的投入。

3）整买整卖

批发商一般通过整批购进货物，并通过自己的销售人员的业务拓展活动，根据下级分销商的需要整批批发出去，从而促进了销售，并能降低零售的进货成本。一般来说，整买整卖功能是批发商最基本的功能。批发商是通过提高商品的销售量来赚取利润，而不是通过较高的商品进销差价来赚取利润。

4）融通资金

批发商进行批发活动时，既可以向生产商提供融通资金便利，也可以向零售商提供融通资金便利，主要表现在以预购商品的形式向生产商购进商品，以赊销商品的方式向零售商销售商品。这样既可为生产商提供再生产所需要的资金，也可使零售商不至于因资金短缺而不能正常进货，有利于加快商品的流通速度。

5）传递信息

批发商在批发活动中，将收集起来的信息进行整理与分析，然后传递给生产商与零售商。对于生产者而言，批发商可以提供市场需求变化等方面的信息，作为他们制订产品开发、生产计划方面的依据；对于零售商而言，批发商可以提供新产品供应等方面的信息，作为他们采购、销售决策的依据。

6）承担风险

商品在从生产领域进入消费领域的整个流通过程中，存在各种流通风险，如商品损坏、变质、丢失等静态流通风险，市场经营环境变化引起的动态流通风险等，这些风险大多发生在库存期间或储存期间。批发商在组织商品流通过程中，主要承担商品库存任务，因此，批发商要承担流通中的风险。

3. 批发商的类型

1）制造商的批发商

制造商的批发商一般是指制造商自设的批发机构和股权控制的批发机构。制造商自设批发机构，分销机构承担征集订单、储存、运输等业务，而销售办事处只是收集传递订单的公司职能部门。

2）独立批发商

独立批发商是指批发商自己进货，取得商品所有权后再批发售出的商业机构。按经营商品的范围来分类，独立批发商可分为以下3种类型：

（1）一般商品批发商。一般商品批发商是指经营一般的商品花色，而且经营商品的范围比较广、品类繁多的独立批发商，其下级客户主要是普通商店、五金商店、药房、电器商店和小百货商店等。工业品的一般商品批发商是工厂的供应商，经营品种规格繁多的附件和供应品。

（2）单品类商品批发商。单品类商品批发商所经营的商品一般只限于某一类商品，而且这一类商品的花色、品种、规格、型号等齐全；同时，还经营一些与这类商品密切关联的互补商品或替代商品。

（3）专营批发商。专营批发商是指专业化程度较高，专门经营某一类商品中的某种商品的独立批发商，其客户主要是专业商店。工业品的专营批发商一般都专门从事需要有技术知识或服务的工业用品批发业务。按功能或提供的服务是否完全来分类，专营批发商又可分为完全功能批发商和有限功能批发商：完全功能批发商执行批发商的全部功能，为制造商和购买者提供全面的功能服务，如提供存货、推销队伍、顾客信贷、负责送货和协助管理等；有限功能批发商则只执行批发商的一部分功能和提供一部分功能服务，如邮购批发商主要采取邮购方式经营批发业务，其客户是边远地区的小零售商等，而直运批发商从顾客(包括其他批发商、零售商、用户等)处取得订单，向制造商进货，并通知制造商将货物直运给顾客，所以直运批发商不需要有仓库和商品库存。

3) 代销商

代销商是指受制造商委托，签订经销合同，在一定市场区域内负责销售该制造商产品的中间商。制造商在商品销出后，按销售数量或余额提取一定比例的佣金作为代销商的报酬。制造商使用代销商：一是为了开拓新市场，如有些制造商使用代销商开发某一区域市场，等市场销路打开、销售量达到一定水平后，再把自己的销售队伍派驻该市场；二是为了代销商品，如有些制造商在某些地区的消费者较少，使用自己的销售人员从经济上讲并不划算，这时往往会使用代销商。

4) 经纪人

经纪人是指对商品没有实际的控制权，受委托人委托进行购销谈判的代理商。他们联系面广，手上有许多买卖双方的信息。经纪人拿着产品说明书和样品替卖主寻找买主，或者替买主寻找卖主，把卖主和买主撮合在一起，介绍和促成买主与卖主成交。成交后，由卖主把货物直接运给买主，而经纪人向委托人收取一定的佣金。

一些农产品制造商往往在一定时期委托经纪人推销其产品，因为这些产品的生产和销售有季节性，制造商不愿意建立自己的固定推销队伍，也没有必要与制造商、代理商或销售代理商等建立长期的代销关系。此外，有些制造商为推销新产品或者开辟新市场，或者市场距离产地较远，也利用经纪人推销其产品。

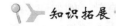

网上批发商

互联网是神奇的，它创造了信息时代的传奇神话，也创造了时下热门的电子商务平台。如今，很多批发商或厂家如服装批发商等，都开通了网上批发渠道。网上批发与传统批发相比有很多方面的优势：一是从事网上批发不需要花费过多时间与路费长途跋涉去看货，网上批发无须出门，只需打开计算机，轻松自在地进行货物交易；二是许多批发买家去批发市场进货，面对市场上林林总总、样式各异的服装总是眼花缭乱,而且各家奔走以便比较,选择网上批发,则没有那么多不便,批发买家可以将感兴趣的商品放在一起,就可轻松地作出对比;三是选择网上批发,可以很清楚地看到各个批发商家的价格,非常明朗,不需要挨家挨户地讨价还价。

11.2.2 消费者行为与零售商

零售是将商品销售给最终消费者,以供个人或家庭消费的商业行为。零售商是指以零售活动为其主要经营业务的商业机构或个人从业者,是制造商与消费者或批发机构与消费者之间的中间环节,发挥着重要的桥梁和纽带作用。

1. 零售商的消费行为

由于零售商具有商品购买次数多、品种多、数量小、周期短、变化性强等特点,所以零售商具有下列消费心理行为。

1) 注重商品的特色

零售商直接面对的是最终消费者,而消费者的规模庞大,消费习惯、需求、偏好等千差万别,这要求零售商经营的商品必须和消费者不断变化的需求相适应,使得零售商对经营的商品追求"新""特""精""专""全"等特色。

2) 注重商品的包装

零售商购进商品后,摆放在柜台内或货架上进行销售。为了便于消费者的挑选,并引起消费者的注意,零售商进货时对商品的中包装和内包装很注重,不仅希望商品的包装便于携带和保管,而且重视包装的促销作用及增加商品价值的作用。

3) 讲求"勤进快销"

零售商是直接面对消费者的中间商,它的销售很大程度上取决于消费者的需求变化。因此,零售商必然要求上游供应商的供货方式方便、灵活,供货数量能适应零售购买的特点。

4) 注重商品的季节性

零售商由于没有强大的销售网络、良好的仓储设备,所以对商品的季节性要求很高,对于应季的商品会积极进货,而对于快过季或已过季的商品则缺乏积极性。

5) 注重商品交易的实际利益

零售商和批发商一样,在交易方式上追求零风险,以保证自身的经济利益,但两者采用的方式有所区别。零售商对于销售前景看好的商品,愿意经销;如果十分看好该商品,则会采用包销的方式;而对那些认为较难销售的商品,则希望代理销售;如果销售发展良好,则会要求独家代理。

6) 注重供应商的促销活动

零售商一般以经营日用消费品为主,而广告和营业推广对这类商品最有效,例如许多中小零售商由于经营规模小、资金限制不会去主动促销商品。因此,如果供应商能提供优质商品,同时又能提供广告和营业推广措施,就会受到零售商的欢迎。

2. 零售商的功能

1) 提供商品组合

一般来说,生产商所提供的是某一特定类型的商品,而零售商则根据消费者的需要提供相应的商品组合,使消费者在同一交易场所购买商品时有充分的选择余地。这极大地节省了消费者为购买到合适的商品所需要花费的时间和精力，增加了商品的顾客转移价值。

2）分装货物

为了减少运输成本，生产商或批发商一般都会把商品整箱或整盒地发送给零售商，而消费者又是一件一件地购买商品。为了满足消费者在购买数量上的需求，零售商需要将大件包装商品分拆成独立的小包装卖给消费者，这为消费者提供了形式上的满足感。

3）仓储

仓储也是零售商的最主要功能之一。零售商通过保存商品来及时满足消费者在不同时空上的需求，因此，消费者无须在家中囤积大量的商品。零售商的仓储功能减少了消费者的仓储成本，减少了消费者现金的占用成本，降低了消费者由于商品储存而带来的商品霉变、过时等风险。

4）提供服务

零售商为消费者提供各种服务，这些服务包括售前、售中和售后服务，为消费者购买和使用商品创造了便利条件。零售商提供的服务涉及商品包装、送货上门、赊销、商品展示、商品信息、咨询服务，以及退货、换货和修理。

3. 零售业态的类型

1）超级市场

超级市场是以顾客自选方式经营的大型综合性零售商场，也称为自助购物广场，是以销售大众化实用品为主，并将百货店和折扣店的经营优势结合为一体的、品种齐全、满足顾客一次性购齐的零售业态。

超级市场的经营有别于日用杂货店、便利店、集贸批发市场、百货商场及仓储式商场等，它以"以量定价，物美价廉"为最高经营准则，具有规格统一、经营管理现代化、品种齐全，挑选方便等特点。

知识拓展

超级市场在我国的发展状况

目前，大型综合超市已成为我国主要大中型城市中的现代化的主力商业业态，其市场份额也逐步占据主力地位。可以说，大型综合超市是我国现代零售业中发展速度最快的业态，并呈现出以下特点：

（1）在目前主力发展的大型综合超市上，外资已占了绝对的主导地位。

（2）大型综合超市之间的恶性竞争已经出现。大型综合超市的恶性竞争除了价格战之外，突出表现在争夺客源的竞争战中。

（3）大型综合超市在整个中国的发展缺乏国家的规划控制。大型综合超市没有规划地无序发展，不但对中小商业的发展不利，而且也会恶化商业的竞争环境，对中国现代商业的可持续性发展产生不利。

（4）大型综合超市在竞争恶性化和扩大化的形势下，出现百货化发展的变革。大型综合超市的百货化变革除了在生鲜食品上向精品化、包装化和规格化方向发展外，主要是在卖场内引进百货类商品的品牌厅和品牌柜，如有些大卖场已经在进口处与百货公司一样布置化妆品柜台和金银首饰柜台，因为只有百货类商品的品牌化经营才较容易凸显企业的差异化和个性化，企业才能走出低价竞争的怪圈，找到新的利润增长点。

（5）大型综合超市开始大规模进入我国的二三线城市，尤其以外资连锁企业为主。这是因为在二三线城市中，消费水平具有逐步提高的趋势，市场已经出现了非常适宜大型综合超市发展的条件。

2）专卖店与专业店

（1）专卖店。专卖店是专门经营或授权经营以某一主要品牌商品为主的零售业态，更强调满足消费者对品牌的选择。专卖点特点主要有3个方面：一是一般选址于繁华商业区、商店街或百货店、购物中心内，其营业面积根据经营商品的特点而定；二是商品以著名品牌、大众品牌为主，注重品牌名声，从业人员必须具备丰富的专业知识，并提供专业知识性服务，销售体现量小、质优、高毛利的特点，采取定价销售和开架面售的方式；三是各连锁专卖商店的内外布局、品牌形象相统一。

（2）专业店。专业店是指专门经营某类商品的商店，如五金店、建材店等。专业店所售商品种类的品牌、型号较多，顾客的选择性要宽。专业店一般都配有专业知识丰富的销售人员和适当的售后服务，满足消费者对某大类商品的选择需求。专业店的优势主要有4个方面：一是能够满足顾客的挑选性需求，同时给予顾客专业性的指导，更加接近消费者，满足消费者需求；二是以某一顾客群为目标市场，针对性强，所经营的商品、品牌具有自己的特色，再加上专业性的服务，能够获得消费者的信赖；三是选址多样化，多数专业店设在繁华商业区、商店街或百货店、购物中心内，方便消费者在多家商店进行比较选择；四是经营方式灵活，可以与厂家合作，容易树立自己的特色。

3）百货商店

百货商店是指在一个建筑物内，经营若干大类商品，实行统一管理，分区销售，满足顾客对时尚商品多样化选择需求的零售业态。百货商店经营的商品丰富，花色品种繁多，一般采取柜台销售与开架销售相结合的方式。百货商店的规模一般在 $3\,000\text{m}^2$ 以上，设施豪华、齐全，店堂典雅、明快、舒适，服务功能完善，目标顾客为中高档消费者和追求时尚的年轻一族，以流动顾客为主。百货商店一般选址在城市的中心区和比较繁华的中心区，其组成形式主要有3类：一类是独立百货商店，即单个百货商店，没有分店；二是连锁百货商店，即一家百货公司下设多个分店；三是百货商店所有权集团，即由多个独立百货商店联合组成的百货集团，设立一个最高管理机构统一管理。

在零售实践管理中，百货商店的优势主要有3个方面：一是经营商品范围比较宽，可使顾客来店一次购齐所需要的大部分生活用品；二是信誉高，商品明码标价，给顾客以依赖感和放心感，同时服务价值和人员价值提高了商品的价值，能吸引众多的顾客，有较好的企业形象；三是经营灵活，采取商品部制度，可以根据经营状况调整售货场所。

百货商店也有其不足，最明显的不足就是商品的价格不如综合超市低廉，品牌和技术优势不如专卖店与专业店突出，比起互联网来又受到地域和空间的限制。同时，一对一的服务方式增加了营业员与顾客的接触次数，使得顾客的购买决策容易受到营业员因素的影响，而顾客与商品的直接交流机会减少，使商品不能够充分地被认识。此外，烦琐的交款方式浪费消费者的购物时间，周到的服务限制了消费者的活动空间，过多的品类和品种使消费者必须花更多的时间作出选择，还由于服务、设施的高昂费用，不得不使消费者承担更高的价格。

4）便利店

便利店是一种用以满足顾客应急性、便利性需求的零售业态，通常占据良好的地理位置，以食品为主，营业时间长，经营商品品种有限。客户光顾便利店是为补充物品，而且经常是在下班之后或闲散时间光顾。汽油、牛奶、杂货、报纸、饮料、香烟、啤酒和快餐食品是便利店的走俏商品。

便利店通常被划分为传统型和加油站型两种。传统型便利店通常位于居民住宅区、学校以及客流量大的繁华地区，营业面积在 $50\sim150m^2$ 不等，营业时间为 $15\sim24h$，经营品种多为食品、饮料，以即时消费购物的便利性、小容量、应急性为主。加油站型便利店通常指以加油站为主体开设的便利店，在地域广阔且汽车普及的欧美地区发展较为迅猛。

与超市相比，便利店具有以下 4 个"便利"优势：

（1）**距离便利性**。便利店与超市相比，在距离上更靠近消费者，一般情况下消费者只要步行 $5\sim10min$ 便可到达。

（2）**即时便利性**。便利店商品突出的是小容量、急需性等消费特性，其商品种类少，商品陈列简单明了，货架比超市要低，使顾客能在较短的时间内找到所需的商品，并实行进出口统一的服务台收款方式，避免了结账排队的现象。

（3）**时间便利性**。便利店的营业时间为 $16\sim24h$，全年无休。

（4）**服务便利性**。很多便利店将其塑造成社区服务中心，努力为顾客提供多层次的服务。对购物便利的追求是社会发展的大趋势，这就决定了便利店具有强大的生命力。

不过，便利店也有其不足，主要表现为经营商品品种和选址策略与部分零售业态相同或相似，造成彼此间的商圈重叠，从而使得其地理位置的便利性不能完全凸显出来；而且，没有个性，竞争优势不明确。

5）购物中心

一般来说，占地面积小于 $100\ 000m^2$ 的零售业态称为购物中心，大于 $100\ 000m^2$ 且业态复合度高的零售业态称为摩尔，是不同商业业态、业种与功能在一定空间构成的集合体。购物中心的特征主要有 4 个方面：一是购物中心的策划、建立、经营都是在统一的组织管理体系下运作的，拥有一致对外的商业形象，但其内部的单体商店可以自己独立经营产品，形成自己的经营特色；二是统一管理，分散经营，适应管理的需要；三是拥有良好的购物环境，为顾客提供一次满足购物的服务，是集购物、娱乐、休闲、餐饮等于一体，包括百货商店、大卖场及众多专业连锁零售店在内的超级商业零售业态；四是拥有足够数量的相邻而又方便的停车场。

6）仓储式销售

仓储式销售是指将零售、批发和仓储各个环节合而为一的经营方式。仓储式销售的特点是批量销售、价格低廉，不同于传统销售方式，采用小批量的形式，如成盒、成打地出售商品，因而可以最大限度地节约仓储、包装、运输等流通费用，进而大幅度降低商品的零售价格。尽管这类商场环境设计简单，服务设施较少，但因价格低廉迎合了中低收入阶层求廉、求实的心理需要，所以对多数消费者有强大的吸引力。

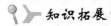

连锁商店

连锁商店是零售企业扩张的一种重要形式，因其实行统一的经营方式，具有统一品种、统一价格、统一服务、统一标志、分布广泛、接近消费者等特点，所以在众多商店类型中独具特色，受到消费者的青睐。在连锁商店购物,可以使消费者消除风险防御心理,减少比较选择时间,缩短购买过程。尤其是一些连锁快餐店、便利店(如麦当劳、肯德基、永和豆浆、真功夫等),以其方便、快捷、舒适、便于识别等优势,充分适应了现代消费者求快、求便的心理需要。

7) 无店铺销售

广义的无店铺销售是与店铺销售相对的,是指不通过店铺而直接向消费者销售商品和提供服务的销售方式。从这个意义上来说,最古老的无店铺销售方式是古已有之的走街串巷的小商贩。目前,常见的无店铺销售主要有以下几种类型:

(1) 自动售卖机。自动售卖机是利用通过硬币、磁卡等特定的交易媒介控制的自动售货机来销售一些方便消费者随时购买到商品的一种销售方式。其优点是不必聘用售货员,可节省工资,降低成本;设置于人流众多的地方,可增加宣传效果;顾客可以随时购买货品,昼夜服务。其缺点是自动售卖机有时会遭人恶意破坏;顾客付款后,如遇上机件故障,便不能得到货品。

(2) 直复营销。直复营销是指消费者不需要通过人员而是通过诸如目录、报纸、杂志、电话、电视、广播、互联网等媒体与商品或者服务接触后,一旦有了购买欲望,就可通过邮购、电话、计算机及其他科技媒体来进行订货和购买,零售商则通过邮寄、送货上门、送货到顾客指定地点或顾客自取等方式完成商品运送,最终达成交易的方式。作为一种新型的零售方式,直复营销具有目标市场层面上的选择性、沟通对象的个别性、沟通过程的连续性、沟通效果的可测试性等优点,随着现代社会的发展和市场竞争的加剧,直复营销显现出巨大的营销潜力。

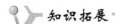
知识拓展

直复营销的主要形式

1. 直接邮购营销

直接邮购营销是指经营者自己或委托广告公司制作宣传信函,并将其分发给目标顾客,引起顾客对商品的兴趣,再通过信函或其他媒体进行订货和发货,最终完成销售行为的营销过程。

2. 目录营销

目录营销是指经营者编制商品目录,并通过一定的途径将其分发到顾客手中,由此接受订货并发货的销售行为。目录营销实际上是从直接邮购营销演化而来的,两者的最大区别就在于目录营销适用于经营一条或多条完整产品线的企业。

3. 电话营销

电话营销是指经营者通过电话向顾客提供商品与服务信息,顾客再借助电话提出交易要求的营销行为。

4. 电视营销

电视营销是指经营者购买一定时段的电视时间,播放某些产品的录像,介绍功能,告示价格,从而使顾客产生购买意向并最终达成交易的行为,其实质是电视广告的延伸。

5. 网上零售

网上零售是指利用互联网等大众传媒向众多的消费者直接推销商品或服务,并通过互联网获取消费者的反应,取得订单的销售方式。

11.2.3 消费者行为与网络经销商

随着互联网和电子商务的不断发展,网络购物已经成了消费者购物的一种方式,从而使得网络经销商应运而生。网络经销商是指以互联网为基础,利用数字化的信息和网络媒体的交互性来实现商品在生产商与消费者之间"专门媒介商品交换"的经济组织或个人。

由于网络经销商是对传统经销商的一种补充,所以网络经销商与传统批发商和零售商在消费行为、所承担的功能等方面具有一定的相似性。但由于互联网具有跨时空、虚拟性、交互性等特点,所以网络经销商又在某一些方面有不同于传统经销商的消费行为,如网络经销商非常注重通过经营方式、商品、服务等方面的创新,在虚拟市场上形成独特的经营风格和形象;非常注重网上商店的外部形象的和谐与美,吸引消费者登录浏览商店,产生和形成购买行为;非常注重网站的规划布局、商品的陈列摆放、购物的顺序编制、商品的价格定位等,以迎进新顾客,留住老顾客,扩大购物群,保持其在顾客心中良好的印象,从而增加销售额。

1. 网络直销的类型

1) 在线商店

在线商店是企业分销自己商品的平台,它不同于作为间接分销渠道的网上商城。网上商城是由中介机构设立的用于向商家出租或免费提供网络空间的一种形式。在线商店类似于传统分销渠道的专卖店,是企业挖掘潜在客户、增加老客户对产品的订购次数、为客户提供购物便利的重要平台。网站通常为网络访问者提供一份详细的产品目录和相关的商品介绍,并借助相关的电子商务软件实现消费者的购物流程,并允许消费者选用合适的支付手段在线订购商品的购买行为。

2) 信息服务

许多企业建立的网站并不仅仅是为了在网上分销产品或服务,而是为了宣传企业的品牌形象,改进顾客服务及加强与消费者的联系。这类网站一般提供企业新闻、市场动态、消费者反馈、论坛及符合目标顾客特征的消费、娱乐与生活指导,以及各种有用的信息资源服务。

3) 顾客服务

一般来说,服务是企业网络分销的灵魂。企业可以借助网站全天候24h不间断地为客户提供所需要的服务,这种措施能有效地提升企业整体的顾客服务水平。除了一般的FAQ(Frequently Asked Questions,常见问题解答)、E-mail答疑及一些企业与消费者共同交流问题的BBS(Bulletin Board System,电子公告板)论坛等互动的沟通方式以外,成熟的网络直销行为应该充分利用网络聚集的顾客群体资源,进行专业的在线客户关系管理,来提高顾客的满意度和忠诚度。

4) 电子杂志

电子杂志是一种只能在网上存在的出版物。顾客可通过网站定制自己所需要的电子杂志,也可根据需要取消订阅。企业可以通过E-mail来发送电子杂志,让顾客通过它直接了解产品信息及其相关服务。

5) 在线目录

对于新产品开发频率较高、价格经常变化,或对消费者来说需要更多产品信息才能作出购买决策的企业，可以用完善的网络在线目录来直接展示产品的名称、价格、功能、适用对象、相关的测评和促销信息等，使消费者通过浏览和点击网络在线目录的产品，获取详细的产品信息。

6) 超链接

超链接是企业网站十分常见而重要的组成部分，通过创建超链接，可以把企业网站与其他相关网站，如行业信息网站、新闻网站、供应商网站、中间商网站、与公司产品相关联的信息网站、对企业有相关评价的论坛等进行链接，可以扩大网站的信息容量，满足消费者对相关信息的需求。

2. 网络中间商的类型

1) 信息服务提供商

网络信息服务提供商是为消费者和企业提供详细、丰富的信息、知识、内容及经验等相关服务。典型的信息服务提供商主要有目录服务提供商、搜索引擎服务提供商、智能代理提供商和卖方代理提供商等。

(1) 目录服务提供商。目录服务提供商对互联网中存在的大量信息进行搜集、筛选和整理，以目录的形式体现在自己的网站上，使得顾客能够方便地找到所需要的网站、网页或者文件等。一般来说，目录服务有3种形式：第一种是通用目录，即把各种不同的站点按层次进行分类组合，使得用户能按自己的需求对站点进行搜索，如新浪等门户网站为用户提供了大量站点、信息的索引；第二种是商业目录，即提供各种商业网络站点的索引，类似于印刷出版的指南或手册，如互联网商店目录；第三种是专业目录，即网络中间商针对某个行业或主题建立网络站点，站点里面可以包括某类产品、企业、市场等信息，生产制造商可通过支付网络中间商费用，利用其站点进行网络广告宣传，如中国化工网站的专用目录。

(2) 搜索引擎服务提供商。与目录服务提供商不同，搜索引擎服务提供商的站点收集了大量的数字化信息，建立了大型数据库并分门别类存储各种站点的介绍和页面内容，为用户提供基于关键词的检索服务。

(3) 智能代理提供商。智能代理提供商利用自己专门设计的智能软件，根据消费者的需求和偏好预先为消费者进行搜索和过滤所需要的销售商、产品信息或相关评价等，最终将结果依照预先设定的程序反馈给消费者。消费者可以自由选择通过这类网络中间商购物或者直接联系供应商购物，而网络中间商通过收取相关供应商的费用而获得收益。

(4) 卖方代理提供商。在模式上，与智能代理提供商恰好相反，卖方代理提供商通过自己的网站为销售商搜集和整理老顾客、潜在顾客的信息，然后将这些顾客的信息出售给销售商，从而获得收益。

2) 平台提供商

平台提供商相当于传统交易市场，为那些想要进行商品交易的人提供一个虚拟的交易场所，任何人或者组织都可将想要出售的物品的相关信息上传到网站，也可在站点中任意选择和购买自己需要的物品。平台提供商主要有网络交易市场和网络拍卖市场两种形式。

(1) 网络交易市场。这类网络中间商通过搭建电子商务平台，运用先进的网络技术及设备为企业或用户提供权威的网络交易平台及数据库管理。网络交易平台提供商主要通过向企业或者用户收取的店铺租金来获得收入。典型的网络交易市场就是B2B模式的阿里巴巴网站，阿里巴巴网站通过自己的网站为中小企业提供技术、服务等。中小企业不仅可以通过阿里巴巴网站扩大市场区域，寻找客户及减少交易费用，而且还可以搜索符合其要求的供应商，降低其采购费用。销售商和采购商可以通过阿里巴巴网站进行谈判，达成交易，并通过阿里巴巴网站的交易系统进行网上在线交易等。

（2）网络拍卖市场。网络拍卖市场通过提供网络交易场所，并组织拍卖活动而获得销售佣金和广告收入。销售商在网站上提供商品信息，但不确定商品的价格，而商品价格是通过拍卖的形式由注册的会员在网络上互相竞价确定，在规定时间内出价最高者就可以购买该商品，如 eBay 就是全球最成功的网络拍卖市场。

3）虚拟零售店

虚拟零售店是销售商与消费者进行网络交易的场所，拥有自己物品清单，并能直接销售产品或服务给消费者。一般来说，虚拟零售店是专业性较强，常常定位于某类型产品，经营方式多为直接从厂家进货，然后打折出售给消费者。目前，虚拟零售店主要有电子零售商和电子购物中心两种形式。

（1）电子零售商。电子零售商首先购进各种各样的商品，然后通过自己建立的网站再把商品直接出售给最终消费者，从中赚取利润。一般来说，电子零售商采取的是 B2C 的运营模式，通常会借鉴传统零售商的促销经验，以打折、优惠券等方式来吸引消费者购物。

（2）电子购物中心。电子购物中心是由众多的商家加入到中介机构建设的网站中来，通过中介机构建设的网站面向消费者。它与目录服务的根本区别在于电子购物中心，不仅为商家提供链接、信息咨询和广告服务，而且还会为需要加入网站的商家提供网络建设和开发的服务，并收取一定的费用，如服务器的租用费用、广告宣传费用、销售收入提成等。

> **案例阅读**

万达携手百度、腾讯联手打造电商公司

2014 年 8 月 29 日，万达集团、百度、腾讯在深圳举行战略合作签约仪式，宣布共同出资在香港注册成立万达电子商务公司。万达集团是全球领先的不动产企业、中国最大的文化旅游企业、全球最大的电影院线运营商。百度作为全球最大的中文搜索引擎，拥有全球领先的技术实力和最广泛的大数据平台，是中国互联网最大的需求入口，也是最大的应用和服务分发平台。腾讯拥有用户规模最大、活跃度最高的众多互联网产品。三家在各自领域绝对领先的企业，将强强联合，充分发挥各自优势，进行对应产品的深度整合，共同开创全球领先的 O2O 电子商务模式。

万达、百度、腾讯将在打通账号与会员体系、打造支付与互联网金融产品、建立通用积分联盟、大数据融合、WiFi 共享、产品整合、流量引入等方面进行深度合作。三方将联手打造线上、线下一体化的账号及会员体系，探索创新性互联网金融产品，并建立国内最大的通用积分联盟及平台。同时，万达、百度、腾讯三方还将建立大数据联盟，实现优势资源大数据融合，共同打造线上、线下一体化的用户体验。

4）辅助服务提供商

辅助服务提供商承担的功能与现实中负责监管、提供信誉担保及金融服务的组织一样，互联网的特殊性使得在线服务的这类组织成为网络分销渠道成员。目前，辅助服务提供商主要有网络评估机构、网络统计机构及网络金融服务机构等。

（1）网络评估机构。网络评估机构直接针对网络上良莠不齐的销售商而成立，它们根据

预先制定的评估标准体系对网上商家进行评估，为消费者提供网上商家的资信等级信息和消费评测报告，降低消费者网上交易的风险，尽量避免消费者的权益受到侵害，对网络市场商家的经营行为起到了间接的监管作用。

（2）网络统计机构。网络分销渠道发展也需要其他辅助性的服务。例如，网络广告提供商需要了解有关网站访问量、访问者特征、不同的网络广告手段的使用效果等信息，企业需要了解消费者的购买偏好、网络用户增长的趋势等。网络统计机构就是为用户提供互联网统计数据，确保交易过程中的一些必要数据的透明性而建立的，如中国互联网络信息中心等。

（3）网络金融服务机构。网络交易的不安全性使得交易双方不能够相互信任，为交易的达成带来一定的困难，因而一些企业开始利用自身信用逐渐介入到网络分销渠道中来，提供专门的金融服务，如支付、转账、结算等服务。网络金融服务机构是为网络交易的支付与安全提供专业性金融服务的机构，主要有两种形式：一是一些传统的金融服务商，逐渐开通网上银行，买卖双方只要有银行账号，就可以通过网络进行转账结算；二是新兴的虚拟金融服务，它们以第三者的身份为网络交易提供安全保证。

 知识拓展

虚拟社区

虚拟社区是一种新兴的以用户为导向的网络中间商。社区意味着有着固定的场所、固定的人群，虚拟社区也是如此，一旦建立了虚拟社区，虚拟空间就是固定的。用户进入虚拟社区，就意味着成为这一社区的潜在消费者。在虚拟社区中，用户拥有自己的"家"及与现实生活相关的必需品。通过社区，用户可以随心所欲地发表自己的想法，与他人交换意见，从而形成有共同的兴趣爱好或者其他相同的特征。虚拟社区中间商正是抓住用户的这些共同特征，为消费者提供社区的同时，通过社区向用户进行产品宣传，组织团体活动，甚至给予人性化的关怀。这一类网络中间商一般向用户销售自己公司的产品，以及向其他企业收取广告费用等获得生存。

单元小结

分销渠道被认为是用来向消费者提供形态、时间、地点及占有效用的方式。分销渠道取决于顾客购买批量大小、消费者的分布、潜在顾客的数量和消费者的购买习惯等。目标顾客原则是终端销售点选择的原理，企业可依据消费者收入和购买力、目标顾客出现的位置和顾客购买心理等选择终端销售点。

消费者的心理与行为对分销渠道的结构产生重要影响。分销渠道的结构主要为长度结构、宽度结构额和系统结构。

分销渠道中的批发商的特殊地位和承担的功能决定其在经营商品中表现出零风险、高质量、低价格、名牌商品和货源稳定的心理需求。零售商的购买次数多、品种多、数量小、周期短、变化性强等特点决定其经营非常注重商品的特色、商品的包装、供应商的供货方式、商品的季节性、商品交易的实际利益和供应商的促销活动等心理需求现象。

随着互联网络和电子商务的不断发展，越来越多的消费者通过网络来进行购物，使得企业不得不关注网络经销商的消费心理与行为。

一、名词解释

购买批量　　零级渠道　　批发商　　零售　　网络经销商

二、单选题

1. 当生产量大且超过企业自销能力许可时，其渠道策略应为（　　）。
   A. 专营渠道　　　　　　　　B. 直接渠道
   C. 间接渠道　　　　　　　　D. 垂直渠道
2. 某车站在站前广场增设多个广场售票点，这属于（　　）分销渠道。
   A. 延长　　　　B. 缩短　　　　C. 拓宽　　　　D. 缩窄
3. 产品的重量和体积越大，其分销渠道越（　　）。
   A. 长　　　　　B. 短　　　　　C. 宽　　　　　D. 窄
4. 下列选项中，（　　）不属于批发商的功能。
   A. 组织货源　　　　　　　　B. 整买整卖
   C. 仓储与运输　　　　　　　D. 分拆货物
5. 仓储式销售是指将（　　）各个环节合而为一的经营方式。
   A. 零售、批发和仓储　　　　B. 批发
   C. 仓储　　　　　　　　　　D. 零售

三、判断题

1. 若消费者的潜在需求多，市场范围大，需要中间商提供服务来满足消费者的需求，宜选择直接的长而宽的分销渠道。（　　）
2. 购买力是市场的唯一构成要素。（　　）
3. 如果是较高档次的非生活必须消费品，则一般应考虑在那些收入水平较高的地区设立销售点。（　　）
4. 批发业务活动结束后，商品一般不进入生活消费领域，而是仍处于流通领域中。（　　）
5. 超级市场的经营与日用杂货店、便利店、集贸批发市场、百货商场及仓储式商场等没有什么两样。（　　）

四、填空题

1. 某些商品消费者分布比较集中，适合采取＿＿＿＿分销渠道，提高顾客购买的空间便利，减少他们购物的＿＿＿＿。
2. 进入市场之前，首先要进行市场细分，选择＿＿＿＿，即＿＿＿＿，这是市场营销者首先必须明确的。
3. 分销渠道的宽度是指分销渠道每一层级中使用同种类型中间商数目的多少，主要有＿＿＿＿、＿＿＿＿和＿＿＿＿3种类型。
4. 便利店是一种用以满足顾客＿＿＿＿、＿＿＿＿需求的零售业态，通常占据着良好的地理位置，以＿＿＿＿为主，营业时间长，经营商品品种有限。
5. 典型的信息服务提供商主要有＿＿＿＿、＿＿＿＿、＿＿＿＿和＿＿＿＿等。

五、简答题

1. 简述决定分销渠道的消费行为因素。
2. 简述终端销售点的选择决定因素。
3. 简述批发商的消费心理。
4. 简述零售商具有的消费心理。
5. 简述便利店的便利性体现在哪些方面。

案例分析

在IT圈内，创造一个品牌是轻而易举的事，因为IT产业的各个环节都已分工明确，任何人，只要需求的量足够，代工商都可以为他打上专用的品牌LOGO。但要维持一个品牌却又是难上加难，无论是渠道还是客户，都已经被大品牌牢牢绑定，小品牌经营者的生存空间狭小。

唐军有过靠6 800元创业的日子，唐军凭借着这些钱，在广州的一家电脑城里租了一个小的柜台。柜台月租金千余元，月租几百元的房间，唐军就这样低成本地开始了自己的创业。以这样的资金实力创业，可想而知唐军在传统渠道的经营中，只能靠向其他柜台调货来卖。当时液晶显示器已经是市场上的热门产品，唐军也因此选择了创建液晶品牌日派。但对大家来说，新出现的日派显示器却是一个完全陌生的品牌，这样的小摊位，当然也就没有人关注。

唐军也尝试过在网上做主页开店，卖日派显示器，但他承认，当时做的网站很"垃圾"，尽管也能通过搜索引擎搜到自己的网站，但网站做得一般，也没有支付系统，根本就不可能在网上做成生意。转机出现在他从朋友处得知淘宝。彼时他的一个朋友正在淘宝上开店，就向他推荐，让他也在上面开一个网店试一试。唐军就进行了尝试，从旁边的柜台调来一些低价的计算机配件在淘宝上卖。最初的想法只是想通过淘宝平台赚出每个月的生活费，随着时间推移，网店的信用增加了，客户的重复采购也多了，生意渐渐好了起来。到如今，唐军已经拥有一支专业的网上营销团队。

唐军是渠道老手，创业之前，他已经有很成熟的经验，但在销售日派显示器时，他从最初网下实体店的失败，转而向网上进军。在唐军看来，传统渠道对品牌的认知度较高，好一些的渠道，并能够被各大显示器品牌所控制了，一个新的品牌，又是在没有什么资金的情况下，根本不可能得到认可。网络渠道则不同，唐军可以实现最低成本的推广，通过营销人员的努力，唐军的网店从最初2周才能卖出一台显示器开始，一步一步得到了客户的认可。在网络渠道上，唐军经历了许多以前想不到的困难。最初向客户发货时没有经验，包装不好，结果发生过多起显示器在运输过程中损坏的问题，如往东北发货时，因为天冷，显示屏发生过冻裂的问题。而在选择物流渠道方面，不同的物流企业服务质量也完全不相同，经过多次尝试，唐军才确定了一些物流公司作为首选合作伙伴。

有着传统渠道背景的唐军其实还是很看好传统渠道的优势，"传统渠道可以实现面对面的销售。"他开了一家线下实体店，但该店面所销售的显示器数量还不及网上销售的零头。新建的线下店面，在唐军眼里更多的作用是一个展示门店，"当客户来广州的时候，可以看到它。"唐军认为门店1年的成本大约是10万元，第一年是净投入；第二年门店成本就有可能持平；第三年就有可能开始赚钱了。

在进行网上销售时，唐军也将很快遭遇自己的"天花板"，淘宝网店的销售额再想有更大的突破是一件难事，毕竟自己只有几名销售人员，销售能力有限，虽然销售额不错，但用于品牌推广的大量资金支持他无法做到。以网络为主要经营渠道的大品牌，如戴尔，可以在传统渠道中投入大量广告、进行目录销售等，以制造品牌认知度。对于唐军的小本生意而言，它们是成功者，但这样的成功都是以资金先行，抢占市场的模式，似乎和自己小本生意经营的距离远了一些。

唐军也在思考如何扩大日派显示器的销售量，如在日派显示器的主页上，就有招商加盟销售的相关宣传，但在该网站上，B2B栏目却只是一个名字，没有任何内容。唐军显然面临着如何把现实中的传统渠道管理方法复制到互联网上的难题。一方面，他自己掌握着淘宝网上的4家网店，可以直销产品；另一方面，假如他要建立渠道，引入合作伙伴，他就必然要建立一支代理销售队伍，这支队伍的成本该如何出？代理商同直销店之间产生竞争又该如何处理？唐军承认，目前还没有合作伙伴代理日派显示器产品，"有很多人来问，但我对合作伙伴的质量要求比较高。"对直销还是代理的犹豫之外，唐军还有着对传统渠道的认可，"假如日派显示器发展提速，销量增大了，我还是愿意走传统渠道。"与他的选择相同的是，戴尔在中国坚持了多年直销之后，也开始认同传统渠道，针对中小企业及零售市场进行努力。

问题

1. 分析消费者的购买行为是如何影响渠道转型的？

2. 分析消费者行为是如何促进网络渠道与传统渠道的融合发展？

 实训操作

1. 实训目的

通过本次实训，使学生明确消费者心理行为与分销策略的关系，能根据消费者的心理与行为制定相应的分销策略。

2. 实训要求

基于高职院校学生进行"专套本"这一项目，写一份消费者心理分销策略报告，内容要求包括分销渠道结构分析、分销渠道成员构成等基本框架，字数不少于500。

3. 实训材料

相关图书、教辅、计算机网络、纸张、笔或打印机等。

4. 实训步骤

（1）调查"专套本"宣传的各种途径。

（2）调查"专套本"的学生市场和培训机构等。

（3）分析其中结构。

（4）针对其中结构成员的特点和"专套本"学生的特点设计分销渠道结构，选择成员。

（5）构建高职生选择"专套本"消费的分销策略报告的框架。

5. 实训检验

每位学生的成绩由两部分组成：学生实际操作情况（40%）和实训报告撰写情况（60%）。

实际操作主要考查学生按照实训步骤提供适应高职生需要的"专套本"项目招生渠道设计与实施的能力；实训报告主要考查学生根据"专套本"高职生的心理与行为制定相应的招生渠道策略的合理性及实训报告结构的合理性。

单元 12

消费者行为与促销策略

【任务描述】

小王通过对消费者行为与产品策略、价格策略、分销策略的分析,弄清楚了如何根据消费者的消费心理与行为的不同进行菜品设计、菜品定价、分销设计等。但他意识到,父母的餐厅要取得成功,应该有一整套营销策略的组合拳的融合。根据营销的 4PS 组合理论,除了产品策略、价格策略和分销策略外,还应有促销策略。例如,在就餐前,赠送客户几碟泡菜、兰花豆;如果客户订餐量比较大时,可以打多少折;等等。接下来,小王需要弄清楚消费者的消费行为与促销策略之间的关系。

对于小王来说,要弄清楚促销策略的运用,可从广告策略、人员推销策略、公共关系策略、营业推广策略等方面与消费者行为结合起来理解。

任 务	工 作 要 求	学习重点和难点
掌握消费者行为与广告策略	运用相关消费心理与行为理论进行分析时，要注意把握好消费心理或行为与广告策略之间的关系	(1) 广告的功能 (2) 广告的行为策略 (3) 广告媒介选择
掌握消费者行为与人员推销策略	运用相关消费心理与行为理论进行分析时，要注意把握好消费心理或行为与人员推销策略之间的关系	(1) 人员推销的特点 (2) 人员推销的行为策略
理解消费者行为与公共关系策略	运用相关消费心理与行为理论进行分析时，要注意把握好消费心理或行为与公共关系策略之间的关系	(1) 公共关系的内涵 (2) 公共关系的功能 (3) 公共关系的行为策略
掌握消费者行为与营业推广策略	运用相关消费心理与行为理论进行分析时，要注意把握好消费心理或行为与营业推广策略之间的关系	营销推广的行为策略

【任务实施】

任务 12.1　掌握消费者行为与广告策略

广告是指广告主有计划地通过媒体传播商品或劳务的信息，以促进销售的公开宣传形式。广告的种类很多，有视听广告、印刷广告、户外广告、邮寄广告和展示广告等。

12.1.1　广告的功能

1. 传播信息

广告是连接企业和消费者的桥梁，可以向消费者传递企业的产品信息。每一个企业都希望让最广泛的人群知晓自己的产品信息，而消费者也愿意通过商业渠道方便快捷地收集到大量的不同品牌的产品信息，从而为形成消费方案提供参考依据。

2. 诱导消费

企业花钱做商业广告的最终目的是促进销售，增加企业盈利。因此，企业一方面通过广告中的产品基本信息唤起消费者的潜在需求；另一方面会通过广告强调产品的卖点，以刺激消费者的购买欲望，或通过产品代言人的良好形象和影响力诱导消费者产生购买行为。

3. 教育导向

现代广告渗透着高新技术的发展，企业在商业广告中推销商品的同时，也向社会大众传播了科技领域的新知识、现代生活的新理念和未来生活的新趋向。这有利于开拓社会大众的视野，转变人们的消费观念，可以说商业广告具有社会教育、引导科学消费的功能。

4. 增强决策

面对无数的商品，特别是层出不穷的新产品，如果没有商业广告的介绍和说明，消费者就会无所适从。商业广告能及时、反复地传播产品信息，便于消费者收集有关资料，在较短的时间内，对各种产品进行详尽的对比，为购买决策提供依据。

12.1.2 广告的行为策略

1. 注意策略

广告宣传的首要任务是引起受众的注意。通常，引起顾客注意的策略有以下 3 种：

（1）增加刺激信号的强度。广告信息刺激信号强度越大，对顾客的影响力、吸引力就越大，不仅刺激信号的绝对强度有此作用，而且相对强度也有此作用。增加广告的刺激信号强度可以表现在增大商品模型的体积，可以提高光线、音响的强度，可以增加色彩的艳丽程度和画面的新奇程度，也可以采用奇特的表现方式等方面。

（2）增加刺激信号的对比。刺激信号对比显著，也会引起顾客的注意。在一定条件下，对比信号越大，对人们的影响力、吸引力也就越大。在商业广告设计策划中，有意识地处理各种刺激信号的对比关系和反差程度，能引起顾客显著的条件反射。例如，颜色的对比、光线的对比、动静的对比、形状的对比等，可以使消费者心理产生积极与兴奋的情绪，加深其对广告的印象。

（3）增加刺激信号的感染力。增加刺激信号的感染力可以维持和深化顾客的注意。增强刺激信号感染力的途径很多，主要有新奇有趣的构思、独具匠心的艺术加工、引人关注的题材等。

2. 记忆策略

商业广告宣传的目的之一就是使消费者能记住商品及相关的信息。增强消费者记忆的方法有以下 5 种：

（1）持续重复法。人们比较容易记住反复频繁出现的事物。增强广告信息与受众的接触频率或频次是增强记忆最常用的方法。

（2）艺术表现法。通过对广告所宣传的内容进行艺术加工，采用生动、形象、优美的语言、文字、画面、情节来渲染和表现商品及企业的形象，使消费者产生浓厚的兴趣进而留下深刻的印象，使消费者在艺术感受中产生轻松、愉快的心情进而加深对商品的记忆。

（3）从众效应法。由使用过某商品的消费者来介绍商品的使用体会及经验，以突出商品的功效，或者在销售现场演示商品的功能、用途和使用效果，增强消费者的信任感，给观众、听众留下较深的印象。

（4）音乐效果法。广告宣传过程中配以精心设计的一段优美的音乐旋律及轻松愉快的节奏，可以使观众通过对音乐旋律的记忆来增强对广告宣传商品的记忆。

（5）联想法。通过一些形象的图形、有趣的音节、熟悉的情景等信息的运用，使人对广告内容产生联想，加深消费者对广告内容的记忆。

> **案例阅读**

佳洁士"焕发青春型"牙膏

宝洁公司花费了 5 000 万美元开发出一款化妆品风格的牙膏，叫作佳洁士"焕发青春型"牙膏。这个子品牌提供了多种美白功能，用闪光的珍珠盒子包装，牙膏做成淡蓝色的膏状，外边用香草和肉桂色文字进行标注，它还带有轻微的刺激味道，让人产生一种牙齿健康和清新口气的感官享受，但是它没有提供任何其他牙膏不具备的功能性利益，它的价格和其他多功能牙膏相似。该产品的广告强调牙膏恢复青春的效果，把它作为女士每天美容护理的一个扩展行为。因此，它成为日常美容的一部分，而不仅仅是刷牙。广告代言人由电影演员 Williams 担任，广告展示了 Williams 每日生活中的各段时间，她并没有因为年龄增加而失去魅力并且有一口美丽的牙齿，广告宣称："她精心保养她的牙齿，令它们与她美丽的面容匹配。"

3. 情感策略

消费者的情感直接决定其购买行为。一般来说，积极的情感状态会增进消费者的购买欲望。

（1）信任感。广告通过媒介行为激发消费者对所宣传商品的信任。消费者购买商品是建立在对广告的信任基础之上的。因此，实事求是、客观公正的广告，往往能达到增加消费者信任感的效果。

（2）安全感。消除消费者对商品的不安全心理，增强心理安全感是广告宣传的重要内容。尤其是一些关系消费者生命健康的食品、药品等，特别要注意在广告中让消费者感到产品的安全可靠。

（3）好奇感。好奇心是人们认识新事物探求其原理的驱动力，是人们的一种普遍心理。广告宣传应结合产品的特点，设法激发顾客的好奇心，以便有效地吸引消费者的注意，提高宣传效果。

（4）亲切感。广告宣传要真正地为消费者着想，在广告中表达对消费者的关心、爱护或创造一种温馨的氛围，给人以亲切感，加深消费者的记忆，从而达到增加其信任的目的。

（5）美感。爱美之心人皆有之，美好的事物总能使人心情舒畅、赏心悦目。广告策划中满足人们对美的追求心理是广告成功的一个重要因素。因此，在广告设计中应巧妙地运用画面构思、色彩与光线的艺术及新颖、亮丽、奇特的美学表现手法，使广告画面给人们以美感冲击。

4. 行动策略

注意、兴趣、需求只是商业广告对消费者的一般性、基础性的影响。商业广告的成功取决于消费者能否采取购买行动，而购买行动的激发又取决于商业广告的真实性、可行性和思想性。

（1）暗示。暗示就是将所有的言词或图片的诉求力灌输于人们的关心和行动的一种心理现象。接受暗示的人不会以自己的力量驱动判断力，而会进入某一种精神状态，或采取某一种行动。任何人都无法拒绝暗示的力量。因此，对广告而言，采取暗示方法也可促使消费者采取购买行动。

（2）利用时尚流行。时尚流行是社会生活的一个普遍现象。宣传流行商品的广告，大都注意4个重点：一是权威性，对权威言行的渲染，是广告推动和利用流行的手段之一；二是注重广告的新闻效果，在报纸上刊出有关流行预测的知识，从而为创造流行准备条件；三是发挥教育者和消费指导的功能，说明流行商品的好处、使用方法及重点；四是注重对流行商品的赞赏，避免诸如"贱卖处理"这样的字眼，突出"只有我有"的心理效用，从而刺激逞强的欲求行动，使模仿的动机在社会大众中发挥作用。

12.1.3 适合心理诉求的广告媒介选择

广告媒介包括报纸、杂志、广播、电视、邮寄函件和户外广告等一切能使广告接受者产生反应的手段和方法，但不同的广告媒介在消费者中所能激起的反应程度是不同的。因此，如何选择最适合于心理诉求的媒介，就成了广告的心理策略的第一个问题。

（1）报纸具有消息性、新闻性、可信性和可保存性的特性，因而可以用来发布消息性广告和企业新闻广告。此外，由于报纸版面安排上具有并列性功能，可以把两个或多个广告并列在一起，从而产生比较效果，更易受到读者注目。

（2）与报纸相比较，杂志的特点具有更深入的消息性，适合于对商品或服务做详细的说明。此外，杂志还具有选择特定阶层的特性，因此适合于做以该阶层为目标消费者的心理诉求广告。同时，杂志的新闻性也比报纸深入得多，可以插入多页式新闻性或消息性广告。

（3）广播的特点是随身性、消息性，电视则有形象性的特点。电视具有引起视觉、听觉反应的两重功能和传播速度快的特点，所以广播、电视就像挨家挨户推销商品的推销员一样。

（4）邮寄函件是近年来兴起的一种广告方式，其特征是能够针对收信人的选择性意识诉求，使人产生亲切感。它能够十分准确地针对某一程度的特定阶层进行选择，为消费者提供单独阅读的机会。

（5）其他媒介，如交通广告，则具有移动性、重复性和引人注目的特点。户外广告的特点是反复多次的接触容易使消费者形成潜意识。包装则由于具有单纯性、调和性和信任性，以及可保存性、标志性的功能，也颇为广告主重视。

任务 12.2　掌握消费者行为与人员推销策略

12.2.1　人员推销的概念

人员推销是指推销人员与顾客直接面对面地接触的一种推销行为。它是一种双向的直接沟通方式，与其他促销方式相比，具有以下 3 个特点。

1. 双向性

推销人员在向顾客介绍自己的企业及其产品信息的同时，也让消费者表达自己对企业及其产品的看法、意见和要求，以及他们对同类产品中某些品牌或特殊功能的喜好等。因此，人员推销是一个双向信息沟通的过程，能及时解决消费者心理的疑虑。

2. 灵活性

在人员推销的过程中，推销人员不仅能根据消费者的愿望、需求和动机等，有针对性地进行推销，而且还可了解消费者的反应，并及时调整推销策略和方法，解答消费者的疑虑，使消费者产生信任感。

案例阅读

两家小店服务人员的推销

有两家卖粥的小店，左边这个和右边那个每天的顾客相差不多，都是川流不息。然而晚上结算的时候，左边这个总是比右边那个多出百十元来，天天如此。一天，一位好奇的顾客走进了右边那个粥店，服务小姐微笑着把他迎进去，给他盛好一碗粥，问他："加不加鸡蛋？"客户说加，于是服务员给顾客加了一个鸡蛋。每进来一个顾客，服务员都要问一句："加不加鸡蛋？"也有说加的，也有说不加的，大概各占一半。

这位好奇的顾客又走进左边那个小店。服务小姐同样微笑着把他迎进去，给他盛好一碗粥，问他："加一个鸡蛋，还是加两个鸡蛋？"顾客笑了，说："加一个。"再进来一个顾客，服务员又问一句："加一个鸡蛋还是加两个鸡蛋？"爱吃鸡蛋的就要求加两个，不爱吃的就要求加一个。也有要求不加的，但是很少。一天下来，左边这个小店就要比右边那个多卖出很多个鸡蛋。

3. 完整性

推销人员通过信息交流，满足消费者对产品信息的需求；通过交易的达成，满足消费者对产品使用价值的需求；通过提供各种服务，如技术支持、维修服务等，满足消费者对产品附加价值的需求。

12.2.2　人员推销的行为策略

人员推销的一般步骤依次是寻找潜在顾客、接近顾客、洽谈、达成交易、售后服务，在这个过程中，推销人员必须运用恰当的心理策略。

1. 寻找潜在顾客

人员推销的第一步是寻找潜在顾客。潜在顾客数量的多少、好坏往往意味着销售业绩的高低。因此，销售人员应该随时随地挖掘潜在顾客。

随着市场经济的发展，竞争日益激烈，市场上顾客的需求日益个性化和多样化，一个企业不可能满足市场上所有的潜在顾客。因而，推销人员必须按照企业资源、产品的特性等满足其中一部分潜在客户的需求，即细分推销的对象。细分、选择推销的对象，可以利用有限的时间与费用，说服那些购买欲望强烈、购买量大、社会影响大的顾客购买，减少推销的盲目性，提高推销工作的成功率。

2. 接近顾客

接近顾客是人员推销过程中的一个重要环节。推销人员应该知道初次与客户交往时如何会见客户，使双方的关系有一个良好的开端。在推销实践中，成功地接近顾客并不一定能带来成功的交易，但成功的交易则是以成功地接近顾客为先决条件的。

（1）准备工作。在确定推销对象后，推销人员应尽可能多地了解潜在客户的情况，如顾客需要什么，谁参与购买决策，以及采购人员的情况等；然后，决定采取哪种方式接近，弄清何时接近是好时机；最后，推销人员应据此制定全面的推销策略。

（2）接近方法。在市场经济的早期，推销员多采用地毯式的推销方式，随时随地登门拜访，直接接近顾客，但随着消费者的观念变化，消费者对不速之客产生一种抵触心理，不欢迎这种方式。因此，随着推销环境的变化，推销手段、推销方式也要随之改变，接近顾客的方式也要相应作出调整，在这种情况下，约见就应运而生了。约见时应确定访问对象、访问事由、访问时间和访问地点。约见的方法一般有当面约见、电话约见、信函约见和委托约见等，具体应用时应视不同顾客的情况作出适当的选择。

3. 洽谈

洽谈的最终目的是激发顾客的购买欲望，促使顾客采取购买行动。洽谈的目标既取决于顾客购买活动的心理过程，又取决于推销活动的实际发展过程。洽谈的具体目标是进一步发现和证实顾客的需要，向顾客传递恰当的信息，诱发顾客的购买动机，说服顾客采取购买行动。

在洽谈的整个过程中推销人员应以产品性能为依据，着重说明产品给顾客带来的利益，如成本较低、节省劳力等，但要避免一个错误，即过分强调产品的特点，而忽视了顾客的利益。推销人员向顾客推销的洽谈方法有固定法、公式化法、需要—满足法等。

推销人员在洽谈中还必须对顾客提出的各种反对意见加以解决。顾客在产品介绍过程中，或在推销人员要他们订货时，几乎都会表现出抵触情绪。这些抵触有些是心理的，有些是逻辑上的原因。推销人员应采取积极的方法应付这些抵触情绪，如请顾客说明他们反对的理由；向顾客提一些他们不得不回答的持反对意见的问题，否定他们意见的正确性；将对方的异议转变成购买的理由。

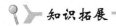

面 对 拒 绝

推销人员面对的拒绝，可能就是机遇。要判断客户拒绝的原因，并予以回复。例如，客户确有购买意向，应为其作更详细的分析、介绍。推销人员必须巧妙地消除消费者疑虑，同时要分析拒绝的原因，实施对策。拒绝是消费者在销售过程中最常见的抗拒行为，可能的原因有：一是准备购买，需要进一步了解产品实际的情况；二是推托之词，不想购买或无能力购买；三是有购买能力，但希望价格上能优惠；四是消费者建立谈判优势，支配销售人员。

4. 达成交易

（1）顾客的态度。在实际推销工作中，有些顾客态度冷淡，推销人员应坚持下去，一旦顾客的接待态度渐渐好转，这就表明顾客开始注意推销的产品了，并且产生了一定的兴趣，暗示顾客有成交意向，这一转变就是一种明显的成交信号。

（2）顾客的行为举止。在面谈过程中，顾客主动提出更换面谈场所，如从会客厅换进办公室；或者主动向推销人员介绍该单位负责采购的主管人员及其他人员；或者在商谈期间不再接待其他公司的推销人员。这表明决策人已做出初步的购买决策，有关具体事项留给相关业务人员与推销员进一步商谈，这是一种明显的成交信号。

（3）顾客的谈话内容。顾客不停地向推销人员打听交货日期，要求提供详细的使用注意事项，了解产品价格并以各种理由要求降低价格，询问推销人员可否试用产品，详细了解产品售后服务情况等。这时，推销人员可以给予购买者特定的成交劝诱，如通过特价、免费赠送额外数量的产品和赠送礼物等方式来促使购买者作出最终的购买决策。

5. 售后服务

开发新客户非常重要，但能够维护好现有的客户，为其提供周到的服务是争取客户忠诚度的关键。交易达成后，推销人员应制订一个后续工作访问日程表，及时为顾客提供指导和服务。这种访问还可以发现可能存在的问题，使顾客感受到推销人员的关心，并减少可能出现的任何认识上的不一致。推销人员还应该制订一个客户维持计划，以确保客户不会被遗忘或丢失。售后服务是保证顾客购买产品后感到满意并继续订购的必不可少的重要一环节，售后服务的项目有送货服务、质量保证服务、技术服务、网点维修服务等。

任务 12.3　理解消费者行为与公共关系策略

12.3.1　公共关系的概念

公共关系是指某一组织为改善与社会公众的关系，促进公众对组织的认识、理解及支持，达到树立良好组织形象、促进商品销售的目的的一系列促销活动。公共关系是由组织、公众、传播三要素构成的，其中公共关系的主体是社会组织，客体是社会公众，连接主体与客体的中介环节是信息传播。因此，作为促进产品销售的一项活动，公共关系具有下列 5 个特征。

1. 情感性

公共关系是一种创造美好形象的艺术，它强调的是成功的人和环境、和谐的人事气氛、最佳的社会舆论，以赢得社会各界的了解、信任、好感与合作。古人办事讲究"天时、地利、人和"，并把"人和"作为事业成功的重要条件。公共关系就是要追求"人和"的境界，特别是与消费者的和谐，为组织的生存、发展或个人的活动创造最佳的软环境。

2. 双向性

公共关系是以真实为基础的双向沟通，而不是单向的公众传达或对公众舆论进行调查、监控，它是主体与公众之间的双向信息系统。组织一方面要吸取人情民意以调整决策，改善自身；另一方面又要对外传播，使公众尤其是消费者认识和了解自己，达成有效的双向意见沟通。

3. 广泛性

公共关系的广泛性包含两层意思：一方面公共关系存在于主体的任何行为和过程中，即公共关系无处不在，无时不在，贯穿于企业的整个生存和发展过程中；另一方面指的是其公众的广泛性，因为公共关系的对象可以是任何个人、群体和组织，既可以是已经与企业发生关系的任何公众，也可以是将要或有可能与企业发生关系的任何暂时无关的人们。

4. 整体性

公共关系的宗旨是使公众全面地了解自己，从而建立起自己的声誉和知名度。它侧重于一个组织机构或个人在社会中的竞争地位和整体形象，以使人们对自己产生整体性的认识。它并不是要单纯地传递信息，宣传自己的地位和社会威望，而是要使人们对自己各方面都要有所了解。

5. 长期性

公共关系活动实践证明，企业不能把公共关系人员当作"救火队"，而应把他们当作"常备军"。公共关系的管理职能应该是经常性与计划性的，即公共关系不是"水龙头"，不能像"水龙头"一样想开就开，想关就关，它是一种长期性的工作。

 知识拓展

公共关系与广告的区别

1. 传播目标不同

公共关系的目标是赢得公众的信赖、好感、合作与支持，树立良好的整体形象，"让别人喜欢我"；广告的目标是激发人们的购买欲望，对产品产生好感，"让别人买我"。

2. 传播原则不同

广告的信息传播原则是引人注目。只有引人注目的广告，才能使企业的产品和服务广为人知，激发人们的购买欲望，最终达到扩大销售和服务的目的。公共关系传播的首先原则是真实可信，其传播的信息都应当是真实的、可信的，绝不能有任何虚假。

3. 传播方式不同

广告为了引人注目，可以采用各种传播方式，包括新闻、文学及艺术的传播方式，可以采用虚构的乃至神话的夸张手法，以激起人们的兴趣，加速人们的购买欲望。公共关系的传播方式，最重要的是靠事实说话，其信息传播手段主要是新闻传播的手段，如新闻稿、新闻发布会、报纸、杂志等。

4. 传播周期不同

通常来说，广告的传播周期是短暂的，短则十天半月，长则数月一年，一般不会太长。相对来说，公共关系的传播周期则是长期的，其任务主要是树立整个企业的信誉和形象，所以急功近利的方式是很难奏效的。

5. 所处地位不同

一般来说，广告在经营管理的全局中所处的地位是局部性的，其成败好坏对全局没有决定性的影响，但公共关系工作却不同，它在经营管理中处于全局性的地位，贯穿于经营管理的全过程。公共关系工作的好坏，决定着整个企业的信誉、形象，决定着整个企业的生死存亡。

6. 效果不同

一般来说，广告的效果是直接的、可测的，其经济效果是显而易见的，对某则广告而言，其效果也往往是局部的，只影响到某个产品或某项服务的销路。而公共关系的效果则是战略性的、全局性的，一旦确立了正确的公共关系思想，并开展了成功的公共关系工作，企业就能在外界建立起良好的信誉和形象，使组织受益无穷，而且社会各界也会因此受益匪浅。

12.3.2 公共关系的功能

1. 采集信息，监测环境

从公共关系工作的角度来分析，企业应当收集企业形象信息、产品或服务信息、组织运行状态及发展趋势信息，但这些信息具有明显的不确定性、可变性和复杂性。因此，企业一方面需要对公共关系环境进行监测，准确地把握当前情况下公共关系环境的构成情况、性质特点、包容能力、干扰大小，以便制定出与当前公共关系环境相吻合的公共关系运作方案和行动策略；另一方面，可以监测公共关系环境的变化情况，有效把握公共关系环境变化的内容、变化的方向、变化的速率、变化的特点，以便制订出与未来公共关系环境相适应的公共关系战略规划和行动计划。

2. 宣传引导，传播推广

公共关系的一个主要职能就是有效地制造舆论，强化舆论和引导舆论，及时地传播推广与组织有关的信息，赢得社会公众对企业的信任与好感，从而不断地提高企业的认知度、美誉度，为企业创造有利于自身生存与发展的环境和时机。

> **案例阅读**
>
> ### LG 微波炉深入社区推广
>
> 某地 LG 微波炉营业部周末经常举行社区特卖活动,现场为居民提供优质及时的服务。特卖活动地点一般是社区的入口处,从早上 9 点至晚上 9 点,居民可随时在活动地点购物。在促销现场,LG 电子的技术人员对顾客购买的微波炉进行现场检测,并负责直接将微波炉送到居民家里,使顾客坐在家里,就可享受服务。
>
> 社区的促销现场在晚饭时间过后常常人满为患,居民排成长长的队伍,争相购买 LG 微波炉。驻足观看的人也蜂拥而至,令现场热闹不已。晚上 7 点,LG 微波炉又在社区举行现场文娱演出活动,各种精彩的歌唱、舞蹈和魔术纷纷上台亮相,极大地丰富了广大居民的文化活动。LG 微波炉的社区现场促销活动,不仅提高了微波炉的销售,而且提高了 LG 微波炉在当地市场的影响力。

3. 咨询建议,形象管理

公共关系专业人员应向企业领导提供有关公众方面的可靠情况说明和意见,从社会公众和整体环境的角度评价营销决策的社会影响和社会后果,从而使决策更加有效,更加科学化。公共关系咨询与一般的咨询建议不同,其侧重于组织企业形象管理,制订组织和产品的形象管理计划。企业不仅要注重内在气质的修炼,而且要注重外观形象的塑造,要注重"CIS 管理"*。

4. 协调关系,柔性管理

企业通过沟通协调,广交朋友,发展关系,减少摩擦,缓和各种社会冲突,使公共关系工作成为企业运转的润滑剂、缓冲剂,为企业生存、发展创造"人和"的环境。

12.3.3 公共关系的行为策略

公共关系部门进行决策时需确定营销目标,选择公关信息和公关媒体。公共关系的营销目标主要有树立知名度、树立可信性、刺激销售队伍和经销商及降低促销成本等,可通过采用公共关系的心理策略来辅助实现。

1. 公开出版物

企业依靠大量的各种传播材料去接近和影响其目标市场,如小画册、文章、视听材料及企业杂志等。这些资料应尽可能精美,图文并茂。在适当的时候,如企业的周年庆祝会、顾客答谢会、新产品发布会等,向公众散发,以提升企业的影响力。

2. 事件营销

企业可通过安排一些特殊的事件来吸引对其新产品和该企业其他事件的注意。这些事件一般有召开记者招待会、旅游、展览会、竞赛、周年庆祝和运动会等。例如,企业赞助体育赛事、航天事业等,可以在全球树立企业关心社会事业的形象,这对企业来说是一次很好的宣传事件。

---

* CIS 是 Corporate Identity System 的缩写,意为"企业形象识别系统"。

3. 新闻

专业公关人员的一个主要任务是发展或创造对企业及其产品有利的新闻。公关人员应运用营销技巧和人际交往技巧，争取宣传媒体录用对其有利的新闻稿和参加记者招待会等。

4. 公益活动

企业可以通过向某些公益事业捐赠一定的金钱，以提高其公众信誉。在公众心目中建立企业财富"取之于民，还之于民"的形象，以博取公众的信任。

5. 消费者教育

一般认为，受过教育的消费者是更好、更忠实的顾客。通过消费者教育，使企业从产品生产直至经营过程中尊重消费者的权益，并对消费者负责。例如，通过举办免费讲座向消费者介绍有关产品的使用或保养方面的知识等。

任务 12.4 掌握消费者行为与营业推广策略

12.4.1 营业推广的概念

营业推广是指企业利用各种短期性的刺激工具来刺激消费者和经销商较迅速或较大量地购买某一特定产品或服务的活动。营业推广的类型包括折扣、优惠券、减价、返款、小包装销售、有奖竞赛、有奖抽彩、现场销售展示会、免费赠送样品、有奖销售和赠送礼物等。营业推广不同于广告，广告提供了购买的理由，而营业推广则刺激了消费者的购买，是以改变消费者的现场购买行为为导向的。

12.4.2 目标顾客类型与营业推广目标

营业推广的目标是根据目标市场类型的变化而变化的。针对终端消费者而言，营业推广目标主要包括鼓励消费者更多地使用商品和促使其大批量购买、争取未使用过的消费者试用、吸引竞争品牌的使用者；针对中间商而言，营业推广目标主要包括吸引中间商经营新的商品种类和维持较高水平的存货、鼓励他们购买过季商品、抵消竞争性的促销影响、建立中间商的品牌忠诚和获得进入新的零售网点的机会；针对销售人员而言，营业推广目标主要包括鼓励他们支持一种新产品或新型号，激励他们寻找更多的潜在顾客和刺激他们推销过季商品。

12.4.3 营业推广的行为策略

1. 面向消费者的行为策略

（1）样品。样品是指免费提供给消费者或供其试用的产品，以建立顾客的信心。样品可以街头随机赠送、邮寄发送、在商店内提供、附在其他产品上赠送，或作为宣传品赠送，这是最有效也最昂贵的介绍新产品的方式。

（2）优惠券。优惠券是证明持有者在购买某种特定产品时可少付若干费用的凭证。优惠券可以邮寄、包进其他产品内或附在其他产品上，也可刊登在杂志和报纸广告上。优惠券可以有效地刺激成熟期产品的销售，诱导顾客对新产品的早期使用。

知识拓展

优惠券的回收率

据调查显示，企业发放的优惠券的回收率随分送方式的不同而不同。用报纸刊登优惠券的回收率约为2%，用直接邮寄的优惠券的回收率约为8%，附在包装内的优惠券的回收率约为17%。一般认为，优惠券需提供15%~20%的价格减让才有效果。

（3）赠品。以较小的代价或免费向消费者提供某一物品，以刺激其购买某一特定产品。赠品可附在产品内或包装上，也可免费邮寄，即消费者交还诸如盒盖之类的购物证据就可获得一份邮寄赠品。赠品通常带有广告性质，企业把公司名或产品名印在赠品上，或者赠送的就是企业的产品。赠品的作用一般是使消费者从竞争品牌改用本企业品牌；或是为了保持商品使用频率；或是促使消费者试用新产品、接受新品牌；或是用于测试广告活动效果；或是用于公司节庆活动扩大其影响力；等等。

案例阅读

某家电营业推广策略

1. 超级市场接力大搬家

凡自活动日起购买××公司产品价值10 000元以上者，以10 000元为一单位，可向各地总经销商索取幸运券一张，参加抽奖，多买多送。

2. "猜猜看"

任何人都可以参加，猜三地各区"接力大搬家"搬得最多之金额，猜中者可得同等额之奖品，若两人以上同时猜中，则均分其奖额。另选数字相近之5人，各赠××牌家庭影院一套。本活动××月××日截止。

3. 幸运的新婚蜜月环岛旅游

凡被抽中为参加"接力大搬家"之幸运者，同时又是于此活动期间新婚者，另赠蜜月旅游券两张，以刺激结婚期××公司产品之销售。

（4）奖品。奖品是指消费者在购买某物品后，向其提供赢得现金、旅游或物品的各种获奖机会。

（5）现金折款。消费者在购物完毕后将购物证明（如发票、商标标签等）寄回给制造商，制造商用邮寄的方式退还部分购物款项。

（6）使用奖励。以现金或其他形式按比例奖励某一顾客的光顾。例如，许多航空公司为累计乘坐本公司飞机达到一定公里数的顾客提供免费机票，如中国南方航空股份有限公司推出明珠累积卡。

（7）联合促销。联合促销指两个或两个以上的品牌或公司在优惠券、付现金折款和竞赛中进行合作，以扩大他们的影响力。双方或多方联合促销降低了彼此的销售成本，品牌可以相互提升，各自的分销渠道可以实现共享。

（8）会员促销。会员促销最能体现促销的长期效果。消费者购物满一定金额或交纳一笔会员费即可成为会员，便可在一定时期内享受折扣。例如，许多商场都推出会员卡或贵宾卡，持卡消费享受一定的折扣或赠送小礼品。会员促销可使厂商建立长期稳定的市场，培养大批的品牌忠诚者。

2. 面向中间商的行为策略

（1）价格折扣。在某段指定的时期内，每次购货都给予一定的折扣，这是鼓励中间商购买一般情况下不愿购买的数量或新产品的方法。

（2）折让。生产商提供折让，以此作为中间商同意以某种方式突出宣传生产商产品的回报。

3. 面向销售人员的行为策略

企业对销售人员的促销主要为了达到收集有关业务线索、加深顾客印象、奖励客户及激励销售人员努力工作等目的。企业可以通过销售竞赛、推销回扣、销售红利等方法来奖励推销人员，鼓励他们把企业的各种产品推荐给消费者，并积极地开拓潜在的市场。

单元小结

企业在促进产品销售的过程中往往会综合运用广告、人员推销、公共关系、营业推广4种手段。

广告对于消费者具有传播消息功能、诱导消费功能、教育导向功能、增强决策功能等重要的心理功能。广告媒体的种类很多，各有其特点和使用途径，为了达到广告的最佳宣传效果，必须了解和比较各种广告媒体的特点与差异。广告的心理策略主要注意策略、记忆策略、情感策略、行动策略等。

人员推销具有双向性、灵活性、完整性的特点，必须从寻找潜在顾客、接近顾客、洽谈、达成交易、售后服务等方面来满足顾客心理的推销策略。

公共关系作为一种促销策略，具有情感性、双向性、广泛性、整体性等特点。公共关系活动在借助公开出版物、事件营销、新闻、公益活动和消费者教育时，必须符合公众的心理行为特点才能发挥应有的作用。

营业推广是指企业利用各种短期性的刺激工具来刺激消费者和经销商较迅速或较大量地购买某一特定产品或服务的活动。营业推广可面向消费者、面向中间商和面向销售人员制定具体的策略。

课后习题

一、名词解释

广告　　人员推销　　公共关系　　营业推广　　联合促销

二、单选题

1. 广告的首要任务是（　　）。

　　A. 引起注意　　B. 促进购买　　C. 诱导消费　　D. 采取行动

2. 人员推销的第一步是（　　）。

　　A. 接近顾客　　B. 洽谈　　C. 达成交易　　D. 寻找潜在顾客

3. （　　）不是公共关系的对象。

　　A. 消费者　　B. 政府　　C. 企业自身　　D. 员工

4. （　　）是最有效也最昂贵的介绍新产品的方式。

　　A 优惠券　　B. 样品　　C. 赠品　　D. 奖品

5. （　　）是面向销售人员的行为策略。

　　A. 折让　　B. 会员促销　　C. 销售红利　　D. 返利

三、判断题

1. 面对无数的商品，特别是层出不穷的新产品，如果没有商业广告的介绍和说明，消费者就会无所适从。（　　）
2. 在推销实践中，成功地接近顾客，并不一定能带来成功的交易，但成功的交易则是以成功地接近顾客为先决条件的。（　　）
3. 公共关系是一种直接促进产品销售的手段。（　　）
4. 营业推广是一种刺激消费购买商品的长期性促销手段。（　　）
5. 营业推广不同于广告，广告刺激了消费者的购买，而营业推广则提供了购买的理由，是以改变消费者的现场购买行为为导向的。（　　）

四、填空题

1. 广告具有_____、_____、_____和_____等功能。
2. 人员推销具有_____、_____和_____等特点。
3. 公共关系是由组织、_____、传播三要素构成的，其中公共关系的主体是_____，客体是社会公众，连接主体与客体的中介环节是_____。
4. 营业推广的目标是根据_____的变化而变化的。
5. 企业对销售人员的促销主要为了达到收集有关_____、加深顾客印象、奖励客户及激励销售人员_____等目的。

五、简答题

1. 增强消费者记忆的策略有哪些？
2. 简述售后服务的项目。
3. 简述公共关系的行为策略。
4. 简述目标顾客类型与营业推广目标关系。
5. 简述面向消费者的行为策略。

案例分析

1. 促销主题

促销主题是促销活动的灵魂，是顾客心理上接受促销的最好借口，当时正直中秋来临，所以我们的促销主题为"中秋大团圆，健康合家欢，××关爱生命大行动"，并临时印制了活动宣传单。

2. 促销价格

既然是促销，大部分商家必涉及优惠或"打折"问题，促销价格制定必须迎合顾客对当前普遍产品促销的认知心态，降价幅度小了，没兴趣，太大了，消费者又没信心，而且商家还要考虑成本，所以本次促销活动的优惠政策经我们反复讨论设定在优惠幅度为80元（即原价248元，促销价168元）。并且，我们对优惠设定了一条理由"企业回报社会，纯成本销售，只做宣传工作"。

3. 促销场地

本产品属于中档层次产品，所以促销现场选择在小区的菜市场附近的一个三叉路口处，此路口刚好是此小区80%的居民和小部分其他小区的居民的必经之道。有一个重要的信息是，当地因位置较偏僻，类似商业行为较少，对促销将大大有利。

4. 时间安排

菜市场的人流高峰一般在早上7：30—9：30，同时为了避免炎热的天气，我们决定促销时间是早上7：00—10：00。

5. 现场布置

因为按摩器的促销以现场体验为主，所以在三叉路口旁选择了约20m² 的空地，空地后方摆放了两张促销台供存放货品和资料使用，同时后上方两条鲜明的6m长横幅"生命的不断延续，需要健康每一刻""中秋大团圆，健康合家欢，××关爱生命大行动"。空地前方一字形摆放4顶广告太阳伞，整个场面显眼，基本达到引起路人注意的目的。为了能留住顾客，还准备了4台风扇和一台饮水机给顾客"降温"。

6. 促销前工作准备

只有充分的前期准备，才能做好一场促销活动。为规范整体促销形象，提高顾客的消费信心，公司规定员工统一工作装，佩戴工牌，并且规定标准用语，称呼一律去掉"先生、小姐"，改用"叔叔、阿姨、大哥、大姐、靓女、靓仔"更具有亲和力；在与顾客的沟通中也规定常用语，"颤动中，心旷神怡""痛则不通，动则通，通则不痛""悠闲自得中获得健康""跳一跳，十年少！动一动，好轻松！"等，这些用语形象生动地描述产品的效果，让顾客更容易接受。

7. 现场促销三步曲

1) 邀请

邀请作为现场促销的第一步，直接关系到顾客资源的多少是非常重要的。促销员必须热情、大方同时注意礼仪规范，本次活动为了让促销员更具亲和力，专门对促销员进行了"微笑"训练，并强调将"微笑"和"问候礼仪"规范到平时的工作和生活中，将来才能习惯成自然。邀请用语必须简洁易懂、针对性强、有吸引力，做到有的放矢，切忌沉长、语言不清，如"您花三分钟，有意想不到的健康感受""按摩与理疗，双重功效，您可免费体验"等，这些口语可能让顾客一时不能完全明白我们是什么意思（本身短时间内就无法明白），但因有悬念而具有一定的吸引力，很多顾客会留下搞个明白。邀请时动作要得体，不能过于粗鲁，不能有强迫他人的行为，有些促销员为"提高"邀请率，挡住顾客去路，大有"不试就不让走的架势"，这样让顾客产生反抗心理，还"非走不可"，同时也给旁人非常不良的感觉，我们给予及时制止。

为提高体验的成功率，公司要求促销员邀请顾客到促销区就坐后才能进行体验，切忌站在路上随便一试，很容易导致顾客轻易离去的情况。"坐下，心才能放下"，买卖双方才能真正有"交易"的感觉。

2) 推销

"眼观六路，耳听八方"，随时观察整个推销过程中顾客的言行、情绪变化、周围环境变化及各种对推销过程有影响的因素。例如当顾客在体验时皱眉，可能有不适感，必须调整力度与部位，直到让顾客满意；当临近顾客在发表负面意见时，最好采取"远离"办法，即找借口让你的意向客户到较远处去体验和沟通。在体验及推销过程中，应注意沟通的双向性，在必要的解说后，应注意提一些问题让顾客回答或聆听顾客的问题，然后再作详细的回答，这样才能抓住顾客的需求点找到一个最好的推销理由。在体验沟通过程中还应该注意语言的引导，如"是否会太重啊！""感觉可以吗""舒服吗？""舒服的话就买一个吧，全家都可以使用，既实惠又方便！"在沟通过程中还必须运用生动形象的语言来进行产品的介绍，如"颤动中，心旷神怡""跳一跳，十年少！动一动，好轻松！"等让部分顾客在快乐中接受了我们的产品。

3) 售后处理

当产品成交后很多人认为已经基本完成促销工作，往往忽略了售后的重要事项，其实这也是部分人对"促销"的狭义认识。促销不但现场销售产品，更重要的是对产品的宣传和后续获得更大的收益，当成交后，除了完善一些必要的手续外（保修），还必须将降顾客的档案进行完整填写（以售后服务为理由引导顾客），同时向顾客说明工作人员对产品的质量负责将定期电话跟进，避免以后顾客对回访电话出现拒绝态度。现场还引导顾客如果使用效果好希望对产品进行大力宣传，对做出宣传贡献（产生销售）的顾客，给予一定的物质奖励。

问题

1. 分析该按摩器户外促销内容中，有哪些活动设计是与消费者行为相关？
2. 分析人员促销用语对消费者心理与购买行为过程的影响。

实训操作

1. 实训目的

通过本次实训，使学生明确消费心理与行为和促销策略之间的关系，能如何根据消费者心理与行为来设计促销组合策略的技能。

2. 实训要求

基于高职院校学生进行"专套本"这一项目,写一份促销策略报告,内容要求包括广告策略、人员推销策略、公共关系策略和营业推广策略等基本框架,字数不少于1 000。

3. 实训材料

相关图书、教辅、计算机网络、纸张、笔或打印机等。

4. 实训步骤

(1) 以本书前面所有的实训资料为基础,调查相关促销项目费用标准,在预算限制的情况下,进行费用分配。

(2) 设计广告主题,选择广告媒介。

(3) 设计人员推销策略和公共关系策略。

(4) 设计营业推广策略。

(5) 构架基于高职生"专套本"消费行为的促销策略报告的框架。

5. 实训检验

每位学生的成绩由两部分组成:学生实际操作情况(40%)和实训报告撰写情况(60%)。

实际操作主要考查学生按照实训步骤提供适合高职生需要的"专套本"促销组合设计与实施的能力;实训报告主要考查学生根据"专套本"高职生的心理与行为制定相应的促销策略的合理性及实训报告结构的合理性。

参 考 文 献

[1] 刘志友,聂旭日.消费心理学[M].大连:大连理工大学出版社,2007.
[2] 马义爽.消费心理学[M].北京:首都经济贸易大学出版社,2002.
[3] 单凤儒.营销心理学[M].北京:高等教育出版社,2005.
[4] 符国群.消费者行为学[M].北京:高等教育出版社,2001.
[5] 龚振,荣晓华.消费者行为学[M].大连:东北财经大学出版社,2002.
[6] 荣晓华.消费者行为学[M].大连:东北财经大学出版社,2007.
[7] 李晓霞,刘剑.消费心理学[M].2版.北京:清华大学出版社,2010.
[8] 冯丽云,孟繁荣.营销心理学[M].北京:经济管理出版社,2002.
[9] 韩燕雄.市场营销理论与实务[M].北京:首都师范大学出版社,2008.
[10] 田义江.消费心理学[M].北京:科学出版社,2005.
[11] 陈企华.怎样看透顾客的心:顾客的心中珍藏着商家的命运[M].北京:中国纺织出版社,2003.
[12] [美]菲利普·科特勒.营销管理:分析、计划、执行和控制[M].9版.梅汝和,等译.上海:上海人民出版社,1999.
[13] 江林.消费者心理与行为[M].5版.北京:中国人民大学出版社,2015.
[14] [美]J.保罗·彼得,等.消费者行为与营销战略[M].9版.王欣双,译.大连:东北财经大学出版社,2015.
[15] 李向辉.市场竞争策略[M].北京:中国纺织出版社,2003.
[16] 林宁.活用顾客心理[M].深圳:海天出版社,2001.
[17] 龚振.消费者行为学[M].广州:广东高等教育出版社,2007.
[18] 林健煌.消费者行为学[M].北京:北京大学出版社,2004.
[19] 卢泰宏.中国消费者行为报告[M].北京:中国社会科学出版社,2005.
[20] 肖立.消费者行为学[M].北京:北京大学出版社,中国农业大学出版社,2011.
[21] 李付庆.消费者行为学[M].北京:清华大学出版社,2011.
[22] 柴少宗.消费者行为学[M].北京:清华大学出版社,北京交通大学出版社,2010.
[23] 王生辉.消费者行为分析与实务[M].北京:中国人民大学出版社,2006.
[24] [美]德尔·I.霍金斯,等.消费者行为学[M].12版.符国群,译.北京:机械工业出版社,2014.
[25] 马绝尘.本土市场营销[M].北京:企业管理出版社,2003.
[26] 赵敏.客户情绪管理实例与技巧[M].北京:中国经济出版社,2004.
[27] 瞿彭志.网络营销[M].北京:高等教育出版社,2001.
[28] 薛长青.消费者行为分析[M].大连:大连理工大学出版社,2009.
[29] 韩小红.网络消费者行为[M].西安:西安交通大学出版社,2008.